两岸客家史研究

张正田　著

九州出版社　JIUZHOUPRESS｜全国百佳图书出版单位

图书在版编目（CIP）数据

两岸客家史研究 / 张正田著. -- 北京 : 九州出版
社，2021.8
ISBN 978-7-5225-0278-6

Ⅰ．①两… Ⅱ．①张… Ⅲ．①海峡两岸－客家人－民
族历史－研究 Ⅳ．①K281.1

中国版本图书馆CIP数据核字(2021)第140206号

两岸客家史研究

作　　者	张正田　著
责任编辑	习　欣
出版发行	九州出版社
地　　址	北京市西城区阜外大街甲 35 号（100037）
发行电话	(010)68992190/3/5/6
网　　址	www.jiuzhoupress.com
印　　刷	北京九州迅驰传媒文化有限公司
开　　本	720 毫米×1020 毫米　16 开
印　　张	16.25
字　　数	271 千字
版　　次	2021 年 9 月第 1 版
印　　次	2021 年 9 月第 1 次印刷
书　　号	ISBN 978-7-5225-0278-6
定　　价	58.00 元

序（一）

张正田君是我十余年前在台湾政治大学民族学系指导的博士，如今他在福建的龙岩学院客家研究院任教数年，教学之余，埋首研究笔耕，得以完成这本大作《两岸客家史研究》，本书和他的硕士论文及博士论文都呈现出他的史观：即是客家历史文化，不应该以台湾海峡来切分为"中国史"与"台湾史"两部分，因为历史文化是不可能会断根的，如今他这本大作正是如此忠实反映出他的史观，我个人也非常欣见他这本大作能付梓问世。

正田做学问的观察视角非常敏锐，往往一个历史小现象小问题，他却能深挖详考其历史背景，从我指导他博士论文时（台湾花木兰出版社出版书名为《被遗忘的大清"忠魂"：清代苗栗堡客家义民信仰研究》），就发现到他这一点学术功力优势。在他以我们故乡苗栗县的诸间客家义民庙为博士论文题目时，我还曾替他担心会不会因为这几间庙方的相关材料就这么几本而不够用，建议他要不要从清代一直写到台湾日据时期（1895—1945），他在深挖各种历史材料后，很有自信的跟我讲写到清代就应该足够，事实上他后来因此写出三十万字的博士论文鸿文，我也着实佩服他的学术功力。

关于他的大作，我个人首先就相当佩服其第一篇，因为在我们客家人正在形成时期的"前客家时代"之唐宋之际古汀州八县，相关史料其实非常之少，他却能写出至少四、五篇的鸿文，有考有论，令人赞赏。此外他的第二篇也很有特色，主旨是在论证汀州客家人在台移民的现象被台湾日据时期日本人严重错估少估之情形，以前我们研究台湾客家历史义化时，往往并没有想到这问题，也往往就以1926年日本殖民政府所估的人口资料，来推算在台汀州客家人之数目。但正田却敏锐的发现这笔数据大有问题，因为若以日本人那次估计，在台汀州客家人口竟仅占当时全台湾总人口的1.1%，这是与史实不符合的，所以正田这部分的成果，也在闽台客家历史渊源上呈现了不少学术贡献。虽然他主要是在观察我们"桃竹苗客家区"与"大台北地区"的汀州客家分布情况，不过我个人倒期勉他是否未来能展开全台湾大调查，看看究竟在台汀州客家人，应该占台湾总人口的多少比例才较符合历史真相？不过因为史籍残缺之故，这工作其实也着实不易。又另外，他在本篇的《从历史地理变迁看清代新庄之兴衰》一文，也提出了历史上在台汀州客家人曾经参与建设过的台北府新庄街（今新北市新庄区），为何在清中后期曾一度中衰的历史原因，他所提出的"另一河道"淤积与新庄之城镇机能衰弱大有关系，这就我所知也是以往客家界或历史界未有人提出的新说，值得深读。

正田的第三篇在写我们俩共同的故乡：台湾苗栗县的客家历史，篇篇论证扎实，论述前人未有论述之说，其中有几篇，也是积累了他以往写博士论文之后的学术成果，相当具有可读性。在第四篇，正田也扩及论述了两岸客家的几个历史与未来发展的问题，可以看出正田常有的对客家古今对话与对客家未来之关怀，深信读者读后必有所获。

是为序。

彭钦清

2019/10/6 序于台北木栅

序（二）

　　客家民系的原乡在赣闽粤三省交会的地区，即赣南、闽西、粤东。这个广阔之地，被称为"客家大本营"，由此区向外发散扩充，近代许多客家人陆续迁移至珠江三角洲、粤西、广西、台湾，甚至有远播蜀地的。在同样的迁移时期，更有不少客家人漂洋过海迁移到东南亚以及全球各大洲。

　　这是一支具有悠久历史、拥有深厚优越中华文化的古老传统之民系。客家研究的创始学者罗香林先生提揭两个观点，一是客家民系乃从中原（狭义的中原，古语中州，即河南之地）五次南迁至华南形成；一是客家民系先人是中原士族贵裔。随着客家学术研究的发展和进步，多有学者已经在罗氏的客家学术基础上往前修正，而能认知客家先民确实是从广义的中原许多地区往赣闽粤三省交界地区迁移，但不是一步到位，而是随着漫长的历史，渐次逐步地，先南迁到长江流域的中游、下游，在华中地区定居、生活了一段历史时间，该地的客家先民又因各种因素而逐渐往华南迁移，于是慢慢地、渐渐地、分批地迁移到赣南、闽西、粤东，最后由于会聚集居于同一个地理区域，随着时间演进，这一大群人累积蕴蓄形成了共同的文化、信仰、语言、生活，成为一个文明族群之共同体，由于与原本在这个地区的先住民系不同，被称为"客人"或"客家人"，就是"从外面来此作客之人"的意思，因此，客家人自己也就顺势而自我称谓自己为"客人"或"客家人"，此即客家民系的形成。

　　再者，原居中原及再居华中的客家先民，亦非纯粹皆属士族贵胄，他们其实就是北方汉族的社会各种阶层人群，既有贵族、官吏、儒士，也有各行业的平民百姓。但由于南迁群体中，必有士儒官宦家族，所以，他们必将中原文化语言思想学术以及礼乐衣冠等文明传统南传保存并予以延续发扬，所以在客家大本营，其实是以原有的先祖先贤在北方就已创立的人文价值体系为"我群"之生活、生命的核心，因此，在今日的客家民系之中，仍然保存着源自中原古老的华夏民族的基本观念和信仰，特别是传统语言文化以及儒家伦理。

然而，学者也指出，客家先民从中原原乡渐次南迁到华南，亦不可能长久保持着在中原时期本来的血统，他们在南方，不免会与当地土著发生族群的接触，于是难免会产生冲突、交流、互动、融合，所以客家与土著混血的情形，必然存在，因此，就有一些学者好作惊世之语而倡言"客家人是少数民族而非中原汉族之后裔"的论调。其实，此种观点是明显错误的，因为当客家先民南迁南方之时代，他们的文明是发达成熟的"农业城乡文明"，他们的人口数量不会太少，而相对于此，彼时赣南、闽西、粤东的少数民族是多氏族且属于部落型文明，以较原始的山林垦种和渔猎为生活方式，人口数量不会太高，所以，中原的华夏民族的客家先民入占赣闽粤边区，与少数民族接触，固然在"涵化作用"下，会吸收少数民族的某些物质、精神文明要素和成份，但却保存着自身的文明体系和结构，并且扩充增益了自身的文化内容，相反的，少数民族却逐渐地被同化，慢慢地衰弱或消失。因此，客家民系与当地土著的相对局面，是客优土弱的，客家民系仍然是中原原生的客家先民的南迁胄裔，而且在赣南闽西粤东之区域，成为优占型的民系群体。

赣闽粤之交的边区是山地丘陵地理环境，客家民系的生活随着人口繁衍以及过度开发而愈形艰难，所以从明中叶之后，客家人陆续从此原乡向外"离散"，到异乡开拓、定着而另行发展，虽说是"离散"，但从另一角度来看，亦是客家民系的"开枝散叶"之"灵根再植"。所以，许多客家人移入的异乡，经过一个拓垦定着的时期，又逐渐成为客家移民的新乡。其中，离开大陆而渡海播迁的移民大潮流，最近就是到东南亚、日本、台湾；前两者是外邦，所以客家民系到彼地，变成华侨或海外华人，而后者则是中国自己的土地，由客家大本营移垦台湾的客家人，则是国内移民。客家人渡海过台湾，参与了中国人民近四百年来在台湾的开拓建设之事业，台湾客家民系的贡献，功德深厚，不可忽略。

从罗香林先生开创了客家学术研究之后，客家研究持续地发展，数十年来在两岸以及海外，显出相当成绩，甚至还有所谓是否应该建立"客家学"的讨论。客家研究，是一门人文学和社会科学的研究领域，呈现多元丰富的面貌和内容，在人文学方面，主要是历史学之取径，也包括了客家文学艺术的探讨。社会科学方面，则有语言学、地理学、社会学、人类学、宗教学、经济学、观光游憩学等学术领域的研究和分析。当然，更多的客家研究的学术进路是综合的，也就是人文学和社会科学的整合之方法来探究、诠释客家民系及其文明总体或个别内容。再者，客家研究如同其他学术研究方式，亦有宏观的和微观的研究，就历史学进路而言，则有史料史实的考据，也有史事存在之意义的诠释。

中国文化历史的总体，是客家民系的源头；客家先民的文化历史，是客家民系的先祖往圣前贤的谱系，赣闽粤边区的"客家大本营"，是"花开五叶"而扩展播散于国内以及海外的客家群体的"五缘之原乡"。站在台湾客家人的立场和感情来说，上述四项中土客家先民、客家民系的文化历史重点，与台湾客家民系的文化历史，则具有父母与子女的天伦相连之深刻性和连续性。台湾的客家学者，从中国大历史以及"原乡新乡五缘一体"的观点之下，进行客家文化历史研究，是一个十分重要而且具有"春秋大义"的诠释弘扬之学术工作。此是具有中国史德史识的学者最在意的研究创作之路径。

中国史学秉承孔子著《春秋》的严夷夏大防之精神。孔子的"春秋大义"，由孟子加以阐释，而由司马迁的《史记》传承弘扬，其修纂历史不止是事实材料的铺陈描述，而是在华夏神胄的文明生命体中，儒者具有一种基本创述诠释的任务，就是其整理、创作与文史相关的著作时，他是基于为国家、生民建立"王官学"宗旨为目的而进行其研究与著述。所谓"王官学"，是指中国儒家《六经》之义，它合经史而为一体，在其中，依据仁义之道，来论述史事史实，表现了孔孟仁政王道的论述性和批判性。这种传统，始于孔子，一脉相传承而不断，甚至近代和现代的中国大儒之创作亦是如此，如王船山、顾炎武、黄宗羲以及熊十力、钱穆、徐复观等先生，实无有例外。就台湾儒家而言，如连横、洪弃生、丘逢甲、叶荣钟等先贤，其抗日的文史论著，皆深具"王官"与"春秋"的微言大义。

客家研究的历史领域的创著，为数不少。但由于"五四新文化运动"之影响，中国史学界也强调"史料主义"的"泛科学主义的历史学"，反对所谓史观、史德、史识的具有人文道德价值判断的传统中国儒家观念之历史学，因此，不少客家历史研究亦沦为史料搜罗铺排而就事情之表面现象进行的白描之"研究报告"。与此相反，也有不少客家史学学者受到"五四新文化运动"的反传统反儒家之风气影响，其研究喜效"疑古派"，好作否定正统之说，或好作惊世骇俗之语，故有一些"客家人源流史"之专书或论文认为客家民系不是中原族裔，或说客家民系是少数民族，或又宣称客家民系是与中原南迁的汉族混血而主体仍是少数民族之民系。在台湾，更有学者主张台湾客家人的血统以南岛语族为主，而与华夏民族无关，换言之，就是宣扬"台湾客家人不是中国人论"。这些索隐行怪之论，连起码的学术规范的客家史著作也谈不上，但近年却蔚为风气。此种粗疏鄙陋之"治学态度"以及具有"国家分裂主义"之意识形态的所谓"客家研究"和"客家人源流史研究"，显示了近年的客家研究，存在一种歪风，就是欠缺严谨的史料文献之考证，毫无学术研究的忠诚敬慎之涵养，只凭空漫尔想象而虚空构划某种"射箭之后再画靶"的伪论。

因此，研读当今的客家研究特别是客家史研究的专著和文章，就必须严谨地选择治学敬慎而优秀的学者之论著来阅读学习，才能得其正知正见。

青年史学学者张正田，最初攻治唐朝政治军制史，其史学既有考据学之取径，亦有史学义理的分判和诠释，兼具史义史识的基本架构和内容。后来，他逐渐关心客家人的源流和发展，遂以自身的史学涵养和能力而深入研究大陆和台湾的客家民系的历史。正田以台湾客家民系的"义民爷"信仰体系的形成和发展来诠释台湾客家人的保乡卫土的"春秋精神"，在乾隆末年台湾中北部林爽文民变的动乱之局中，北部客家人为抵拒林爽文部众残害乡土家园，遂组织客家团练以武力保护客庄及其庶民百姓，这是忠义于自己父老乡亲以及祖宗庐墓的大义所在而有的表现，合于朱子所言的"忠孝廉节"的儒家伦常。正田依据春秋大节的史德来撰述了台湾客家义民爷信仰中的忠心义气之史实。这不止是史实的平铺直叙，而是儒家史观的诠释，虽然书写的只是清朝台湾一个客家史事件，但其意义却是彰着了客家民系的民族文化深远博厚的道义，其中秉持的是孔子《春秋》到史公《史记》一直到船山先生严夷夏之防的史论以迄今日之当代新儒家的钱宾四、徐复观等大儒的"以史论经"之"王官学"之经史合一精神。

近年来，正田陆续研究创作了一系列相关的客家史之论文，集结汇整成为一本专书，其以素朴的态度命书名曰：《两岸客家史研究》。此部客家史的结构是依据上述的原则和取径而创作的，在空间的尺度上，正田有宏观的大历史时空架构，亦顾及微观的小历史时空架构，所以从唐宋之交而研究阐述了客家先民尚未接触或已初始进入的闽西汀州的族群开拓垦殖和冲突融合史，再又以台湾为一个整体空间尺度而从明郑直迄日据时代的"汀州籍客家人"之开发建庄史和文化宗教史以及人文生态史来加以探索、说明、诠释。其中有史实考据学亦有史义诠释学，可谓兼具史观、史学、史德、史识之功夫和方法，而呈现了深入的"台湾汀州籍客家人史"的学术境界，由于此前，有关台湾闽西籍客家民系之宏微两观兼具的历史考据诠释学之研究创作几乎没有，所以正田此书的此部门，可谓是台湾客家史研究的重大贡献。再者，正田又以护土爱乡的情怀而关注了他的家乡台湾苗栗的客家人开发拓垦史、苗栗客家人及其相关人物的忠义节烈史，在其中，以地方小历史为题材，却在内容中呈现了儒家型史家的"春秋大义"。

青年史家张正田据其历史学以及其历史专业素养而衍生发展的两岸客家先民和民系的史学著作，是一部含有"王官学"精神又具有"百家言"的"以史论经"的杰出创作，就历史的流变中而显示彰着了中华文化和客家圣贤的常道。

正田与我长年来有师友之情谊，我读其史著，喜悦并且敬佩其中国儒家仁义之本质实践性，所以乃以愉悦欢喜之心，敬撰此序，用以肯定表彰焉。

潘朝阳

序于台北天何言斋

己亥 2019 年 12 月 7 日 大雪

目　录

第一篇　唐宋闽西的"前客家史"探究

第二篇　渡台的汀州客家人研究

第三篇　台湾苗栗客家历史

第四篇　苗栗之外的台湾客家史与未来发展

导　论

海峡两岸客家，一衣带水也血浓于水，彼此有连续性与相关性的历史演变关系，笔者在二〇一五年以前尚未来龙岩学院的闽台客家研究院工作前，即抱着这种史观研究客家历史，自来龙岩学院服务后，更着眼于海峡两岸特别是闽台两地客家历史的科研工作。本书是笔者近几年陆续发表的文章或会议论文，再屡经修改而成，虽其中有些章节是二〇一五年以前的写成，但中心思想仍一以贯之，即是海峡两岸的客家历史，不可能因任何人为的政治意识形态，从台湾海峡当中一刀两断，来"以岛论史""台湾岛史"的这种狭隘论述所桎梏。

千余年来客家历史文化的传播，从江西赣州的摇篮中酝酿，与在福建闽西汀州的具体形成，再迁徙到与汀州同属一自然小区域"汀梅纵谷"之广东梅州一带发扬，尔后再往海内外包含台湾在内的历史迁徙，其实客家历史可以研究的范围相当丰富，本书限于篇幅，只能先重视闽台两地客家历史论考，此为本书最主要的核心成分。

本书第一篇中共有五章，都是论述福建闽西汀州客家的历史与观点。这一篇中大部分的章节，倒并没有太着重在相关史学界常着重论述之宋元明清时期客家历史，而是着重在唐宋之际客家人尚未形成前的"客家先民"或"前客家"时期的汀州之历史考论。"前客家"是著名学者杨海中先生提出（《石壁与"前客家文化"》，《黄河科技大学学报》，2015 年 3 月），认为在客家人形成之前的"前客家"历史文化，也应当为客家历史学界所重视，笔者也有此观念，所以写下本篇前几章。本篇的五章，分别是第一章《唐宋之际汀州辖区变动与汀江流域开发关系》、第二章《唐宋之际汀州宁化"黄连洞蛮二万"史料疑问》、第三章《论唐末五代汀州战事与汀州人的"族群接触"》、第四章《唐宋之际伏虎禅师与汀州客家先民开发环境关系》、第五章《古汀州客家八县内部地域次分区的初步想法》。

第一章《唐宋之际汀州辖区变动与汀江流域开发关系》，本章是考论唐玄宗开元年间初设汀州后，汀州曾历经几次大的辖区变动，一个是州治由新罗县改为长汀县、一个是旧的新罗县从武夷山东麓搬徙到较接近漳州的九龙江流域，且新的新罗县改名龙岩县后也改隶属于同流域的漳州管辖、一个是同一年间闽中一带的沙县又改归入汀州管辖、一个是到五代时沙县又被割出不再隶属汀州管辖。唐五代这些不同的汀州辖区变动，实有不同的历史空间变动意义，代表国家在逐步找寻更合理的汀州区划空间。又五代时沙县割出后，汀州辖区将稳定化直到清朝灭亡为止都没有再大幅变动，本章亦有略探到两宋期间的福建段汀江流域开发状况。

第二章《唐宋之际汀州宁化"黄连洞蛮二万"史料疑问》则是对相关史学界常征引《通鉴》一条关于宁化在唐代晚期的894年，宁化县还有两万少数民族起义事件记载，本章尝试作一考论，认为于史实颇有不合之处，故推估认为这些两万宁化人民起事，其实很可能大多数是汉人移民为主，是王潮与后来闽国政权的记载，污蔑他们为少数民族为"蛮"。

接着承续下来是第三章《论唐末五代汀州战事与汀州人的"族群接触"》，本章是在讲客家人尚未形成前，因唐末五代战事牵连汀州，人间战火与造成汀州人民困难并与"外州兵"的人间战事"接触"，而可能使当时汀州人产生某种程度的"我州人"的"我族概念"之尝试探讨，但本章并不可能就此妄言此时的汀州已经产生了客家人族群意识，这是本章所要强调的部分，但是在"先客家"时期，本章这段历史过程是可被讨论的，故尝试作此章论之。

第四章《唐宋之际伏虎禅师与汀州客家先民开发环境关系》是笔者对伏虎禅师信仰与汀州客家先民的开发环境关系作一小探，认为伏虎禅师信仰在宋代会在闽西一带发达，很可能与唐宋时期汀州当地尚处虎豹与森林遍布的原始环境有关。当时闽西当地人需要借着伏虎禅师能"伏虎"的传说，祈求自己能在"开山打林""筚路蓝缕"之开垦过程中得到某种心理平安与福气，故此信仰在闽西逐渐兴盛。

至于第五章《古汀州客家八县内部地域次分区的初步想法》，则是对汀州八县是否能做进一步的区域研究作尝试性的更细部次分区之探讨。本章可谓初步探讨明清汀州客家的细部地域该如何分区的问题，在以往研究脉络下，学界已开始注意到闽西内部，还可以分为"汀江流域"与"闽江上游"的"九龙溪流域"之两种闽西内部地域次分区是有所不同的，学界大多称为古汀州可分为

"两江流域型"。本章承续各学科以往研究成果，暂提出一个初步想法，将以往"两江流域型"的汀州，再细分为"宁化型""清明型""汀江型""连城型"四种次分区，旨在或能替学术界对明清汀州该如何做更进一步的分区，以利未来研究，做一点抛砖引玉之效劳。

本书第二篇主要是探讨古今渡台的汀州客家人后裔历史演变之过程与现况，众所周知，汀州客家人在明末到清时期渡台后，在台湾不同地区，有些演化成为改讲闽南语的"福佬客"也不甚认同自己是客家人。但有些则尚保持客家本色仍讲客家话，甚至在北台湾"桃竹苗"客家区（桃园、新竹、苗栗等县市中的客家乡镇）有些自然村、家族聚落，仍还有汀州客家后裔还能讲汀州客家话，这些不同的演变，饶富历史古今趣味，故本篇文章多旨于此。本章计有以下诸章：第六章《论明郑大将刘国轩的"投国姓"与"降清廷"》、第七章《朱一贵事变之际汀州府客家人对台湾历史贡献》、第八章《从历史地理变迁看清代新庄之兴衰》、第九章《从 1926 年台湾汉人籍贯调查看台湾汀州客家人地理分布：以"大台北"和"桃竹苗"两区为例》、第十章《台湾汀州客家后裔文化生态的异同：以淡水鄞山寺附近、桃园十五间村为比较中心》、第十一章《坚持永定情，不忘祖宗言：桃园十五间村永定胡氏家族语言文化生态》。

第六章《论明郑大将刘国轩的"投国姓"与"降清廷"》，本章延续目前学术界对明郑将领，汀州客家人刘国轩的相关专文研究成果，提出对刘国轩为何"慕义"归于延平王郑成功麾下，历经郑经、郑克塽三代不改其志，到对刘国轩何以在澎湖海战战败后决意"降清廷"等两件刘国轩人生重要抉择做一新观点的讨论。刘国轩可谓是汀州客家人移民台湾的始祖之一，对其之研究，也代表本篇要旨的时代起始点。

第七章《朱一贵事变之际汀州府客家人对台湾历史贡献》，是讲清康熙末年朱一贵事件，以往学界谈论的也多，本章尝试从"庶民史"角度观察清代初期台湾朱一贵事变前后，几批古汀州府客家人移民来台之最初地点与古今情景，与同样是古汀州府客家人的"把总"军官，永定人石琳、长汀人林富，为平定朱一贵事变力战而亡，捐躯台疆。这些曾为台湾贡献过的古汀州府客家先民，对台湾或台湾客家人之历史其实功不可没。而朱一贵事变当初，台湾汉人的居住地，大多数还是以南台湾为主，这前后几批渡台的汀州客家人后裔，今日理当大部分融入南台湾的"六堆客家庄"成为六堆客家人了，但也不能排除有些可能已经福佬化，譬如原先拓垦今高雄市内门区一带的那一批。

第八章《从历史地理变迁看清代新庄之兴衰》一文是以自然地理角度中河道变迁视野，探讨原先应该是北台湾"大台北地区"（指今日台北市、新北市、基隆市三市）中，原先是由汀州客家人开垦的重要区域城镇"新庄、泰山"一带，为何在康、雍之际成为大台北地区的一大核心城镇，又为何在嘉、道之际逐渐没落，汀州客家人在大台北势力也逐渐衰退，间接使泉州闽南人城镇"艋舺"（今台北市万华区）兴盛取而代之之原因，也使闽南语取代了客家话，成为大台北地区的强势语言。随着这类的历史原因，今日大台北地区，已演变成没有所谓的"台湾客家乡镇"，连本区闽西定光佛信仰所在的新北市淡水区（2010年以前为台北县淡水镇），也已不是台湾客家乡镇，当年在大台北地区留下的客家后裔，也都已成为"福佬客"，多改认同闽南了。笔者当初作此篇文章时，心中不免替台湾客家历史沧桑感到唏嘘。

承续了前章，第九章《从1926年台湾汉人籍贯调查看台湾汀州客家人地理分布：以"大台北"和"桃竹苗"两区为例》一篇，台湾日据时期（1895—1945）日本人对台湾人进行强迫性的"人口调查"，其虽是不人道"侵犯台湾人人权"强行调查之产物，但却也意外地留下台湾各籍汉人族群人口历史纪录，其中以1926年日本人对台湾汉人的旧籍贯调查（实际执行约是1920—1925年），对台湾汉人来源自清代哪个大陆的府州之调查情况，相对而言较为准确，似乎也可以从中初步了解清代台湾到日据台湾初期，从古汀州府移民到台湾各地方的客家移民区域分布状态，为海峡两岸一衣带水一脉相连的客家移民史，作"区域史"或"历史地理学"的历史空间分析。本章尝试由台北周边地区的"大台北"，与台湾北部最大的客家区：桃园、新竹、苗栗等县市之"桃竹苗"地区，看当时汀州客家人的地理分布情况，与发现了当时日本人调查有一定程度的误差。这个误差就是日本人当年搞不清楚状况，错误地把汀州客家人估为广东籍客家人或闽南人了，譬如本章中提出笔者老家苗栗县的永定江姓大家族，在当时竟被错误当成广东客家人，所以全台各地理论上都可能有闽西汀州客家人，只是被日本人严重低估了。

承续前章，第十章《台湾汀州客家后裔文化生态的异同：以淡水鄞山寺附近、桃园十五间村为比较中心》是谈大台北地区的淡水区一带三个已经福佬化的乡镇，与"桃竹苗客家区"中一个仍然保持客家认同以及还会讲汀州客家化的自然村：桃园市的十五间村两者做一比较，第十一章《坚持永定情，不忘祖宗言：桃园十五间村永定胡氏家族语言文化生态》，则是专论桃园市十五间村以往的汀州客家话语言生态何以被该族人保留住，但日后是否会受到什么周边强势语言的冲击，做一简探。

第三篇谈的主要是桃竹苗客家区中，笔者老家苗栗县的客家相关历史，计有第十二章《从"巴里"经"猫里"到"苗栗"：从"三汊圳"看苗栗市地区在清代的开发》、第十三章《福建漳州张廖家族移民台湾研究：以台湾苗栗铜锣湾张姓为中心》、第十四章《台湾苗栗县客家地区"土牛红线"与"紫线"的历史空间比较》、第十五章《清代苗栗"历史族际冲突"与今日"融和"》、第十六章《被遗忘的大清与苗栗"英雄"：程峻、寿同春、钟瑞生、与苗栗义民军》、第十七章《从台湾客家庙宇栋对楹联看台湾客家汉人华夏文化认同：以台湾苗栗义民庙为例》、第十八章《台湾日据时期苗栗"天香吟社"的历史意义：以该社核心人物为中心》等七章。

第十二章《从"巴里"经"猫里"到"苗栗"：从"三汊圳"看苗栗市地区在清代的开发》旨在论述台湾苗栗县城苗栗市，是清代台湾客家人开发的重要地区之一，此地区"熟番"原称本地区为"巴里"（Pali），汉人当时则音译为"猫里"。乾隆十二年（1747）以客家人为主的汉人，买断本地区原有"熟番"社亦即"嘉志阁社"与"猫里社"的土地权力，并协商他们迁出本地区后，以客家人为主的汉人也在本地区开发，并在乾隆二十年开始开凿了"三汊圳"大兴水利，使本地区历经"水田化"，商业亦日兴，终在清代成为一大城镇，并在清晚期为朝廷选为新设县城地，"猫里"也在此时改称"苗栗"并设置苗栗县，本地区再历经沿革至今，也就是县城苗栗市。悠悠"三汊圳"水在清代台湾这百余年间，也见证了本地区客家人的开发历程。

第十三章《福建漳州张廖家族移民台湾研究：以台湾苗栗铜锣湾张姓为中心》福建漳州诏安客家"张廖同宗"家族，系约七百年前"张元子公"传承下来，在海内外人数众多。在今日台湾张廖家族已有不少成为"福佬客"，但有些仍维持能讲客家话的张廖家族则较少人知，譬如台湾苗栗张肇基家族。关于张肇基家族之研究，目前学界多认为主要散居今苗栗县通霄、头份、三湾、南庄等乡镇市，但其实张肇基家族另有一房支在清代开垦今苗栗县铜锣乡与县城苗栗市一带，是为台湾苗栗铜锣湾张廖家族，亦即笔者家族。本章一定程度而言，亦深化讨论了闽台客家一脉相连的历史关系。

第十四章《台湾苗栗县客家地区"土牛红线"与"紫线"的历史空间比较》是在探讨今台湾苗栗县境内，在清代"土牛红线"（1750 所画）与"紫线"

（1784 所画）两条朝廷官方所订的限制客家汉人与山地少数民族（"生番"）活动的人为政治界线（"番界"），透过这两条人为政治界线的空间改变比较，探查本县地区清代客家汉人的开垦乃至"越界侵垦"山地少数民族传统领域的空间活动现象。

第十五章《清代苗栗"历史族际冲突"与今日"融和"》，是一篇藉由讲述清代苗栗客家汉人与"生番"之间的严重民族之际历史冲突与汉"番"间地域空间演变，到今日彼此已经相互"融和"的古今过程，希望能有某种程度的"以古鉴今"，期盼世上各地若有"族群仇恨"或"民族隔膜"的，其实或多或少都有解决之道。其中本章标题用"融和"而不用一般较常见之"融合"二字，系指族际之间的两"群"文化接触后，彼此感情能相互交融和平共处，共求和谐未来之意。

第十六章《被遗忘的大清与苗栗"英雄"：程峻、寿同春、钟瑞生、与苗栗义民军》，是继承笔者博士论文专研苗栗义民信仰之上的一篇小文，主要是讲位于今日苗栗县城苗栗市北苗地区的苗栗义民庙，其主祀林爽文事变时战死身亡的淡水厅同知程峻，与号召北台湾诸籍贯义民的"绍兴师爷"寿同春，以及苗栗"义民首领"钟瑞生所率领的义民军之义冢。然两百多年历史演变下，今苗栗义民庙"祭祀圈"仅止于今苗栗市内北苗、上苗、清华等三个"里"，占全苗栗市二十八"里"的 10.71%，俨然为一个地方小庙，跟香火鼎盛的新竹县枋寮义民庙不可相比。但回到林爽文事变历史当时清中叶时期的钟瑞生，可谓是在苗栗史上，与清末"乙未抗日"牺牲性命的苗栗吴汤兴一般，都可称为一代苗栗地方"英雄"，然他们在今日的历史知名度，却远不如同时期，号称是"新竹县客家义民军领袖"的"义民首"戴元玖、林先坤等人。而程峻在抵抗林爽文势力时"兵败殉国"；寿同春也在林爽文事变时收复淡水厅有功，并率领客家、泉、漳等籍之义民军，反攻林爽文势力，却为林爽文势力所杀，"英烈殉国"。但今日香火鼎盛的新竹县枋寮义民庙，却没有祭祀程峻、寿同春，使这两位先人逐渐为后人所淡忘。所以本章称程峻与寿同春，是被遗忘的大清"英雄"；钟瑞生与苗栗义民军，是被遗忘的苗栗"英雄"。因此，本章是以史学方法详细考论程峻、寿同春、钟瑞生等人的"忠烈"事迹，希望记录两百多年前的"他们"为保乡卫土而牺牲的"英雄叙事"。

第十七章《从台湾客家庙宇栋对楹联看台湾客家汉人华夏文化认同：以台湾苗栗义民庙为例》主要论述台湾客家人虽占台湾汉人中的较为少数，但海内外客家汉人是最重视崇尚"中原文化"与"华夏认同"的汉人族群之一，台湾客家人也不例外。客家俗谚常谓："一等人忠臣孝子、二件事读书耕田""晴耕雨读"等，都表现出台湾客家人崇尚儒教，认同中原华夏的忠臣孝子精神。所以台湾客家庙宇的栋对楹联，往往也能反映出台湾客家汉人这些精神表征。本章尝试从台湾客家庙宇中的苗栗义民庙为例，由其栋对楹联，看台湾客家人的华夏儒教文化认同与忠义精神。

第十八章《台湾日据时期苗栗"天香吟社"的历史意义：以该社核心人物为中心》则是从台湾苗栗县客家籍仕绅在台湾日据时期（1895—1945）成立"天香吟社"诗社来"文化抗日"，观察该社内核心成员儒学家风背景，以及台湾日据时期日本政界言论尺度演变对当时台湾"天香吟社"核心成员的影响，探讨当时台湾客家儒士艰辛传承儒风不忘故国之精神。一言以蔽之，本章强述我国传统儒家社会文化传承，不可能因外国突然殖民当地而造成当地儒风突然中断，仍会有"道统型儒士"藉由一些方式来抵御外国殖民势力、思怀故国。

本书第四篇是探讨苗栗县以外的客家地区（含"福佬客"地区）等四章小文，若以今天行政区划来讲，桃园市有两章，新竹县有一章，台中市有一章，台中市的那章探讨地区是台中市神冈区（2010 年以前为台中县神冈乡），今日已成为闽南乡镇，但在林爽文事变时该地区应该还分布很多客家人，历史沧海桑田之变，不禁使人唏嘘。

首先是第十九章《从经济开垦到台湾抗日：以新竹"金广福"姜家事迹》，关于新竹"金广福"姜家，彼岸台湾方面相关学术论著甚多，但大多本着前述"台湾岛史"的史观论述之。本章以两岸客家史观，观察该家族从清代中期的传统帝国边疆拓殖型家族，随着世代的演变，仍演化成传统中国与客家文化下的忠孝儒教型家族，适逢一八九五年台湾被迫割日，该家族的"垦首"姜绍组，已颇具儒绅之色，他本着传统儒教"忠国卫土"精神，率领客家乡民积极抗日壮烈牺牲，亦符合我国传统"君子型"或"道统型"儒绅，与客家人忠义、"以儒报国"之精神。

第二十章《林爽文事变时台中神冈北庄客家"义民首"李安善事迹》是考论清乾隆林爽文事变时，今台湾台中盆地尚属清代彰化县管辖，今台中神冈北庄位于其偏北位置，而乾隆朝台湾台中盆地区已有不少客家人与泉、漳两籍闽南人入垦，当林爽文发起事变时，因漳州人林爽文势力主要攻击本区内泉州人、客家人，使本区客家、泉州人乃至"熟番"人人自危，遂推当地"北庄"客家人李安善（又名李乔基）为"义民首"，组织当地"汉、番"各"义民军"以自保。本章主要是在探讨李安善举义民军保乡卫土，最后与林爽文势力互战时力战而死之事迹，以及后人记述时各种历史记忆的演变。

第二十一章《平镇褒忠祠"分香"自枋寮义民庙"传说"的再思考》在讨论今桃园市最大的客家义民庙，桃园市平镇区平镇褒忠祠是否是"分香"自新竹县枋寮义民庙的问题，本章反思了这种"分香传说"，尝试对乾隆末期，平镇褒忠祠与枋寮义民庙间的筹建关系，做更进一步的历史性推估。

第二十二章《两岸客家面临城市化下观察客家未来：以深圳与桃园两市为例》，则是尝试讨论两岸客家地区面临城市化浪潮下，观察客家文化的未来能会受到什么冲击。本章挑选了大陆客家地区中"最城市化"的深圳市、与台湾同样情形之桃园市做观察，这两市还有一个共同之特点，就是当地客家人在尚未城市化前，也约仅占当地"土著"之半，并不是当地原本"土著"中的优势族群，则两市的客家人在面对现代化冲击同时，还得面对当地另一半"土著"对两市推行客家文化的"质疑"舆论压力与社会压力。由此，本章做两市面临的"古今之变"互相比对，尝试替客家文化面对现代化冲击下，如何保持自身文化与语言特点，作一抛砖引玉之分析。

张正田

2019 年 3 月书于福建龙岩

第一篇　唐宋闽西的"前客家史"探究

第一章　唐宋之际汀州辖区变动与汀江流域
开发关系

汉人南向开发与汉文化南传一直是中国史研究上大事之一，其中客家民系往南迁移与客家文化的形成，也是学界关注焦点之一。宋元明清之际古汀州府乃至汀江流域的开发，正是闽粤赣交界客家地区作为区域史研究时的次区域历史考论焦点之一，学界已不少专于此之论著①，但对唐宋之际②时客家先民在古汀州乃至汀江流域开发的相关历史，似还有再探论空间，本章尝试就此际此区相关问题，尤其以国家初设汀州时辖区变动以及汀江流域开发关系做一探究。

又一般而言学界的"唐宋之际"系指唐玄宗天宝十四年（755）安史之乱开始的历史大变迁期，然本章的"唐宋之际"则提前至指唐开元廿余年间的汀州初设开始，时间点约提早廿年，特此说明之。至于本章主要年代将以较大篇幅讨论到北宋初年《太平寰宇记》③成书的太平兴国年间（976—983）汀州辖区稳定后为止。

一、唐代初设汀州时辖区的历史空间意义：以《寰宇记》记载为中心

唐代的州为"统县政区"（周振鹤语）④，约相当今日的地级市，大凡当时国家在边区设立新的"实土州"，一定程度而言代表国家统治意志，是往"如何有

---

① 周雪香，《明清闽粤边客家地区的社会经济变迁》，福州：福建人民出版社，2007。邹春生，《文化传播与族群整合：宋明时期赣闽粤边区的儒学实践与客家族群的形成》，北京：中国社会科学出版社，2015。靳阳春，《宋元时期汀州区域开发与客家民系形成》，北京：中国社会科学出版社，2015。蔡骐，《流动的客家：客家的族群认同与民族认同》，上海人民出版社，2016⋯等论著繁多，兹不一一举例。

② 或有言"唐宋变迁""唐宋变革"者。

③ 以下简称《寰宇记》。

④ 周振鹤，《体国经野之道：中国行政区划沿革》，上海书店，2009，第30页。

效管辖县级政区"做更进一步的空间延伸；而设新县份，则代表边区的"编户齐民"之户籍人口之"空间"或"人数"之增加①。以唐代当时尚处半蛮荒之境的古汀州而言，"新设汀州"一定程度可视为国家意志往武夷山脉东、南麓做"统县政区"的空间延伸与统治。汀州辖区一开始初设百余年间的变动，一定程度而言可视为国家对新开辟边区的"空间摸索"过程。

唐代初设汀州缘由与其辖区变动过程如下：首先可依《新唐书·地理志·汀州条》载：

> 汀州，临汀郡，下。开元二十四年（736）②开福、抚二州山洞置，治新罗，大历四年（769）徙治白石，皆长汀县地。土贡：蜡烛。户四千六百八十，口万三千七百二。县三：长汀：中下。有铜，有铁。宁化：中下。本黄连，天宝元年（742）更名。有银，有铁。沙：中下。本隶建州，武德四年（621）置，后省入建安，永徽六年复置，大历十二年（777）来属。有铜，有铁。③

由此知汀州在本条纪录是管辖了长汀、宁化、沙等三县。其中"新罗"二字之后，本卷〈校勘记〉载如下：

> "新"，《（太平）寰宇记》卷一〇二作"杂罗"，谓"天宝元年（742）改为龙岩"。《元和（郡县）志》卷二九龙岩县，亦云天宝元年由杂罗改名。④

又再查《同书·同志》的〈漳州条〉可见以下记载：

> 漳州，漳浦郡……龙岩：中下。开元二十四年（736）置，隶汀州，大历十二年（777）来属。⑤

如此即可明白，汀州设州之初，确实曾管辖新罗县，且为汀州一开始的州治，但约40年后的大历十二到十四年前后时新罗县改划入漳州，而将沙县从建州改划入汀州管辖，所以《新唐书·地理志·汀州条》以此来记录。又此条载"治新罗，大历四年徙治白石，皆长汀县地"可再究，究竟一开始汀州"治新罗"的新罗，系指后来的龙岩县也就是今龙岩市新罗区？还是当时的新罗因

---

① 鲁西奇，《新县的置立及其意义》，《唐研究》，19，2013，第155—232页，在第159页称这些是国家的"隙地"或"内地的边缘"，在此处设立新县实际上也是"开县"。

② 蔡驎，《流动的客家：客家的族群认同与民族认同》，第164页载汀州始设年依不同史料有732、733、736年之不同说，在本文宋之际数百年历史段限脉络下，似是小问题也非本文问题意识主轴所在，本文暂依《新、旧唐书·地志》以736年为准。

③ （宋）欧阳修，《新唐书》，卷四一，《地理志五·江南道·汀州条》，北京：中华书局，1975，第1065页。

④ 《新唐书》，卷四一，《地理志五·江南道·汀州条》，第1066页。

⑤ 《新唐书》，卷四一，《地理志五·江南道·漳州条》，第1076页。

"皆长汀县地"之记载，而可能最早之地不在今新罗区而在长汀县一带？考北宋初年《寰宇记·汀州·长汀县条》载：

> 长汀县……开元中立郡，旧（郡）治在九龙水源长汀村，大历中移在白乡，地名金沙水，即今治也。[①]

此段后又有一小段，名"杂罗故城"，可惜写的是当时县令遇鬼魅事情，于城址方位考证无益，故对新罗故城之城址，暂无法考证于何处。然九龙水今名九龙溪，为闽江支流沙溪之上游段名称，其上游诸溪水源处，泛在今三明市建宁县到宁化县境，亦同于长汀、宁化两县般在武夷山东麓。又《元和郡县志·龙岩县》条亦载：

> 龙岩县……先置在汀州界杂罗口，名杂罗县，属汀州，天宝元年改为龙岩县，大历十二年皇甫政奏改隶漳州。[②]

综上《寰宇记》所述，若依地望看，杂罗县（新罗县）旧址原本位置可能在宁化县南境或长汀县北境，沿武夷山脉东麓之九龙溪上游诸溪的某水源地，而不可能到建宁县境，因为建宁县尚在宁化县之北，所以日后新罗县被"徙县"到日后的龙岩县后，此地才会归长汀县管辖。如此推论，方符合《新唐书·地理志·汀州条》所谓"治新罗，大历四年徙治白石，皆长汀县地"一语。

但上一段推论会与《寰宇记·汀州条》的一段记载不合，这段记载如下：

> 此州初置在新罗，以其地瘴，居民多死，大历十四年移理长汀白石村，去旧州理三百里，福州观察使承昭所奏移也。[③]

这段话意思是汀州州治一开始不是长汀县而是在新罗县，但因当地多瘴气使居民多有病死事情，所以州治改到长汀白石村，新州城离旧州城三百里，是大历年间福州观察使王承昭上奏才迁移的。问题就是在"三百里"这个记载，以九龙溪水源地距长汀而言不可能有三百里之遥，那是否是历代传抄之误？将"三十里"误抄为"三百里"？若是三十里，依地望是颇合于宁化以南长汀以北的九龙溪水源某地，可能即"新罗县故城"所在？关于这点假设还请详下节的

---

① （宋）乐史，《太平寰宇记》，卷一○二，三，台北：文海出版社，1993，第19页下。
② （唐）李吉甫，《元和郡县志》，卷三○，北京：中华书局，1983，第722、723页。
③ 《太平寰宇记》，卷一○二，三，第19页上。

再考论①

又新罗县，"可能"在天宝元年以前曾被"徙县"，迁徙到今龙岩市新罗区，再于天宝元年改名龙岩县②，到大历十二或十四年才因龙岩同漳州都是地处九龙江流域，加上龙岩县与州治所在的长汀县阻隔了玳瑁山脉，山势陡峭交通不便，所以龙岩县被改隶于漳州。此外，宁化县本名黄连县，742年也改今名宁化县。

以上是以北宋初成书的《寰宇记》为中心，并佐以北宋中成书的《新唐书·地理志》等相关资料之考证。但比较可疑的是，由这些数据考论出的"（旧）新罗县迁徙到（新）新罗县"之空间距离实在太遥远，这样迁徙县城，颇不合常理。加之，迟到南宋年间成书的《临汀志》对汀州建置沿革相关记载也有若干差异，相关问题似可以《临汀志》再究，请详下节考证。

二、唐代初设汀州时辖区演变疑问再探:《临汀志》相关记载的再检视

《临汀志》③为汀州早期方志，也是目前可见汀州最早的方志，一般认为其成书年代已在南宋理宗开庆年间（1259），去唐代初设汀州已经距五百余年。其中的《建置沿革》有关唐代初设汀州到《临汀志》成书之间的汀州沿革记载如下:

唐开元二十四年始开福、抚二州山洞置汀州，取长汀溪名之。《旧图经》云:"水际平沙曰汀。"又云:"南、丁位也。以水合丁，于文为汀。"天宝元年，

---

① 《寰宇记》这段说法似乎是在表现出宁化县石壁镇一带某处，可能是当时一开始的"汀州最早州治"之"新罗故城"所在，因为九龙溪主流水源发源于石壁镇一带，石壁的西侧又坐拥当时汉人已较为开发之赣州与抚州，又是闽西闽中往江西的交通要道之一，又是闽西客家人的历史记忆客家源流所在，唐代国家若将一开始的汀州州治设于此也有一定程度的合理性，只是可能当时石壁此处尚处开发地带，第一波汉人移民的客家先民移居于此新州治时，可能多病祸于附近原始森林瘴气，才令州城迁到长汀，尔后此处已暂时归新州治长汀县管辖。但是尚未有进一步史料证据前，不宜过推论于此。且这也仅是"一说"，还需参考《临汀志》相关记载再做考证，请详后。

又赣州，唐时称虔州，以下为今人阅读便利故用今名，以下略。

② （清）张廷球主修、徐铣主纂、龙岩市地方志编纂委员会整理，乾隆三年《龙岩州志》，卷一，《封域志》，福州：福建地图出版社，1987，第35页载：

晋太康三年，析建安郡置晋安郡，领县八，其一曰新罗，宋太始四年…县仍旧……唐开元二十四年，开福、抚二州山峒置汀州，新罗隶之。龙岩本新罗之苦草镇，后于此置县，盖州治徙长汀，县治亦徙，而县名仍晋旧也。天宝元年改新罗为龙岩，以城东有龙岩洞故名。

这段清代方志所载沿革资料虽不一定都完全准确，但徙民搬到（新）新罗时"县名仍旧"，应属准确。又若按此《州志》笔法，似徙县在先，再改名于后来的天宝元年，但因这是清志，并非较直接原始史料证据，故本文内文仍保守地说"可能"。

③ （宋）胡太初·赵与沐等纂，《临汀志》，解缙总编，《永乐大典》，第4册，卷七八八九——七八九五，北京：中华书局，1986，第3607—3675页。

改临汀郡。乾元元年，复为汀州，领县四。长汀、宁化、龙岩、沙县。初治新罗，《唐会要》云："天宝元年八月二十四日，改新罗县为龙岩县。"则今之龙岩，盖之故治也。去州四百里。后迁长汀村，在今上杭县北十五里，名曰旧州。去州二百五十里。又迁东坊口，去今州治五里，亦名旧州。大历四年，刺史陈剑奏迁白石，即今治是也。《唐志》云："治新罗，大历四年，迁白石。"皆长汀县地。《唐会要》云："大历十四年正月二十六日，移汀州于长汀县白石乡。"未详孰是。十二年，割龙岩县隶漳州。唐末盗兴……保大四年，割沙县置剑州，迄晋、汉、周皆属南唐。宋朝开宝七年，南唐亡，悉入图籍，仍旧隶福建路，领县二。长汀、宁化。淳化五年，并上杭、武平二场并为县，割长汀县地隶之。元符元年，析长汀、宁化地县清流。绍兴三年，又析长汀地县莲城。今为县六。①

这段《建置沿革》较之前段征引诸史料，会发现出入比较大的在于唐代初设汀州时的记载，至于记载宋代的就较准确。这似乎不意外，因为《临汀志》成书年代已距唐代初设汀州之时约已五百余年，难免有历史记载上的出入。且本《志》又系承继汀州前修地方志《鄞江志》，但后者已亡佚，遂不能再详考两《志》间相关记载之差异。加之《临汀志》也曾亡佚但因被收入《永乐大典》中而留存今可见本，然今本《永乐大典》亦是残卷辑成，所以综合以上，使用《临汀志》这段唐初设汀州记载材料时可能要较小心。

首先可见：（一）《临汀志·建置沿革》中比较大的记载出入是这段"乾元元年，复为汀州，领县四。长汀、宁化、龙岩、沙县。"，若按成书较早的《新唐书地理志》与《寰宇记》，似乎不见汀州曾同时领过四县，而是将龙岩县拨给漳州之同时再将沙县拨入汀州，所以汀州很可能一直维持三个县的编制，兹暂对《临汀志》此说法存疑而不采。其（二）是《临汀志》载"《唐会要》云：'天宝元年八月二十四日，改新罗县为龙岩县'。则今之龙岩，盖州之故治也。去州四百里"，则是《临汀志》编纂群误读《唐会要》的意思，所以误以为"（新）新罗县"即龙岩县曾经是汀州旧治——实际上一开始州治该是"（旧）新罗县"故城，所以《临汀志》编纂群也误以为旧汀州治所一度系在今龙岩市新罗区，其（三）又下句"后迁长汀村，在今上杭县北十五里，名曰旧州。去州二百五十里。又迁东坊口，去今州治五里，亦名旧州"这句，可能是历来研究较多争议

---

① 《临汀志》，《永乐大典》，第4册，卷七八八九，第3613页。

之处，这里记载的长汀村位置不但与《寰宇记》所谓"旧（郡）治在九龙水源长汀村"有出入，且多了其他数据所没有记载的两个"旧州"之地名，且又记载了唐初设汀州几十年间州城迁了三次，亦即从今新罗区第一次迁到"上杭北十五里"的"（第一）旧州"地名；第二次迁到距离"今州治五里"的"东坊口"，在此留下"（第二）旧州"地名；第三次才迁到唐后期与宋当时州治白石乡，这些疑问都是值得再探寻的地方。

《临汀志》成书的南宋理宗开庆年间，距唐初设汀州年代已久远，所记唐代中期汀州一开始建置沿革难免有误，但"南宋当时人记当时宋代事"这点应属真确。至少最基本的，在南宋当时《临汀志》编纂群所知，汀州辖区内有两个"旧州"地名，一在上杭北十五里、一在州治外五里，这是可确定真确的。但为何会留下两个"旧州"地名？虽应该与唐初设汀州时州城数次搬迁有关，但不是《临汀志·长汀县条》所谓的长汀县"随二州三迁"之意①，这是当时编纂《临汀志》作者群搞错了距他们五百多年前的唐代初设汀州历史沿革所误书。本章尝试在有限史料下，试以较合理的推估探究如下：

首先，在"上杭北十五里"的"（第一）旧州"，此处距今长汀较远而距今新罗区较近，而"（第二）旧州"距今长汀只有五里，所以可合理怀疑"（第一）旧州"不是一开始设的长汀县，唐代长汀村也应该不在这里，这个"（第一）旧州"是指"新罗故城"，也就是汀州一开始的州治"（旧）新罗县"所在，这个地理位置虽也仍在武夷山东麓，但还在玳瑁山西麓，日后唐廷又将新罗县从玳瑁山的西麓迁到该山东麓，也就是（新）新罗县亦即今新罗区之处，这样的"徙县"空间距离较近，也比前节"（旧）新罗县可能在宁化石壁一带"的推估更为合理。

又就唐代当时历史自然地理环境而言，当时"（旧）新罗"故城虽也在武夷山脉东麓，但较之其他二县，比较偏汀州辖区南方也较"蛮荒"，唐廷可能一开始想将汀州治当作"拓荒桥头堡"而置于此处，但此处却有原始森林"瘴气充斥"之虞，所以才会有前引《寰宇记》所载"此州初置在新罗，以其地瘴，居民多死"的记载。当时第一波汉人移民到今上杭北境的新罗故城时，居民因不能适应当地环境而多死，日后很可能也被人视为"鬼域"而一度荒废，甚至在《寰宇记》中留下唐代新罗县令在新罗故城曾遇到鬼魅的传说。唐廷国家遇此

① 《临汀志》，《永乐大典》，第4册，卷七八八九，第3614页上，载："长汀：望县，倚郭。随二州三迁"。

状，只好将汀州治改为设在距离武夷山脉较近一点的长汀县，将原新罗县搬徙到离漳州较近的"（新）新罗县"亦即日后龙岩县或今新罗区。于是在"上杭北十五里"某处的"新罗故城"，在南宋时遂留下"（第一）旧州"的地名，而搬迁后，（新）新罗县与长汀县就大致以玳瑁山脉为县界，如此则"（旧）新罗"故城之地就归为长汀县境内，亦即《新志》所谓"皆长汀县地"之意。而旧新罗故城在这个位置，也较符合前引《寰宇记》所载"大历十四年移理长汀白石村，<u>去旧州理三百里</u>"的距离空间记载，本章前节曾有"《寰宇记》历代传抄之里数有误"之假设，自然不能成立。

至于"（第二）旧州"就是《新志》所载大历年间搬到白石村前，《临汀志》所载的旧州"东坊口"，因为这个搬迁的空间距离只有五里，对国家来讲似乎不是重要的"空间移转"，所以不见"国家级"的地理志书《新志》与《寰宇记》纪录，独见"地方级"的方志《临汀志》留下此"（第二）旧州"地名。[①]

详究以上，主要是在问汀州初设时，下辖（旧）新罗、长汀、宁化（黄连）三县，主要性质都是"<u>分布在武夷山东麓</u>"，唐帝国似乎想以武夷山西麓较早开发的今江西之赣州、抚州为基础，初步越过武夷山脉，新设汀州并辖这三县，强化对武夷山东麓今闽西一带的政治控制力，但尚未大动作长程冒进。其中一开始的州城（旧）新罗县地理位置，虽也在武夷山东麓，但相对其他两县算是较具"拓荒前线"的"前进堡垒"了。

殆到国家将"（旧）新罗县"移置"（新）新罗县"时，可谓是以原本武夷山东麓下的根基为基础，进一步移县址于"（新）新罗"，这不但可谓是汀州辖区往东南向的大步迈进，也可谓是<u>强化闽西对闽南地区的交通连结</u>，同时不排除以此交通线来加强国家对此沿线山区开发之可能性。但可惜的是这过程中，第一波往"（旧）新罗县"故城的汉人移民可能是以失败告终，此城或许一度被废过，徒留南宋时"（第一）旧州"的地名。

又由前引《新唐书·地理志·汀州条》载汀州是"开福、抚二州山洞置"一句，可解读出当时《新唐书》编纂者心中的意涵。唐代未设汀州之前，福州辖区约当今闽东与闽中之地、建州约当今闽北之地、抚州在今赣东之地，大致可

---

① 但《新志》载大历四年搬过州城一次，《寰宇记》载为州城搬迁是十年后的大历十四年，是否是指大历四年唐廷将州治从"（旧）新罗县故城"搬到当时位于东坊口的旧长汀县，约八至十年后大历十二至十四年长汀县城再搬到区区五里的白石村？在无进一步史料出土前也似乎不宜过为推论。

看出唐宋时人对"开汀州"的历史意涵，在于国家开发今福建与江西之间的武夷山东麓的南方山区所新设之州 ①。但是问题就是在往东南向大步迈进的"（新）新罗县"亦即日后的龙岩县亦即今新罗区一带，<u>离汀州州治实在太远，又有玳瑁山脉雄峻山势阻挡，交通不便</u>，所以不久将龙岩县划给同流域的漳州管辖，而朝廷的同步动作是将闽江流域的沙县划归汀州管辖。

三、沙县划归汀州又改拨剑州的历史空间意义

沙县本魏晋南北朝时古县，旧称延平县，数见废，唐武德四年（621）复县更名沙县，当时属于建州 ②。何以一个魏晋到唐的数百年古县要改隶新设未久的汀州？此可先参考《寰宇记》记载沙县距离建州有 313 里 ③，《元和志》载沙县到汀州治要 180 里，所以沙县到汀的交通里程较近，可能是一因；另外可能也与唐廷想改武夷山东麓的统治政策，要强化"<u>以汀州州治联系闽北建州或闽东福州交通</u>"有关。又据学者研究，唐代设汀州后，九龙溪到闽江流域至福州一路，是当时汀州对外主要交通要道，故学者称"唐代汀州通往中原必经九龙溪"④。而沙县地理位置正在其中，所以将沙县改归汀州管辖，可谓是当时唐廷<u>想以汀州州城为基础，控制住"九龙溪—沙溪"这条往闽北建州与闽东福州重要交通道路</u>。

又按《寰宇记·南剑州·沙县条》载：

汀州洎干符（874-879）后土寇乱离，汉路阻隔，本县崇安镇将邓光布自兴乡塞移元县，县基于县西北乡外八里……置，即今理也。伪唐，隶剑州。⑤

这段史料清楚说明了沙县后来改划入南剑州的原因，晚唐的乾符年间几乎全国大乱，今福建、江西之地亦不免于人为兵祸，原本九龙溪交通线中断，也就是"汉路阻隔"，不但造成当时沙县县治往旧县城西北移了八里，到了南唐保大六年（948）在今闽北地新设剑州 ⑥ 时，也将沙县划归于剑州管辖。除了"汉

---

① 另外《元和郡县志》，第 722 页称开汀州是在"潮州北、广（廣）州东、福州西"之间，"检得避役百姓共三千余户"才奏置汀州，这里的"广（廣）州东"应该是"虔州东"之字形误，虔州即日后赣州。

② 《太平寰宇记》，卷一〇〇，二，第 751 页下。

③ 见《太平寰宇记》，卷一〇〇《南剑州》，二，第 750、751 页。此里程数为沙县到南剑州 163 里，与南剑州到建州里程 150 里之和。

④ 靳阳春，《宋元时期汀州区域开发与客家民系形成》，第 115—120 页。

⑤ 《太平寰宇记》，卷一〇〇，二，第 752 页上。

⑥ 《太平寰宇记》，卷一〇〇《南剑州》，二，第 750 页所载。又当时南剑州尚称剑州。

路阻隔"等交通不便因素可能是一因外，前已引述沙县到剑州交通里程163里，较到汀州州城的180里近，也当是一因。此外，当时南唐政权刚征服闽国政权未久，但福州一带被吴越国政权所据；漳、泉二州为留从效政权所据；南唐政权在福建仅有建、汀二州，所以南唐在此二州中间偏东侧新设剑州并将沙县拨入，也不能不考虑是基于南唐的"国防需求"，如此可藉以控制水陆交通要道，并东防吴越政权所控制的福州。

这个小变动，到了北宋初年《寰宇记》时代，对汀州辖区而言，汀州就只剩下宁化县①与州城所在的长汀二县而已，但这小变动对日后的汀州辖区空间意义可谓重大。

四、五代宋汀州辖区空间意义与汀江流域开发

《寰宇记》成书于宋太宗太平兴国年间（976—983），在其《汀州条》载：

元领县三　今二

长汀、宁化

一县割出

沙县，入剑州……

长汀县，五乡……

宁化县，东北六百里，二乡，武德（618-626）初为黄连，以地为黄连洞，因以为名。至天宝元年改为宁化县……

上杭场，州南去八日程，接漳州界。

武平场，州西南去计五日程，连循州界。②

上引文可知宋初时汀州只剩两个县，沙县已如前述割出，但又记载了两个"场"，即上杭与武平。宋代的"场"是地方上有特殊产业或商业需要而特地设立征收税务之处，通常会贯以地名。如产盐之地会设有盐"场"，譬如淮盐产地有楚州新兴场、通州的丰利、石港等场；又如福建南剑州产银之地有石城、龙泉等银"场"，当时都是冠上地名的"场"。如果这些"场"的商业产业持续增加或国家觉得有政策上的需求，则或许可被国家许可升格为县。宋初汀州虽只

---

① 当时宁化县辖区应还包含今明溪与清流两县，概皆为闽江支流九龙溪上游段。

② 《太平寰宇记》，卷102，三，第19、20页。

剩下两个县份，但多了武平与上杭两个场，日后也真的被升格为县。^①

若以历史空间的意义来说，汀州失去了沙县，等于是失去了"国家想以汀州为基础，控制住'九龙溪交通线'这条通往闽北建州与闽东福州重要交通道路"之机，也失去了可开发九龙溪交通线中下游到沙溪沿线并设新县的机会，汀州在九龙溪上游只剩下宁化县。可是另外剩下的长汀一县，当时该县辖区当包含整个福建境内的汀江流域段，只是尚未设其他新县而已。换言之，汀州失去管辖沙县后，历史空间意义却演变成汀州除了可以继续开发九龙溪上流外，也只好大力开发面积广阔的福建段汀江流域，这是包含今日长汀、连城、武平、上杭、永定等县区的广大面积，宋初这时这片广大面积虽只设了长汀一县，但国家与社会力量在汀州方面，就可专注于这片广大面积的开发，吸引更多的汉人与汉文化，进入闽西段汀江流域这片广大面积的机会。而五代到宋初这里多了"上杭场"与"武平场"，可谓是这方面的力证。而这个机会在某方面来讲，就是吸引汉人中客家系先民进入闽西汀江流域开发的机会，使这里日后有机会成为"客家祖地"。

又另个历史空间意义，在于汀州辖区范围在五代这次"沙县变动"后，历经宋元明清直到清灭亡为止都没有大的变化，汀州辖区将稳定地以汀江流域和九龙江上游为主，这一定程度代表了唐帝国历经数次的汀州辖区调整后，在五代宋之际，国家找到汀州的合理空间辖区，所以日后历朝国家对汀州辖区没有大的调整，只有因应汉人亦即客家先民不断移入九龙溪上游与汀州流域后，才增设新县份。

两宋时代到宋元之际 1279 年为止，客家先民应该是移入汀江流域的一大波民移潮，这从汀江流域从唐代的原本只设一个县也就是附郭县长汀县，到两宋已经增设有武平^②、上杭^③、连城^④三个县的规模即可知，以县份而言这是增加四倍。同样在面积较小的九龙溪上游的唐代宁化县辖区，两宋之际是分置出清流

---

① 张达志，《唐宋之际由场升县问题试释：以宣歙、江西、福建为中心》，《复旦学报（社会科学版）》，2015.03，第 19—29 页一文，对宣歙、江西、福建三地区由场升县问题考论扎实，但文中第 26 页之〈表2·唐五代宋初由场升县演变表〉中漏载了上杭与武平这二例，兹此补正。
② （宋）王象之，《舆地纪胜》，卷 132，台北：文海出版社，1962，第 698 页下，载北宋太宗淳化五年（994）升武平场为武平县。
③ 《舆地纪胜》卷 132，第 698 页下，载北宋太宗淳化五年（994）升上杭场为上杭县。
④ 即今连城县，《舆地纪胜》，卷 132，第 698 页下，载南宋高宗绍兴三年（1133）置莲城县。

一个县①，以县份而言是增加两倍，可见两宋时期汀州辖区稳定化后的空间意义，在于更大量开发福建段汀江流域，而九龙溪上游次之。日后到明代，福建段汀江流域会再从上杭县析出永定县；九龙江上游会再析出归化县也就是今日的明溪县，不过这两县已超出本章年代段限范围之外，暂不讨论之。

细究两宋汀州新县之置，武平、上杭两县是北宋出的太宗朝的"升场为县"，地域上都在汀江流域，其次是要经过约100年北宋中晚期的哲宗朝，在九龙溪上游析置清流县，再来要到再约40年后南宋初高宗朝，才又在汀江流域较山区的今连城县之境设立宋代莲城县。这似乎可以看出福建客家先民当年入闽移民动向，首在开发汀江沿岸地势较平缓之地的武平与上杭，其次又再陆续往九龙溪上流境开垦出清流县，再其次又再往汀江较山区地势较不平缓之处继续开垦出宋代莲城县。

又从北宋神宗元丰年间（1078—1085）所修《元丰九域志》所载北宋汀江各县乡、镇、场务的数量，再较之北宋初《寰宇记》的乡数变化，也一定程度可北宋这两书成书之间约100年间汀江流域的开发状况。前已述《寰宇记》时代汀江流域仅附郭长汀县一县，当时该县的乡数只有五个乡以及武平、上杭二个场，而《元丰九域志》时代福建段汀江流域即有附郭长汀以及武平、上杭等三个县，其相关记载如下：

望，长汀：三乡。留村一镇，上宝一银场，归禾、拔口一银务，莒溪一铁务……

上，上杭：…四乡，钟寮一金场…

上，武平：…五乡…②

上引文可见北宋这约百年间汀江流域开发之速，县等级已是一个望县二个上县，又单单乡镇数目由原本五乡，增加为13个乡镇，增加率是160%，可见增加之速。此外北宋汀江流域又多了产业性质等四个场务，这四个场务又可吸收更多移民来此的就业人口，日后也该成为客家人的先民。

此外九龙溪上游的宁化县，《寰宇记》时代原本也只有二乡，到约100年后《元丰九域志》时代是："三乡。龙门新、旧二银场，长永、大庇二银坑"③，除了

①　（宋）王象之，《舆地纪胜》，卷132，第698页下，载北宋哲宗元符元年（1098）析长汀与宁化县地以为清流县。

②　（宋）王存撰·王文楚、魏嵩山点校，《元丰九域志》，卷9，上册，北京：中华书局，2005重印，第404—405页。

③　同上注。

乡数多了一个，增加率是 50%①，较之福建段汀江流域没那么大增幅外，同样四个矿产类场务与银坑也可吸引更多人来开发或就业，这应该是约十余年后 1098 年宁化县会析出清流县的原因之一。

总体而言，自从五代 948 年汀州辖区稳定化后，这辖区的历史空间意义主要就在福建段汀江流域的开发，并孕育出客家方言，成为"客家祖地"。

五、结论

综合以上，可归纳以下结论：

1. 唐代初设汀州时历史空间辖区意义，可由一开始汀州三县都分布在武夷山东麓，推估当时唐帝国似乎想以武夷山西麓已较为汉人开发的今江西之地为基础，初步越过武夷山脉，强化对武夷山东麓今闽西一带的控制力。但除了一开始州治"（旧）新罗县"相对其他二县是较具"前进拓荒堡垒"角色外，总体而言算是尚未大动作冒进。

2. 原本汀州州治在（旧）新罗故城，因当时当地尚处半蛮荒，而使新一波汉人移民在此多病祸于瘴气因而很可能废城，新罗改徙县到今龙岩市新罗区一带，州城则改为长汀县。这个"搬徙新罗县"的历史空间意义，可谓是唐帝国欲强化闽西对闽南地区的交通线连结，同时不排除以此交通线来加强国家对此沿线山区开发之可能性。这一定程度也代表了国家已觉得在武夷山东麓的闽西已站稳脚跟。但一开始的州城"（旧）新罗"这个"拓荒桥头堡"，可谓是这个开发过程的小失败。

3. （新）新罗县改名龙岩县即今新罗区一带，其实离汀州州治实在太远，中间又隔着玳瑁山脉雄峻山势阻挡，与州城长汀县交通不便，所以不久将龙岩县划给同流域的漳州管辖，而朝廷同步动作则是将闽江流域的沙县划归汀州管辖。

4. 沙县改划入汀州管辖，一定程度而言可谓是唐廷想一改武夷山东麓的统治政策，要强化"以汀州州治联系闽北建州或闽东福州交通"有关。又据学者研究唐代设汀州后，沿九龙溪、沙溪到闽江流域福州一路，是当时汀州对外的

---

① 但若佐以《临汀志》记载，这多出的一乡可能是来自长汀县所析割出：

清流：中县…本长汀、宁化县地…宋朝元符元年提刑王公祖道…奏请分置一县，遂割宁化六团里、长汀二团里置。

以上见载《临汀志》，《永乐大典》，第 4 册，卷七八八九，第 3614 页下。

主要交通要道。而沙县地理位置正在其中，所以将沙县改归汀州管辖，可谓是当时唐廷想以汀州州城为基础，控制住这条"九龙溪—沙溪"往闽北建州与闽东福州重要交通道路。这次调整的汀州辖区管辖到沙县的变动，也长达有百余年之久。

5. 到了五代的948年，南唐政权因为在沙县以北新设剑州，所以将沙县给划给剑州，这个变动使汀州只能管辖九龙溪上游地当时宁化县，与整个福建段汀江流域的当时长汀县。但这变动之历史意义很大，此后到宋一统十国直到清灭亡的约千年间，古汀州辖区再也没有大幅变动，州治一直是长汀，县数则持续增设，代表汉人移民即客家先民往这汀州这两流域区的大幅移民，闽西能成为"客家祖地"之历史空间意义先驱。

6. 往汀州最大波的移民潮应在两宋，尤其北宋时，这可由以下看出：（1）福建段汀江流域，不但有武平、上杭两县"由场升县"，且从北宋初《寰宇记》到北宋中后期《元丰九域志》约100年间，这地区由原本五乡，增加为13个乡镇，增加率是160%，可见增加之速。此外北宋汀江流域又多了产业性质等四个场务，这四个场务又可吸收更多移民来此的就业人口，日后也该成为客家人的先民。（2）九龙溪上游的宁化县，《寰宇记》时代原本也只有二乡，到约100年后《元丰九域志》时代是三乡，除了乡数多了一个，增加率是50%，较之福建段汀江流域没那么大增幅外，同样四个矿产类场务与银坑也可吸引更多人来开发或就业，这应该是约十余年后1098年宁化县会析出清流县的原因之一。

7. 到南宋初，福建段汀江流域又增设宋代莲城县即今连城县，可见整个汀州疆域稳定化后的两宋时期，单单县数就由原本二县变成六县，增幅很快速，是闽西客家成为"客家祖地"的关键时期。

第二章 唐宋之际汀州宁化"黄连洞蛮二万"史料疑问

汉人南向开发与汉文化南传是我国史研究大事之一，其中客家民系往南迁移与客家文化的形成，也是学界关注焦点之一。宋元明清之际古汀州府乃至汀江流域的开发，正是闽粤赣交界客家地区作为区域史研究时的次区域历史考论焦点之一，学界也已不少专于此之论著①，对汉人南迁客家大本营之一的古汀州府八县地区研究甚深。但对"唐宋之际"②时客家先民在古汀州乃至宁化开发的相关历史，似还有再探讨空间，笔者前一章唐宋之际，古汀州与汀江流域的开发问题，曾初步得到以下结论：1.唐代初设汀州时，将州城设于距今上杭县城以北十二里某处，其附郭县初名新罗县或杂罗县，最后该城移民却如史载"其地瘴，居民多死"③，该城也荒废，甚至在史籍中留下该县县令遇鬼传说，显示唐代国家一开始对闽西开发空间布局过于大胆，因为唐代时赣州（当时称为虔州）④比较早开发，当时朝廷欲让移民南下的汉人客家先民，以这个新设州城当作开垦的桥头堡，所以才这州城的空间布局大胆向东南方深入蛮荒，但是汉人客家先民遇南蛮瘴气、水土不服而死伤甚惨，造成后来城废，州城北移到今长汀县，长汀成为汀州州城才自此确立。2.这个（旧的）新罗县则往东向改移，往较接近于较早开发的闽南地区，移置（新的）新罗县，不久这个新罗县又改名为龙岩县，即今龙岩市新罗区，龙岩县后来又改隶于地望较接近的漳州管辖。

① 林开钦，《关于汉族客家民系》，《政协天地》，2012.10。周雪香，《明清闽粤边客家地区的社会经济变迁》，福州：福建人民出版社，2007。邹春生，《文化传播与族群整合：宋明时期赣闽粤边区的儒学实践与客家族群的形成》，北京：中国社会科学出版社，2015。靳阳春，《宋元时期汀州区域开发与客家民系形成》，北京：中国社会科学出版社，2015。蔡骐，《流动的客家：客家的族群认同与民族认同》，上海人民出版社，2016…等论著繁多，兹不一一举例。

② 或有言"唐宋变迁""唐宋变革"者。

③ （北宋）乐史，《太平寰宇记》，台北：文海出版社，1993，卷102，三，第19页上。

④ 以下为今人阅读之便，统一用今名赣州称之，不再用当时之名虔州。

3. 这期间唐朝又将沙溪流域的沙县一度改隶汀州管辖，当时的沙县辖区应该还包含今日的南平市区、三明市区以及永安市一带，直到五代十国时，沙县才改隶新成立的（南）剑州 [①] 管辖。唐代为何有这种"将沙县改隶汀州"之空间安排，主要是因当时"沙溪—九龙溪"交通线，是当时州城已改为长汀县后的汀州，最主要通往中原之联外道路之一，所以唐廷将当时沙县改隶汀州管辖以便控制这条交通要道。4. 自五代十国沙县改隶新成立后的南剑州后，从宋代到清朝灭亡前，汀州的空间辖区只剩下汀江流域，千年间未有大的变动，汀州方面也只好戮力开发汀江流域。汀州在北宋时增设武平与上杭两县，南宋时又增设莲城县（今连城），在闽西的汀江流域五县中，只剩永定县是迟至明代才设，可见汀江流域大幅开发是在唐宋时期。至于宁化县一带也是宋代才分设清流县，至于归化县也就是今明溪县也是迟至明代才设立。

一、"黄连洞蛮"少数民族人数高达"二万"？

前一章较少谈到汀州宁化县一带，亦即沙溪上游九龙溪水域的开发问题。关于唐宋之际宁化县一带的汉人客家先民开发问题，比较令人心生疑窦一条史料，在《资纪通鉴》记载唐朝末年昭宗朝乾宁元年（894）时，宁化当地竟然还有人数多达两万的少数民族的史料，如下：

> 黄连洞蛮二万围汀州，福建观察使王潮遣其将李承勋将万人击之；蛮解去，承勋追击之，至浆水口，破之" [②]

按宁化县开发很早，它早在在唐乾封二年（667年）就已设黄连镇，唐开元十三年（725年）升为黄连县，按这时候连汀州都还没设立 [③]，到了唐天宝元年（742年）改黄连县为宁化县，何以在长达约一百五六十年后，宁化县这里还有少数民族人数两万人？颇值可疑。

检视汀州开发过程，可从《旧唐书》等史籍知唐代时汀州是"开山洞所置"，所以一开始约在公元七三六年设汀州前后，汀州各县当地可能难免仍有当地少数民族存在。可是从当时唐廷开发闽西的空间布局不断改变，可知唐廷很努力

---

① 初设时本名剑州，北宋统一后改名南剑州，以下统称为南剑州。

② （北宋）司马光，《资治通鉴》，台北：台湾商务印书馆，1983，第259卷，《昭宗乾宁元年十二月条》，第8459页。

③ 蔡驎，《流动的客家：客家的族群认同与民族认同》，第164页载汀州始设年依不同史料有732、733、736年之不同说，在本文唐宋之际数百年历史段期脉络下，似是小问题也非本文问题意识主轴所在，本文暂依《新、旧唐书·地志》以736年为准。

尝试寻找汀州更合理的统辖空间，以便新移民的汉人客家先民能更适当地移民开垦闽西。前已述当时的赣州（虔州）已是汉人开发后的新天地，唐廷想以赣州各县为基础，往东越过武夷山脉以东不远处设新州与新县，除了原有了黄连县亦即宁化县外，长汀县与最早的州治所在之新罗县（距今上杭以北十二里某处的"旧新罗县"）以及整个汀州，概都是这种思维的空间政区产物。

可惜"旧新罗县"位置确实也太东进也太深入了蛮荒些，所以史载"其地瘴，居民多死"，会水土不服而死的应该不可能是当地少数民族而是新移民闽西的汉人，这条史料倒是确实提供了当时最早汀州州治所在的"旧新罗县"居民，绝大多数是外来的汉人移民证据。那武夷山东麓不远处的宁化与长汀县，距离汉人已开垦的赣州境内不远，汉人移民更可能会从赣州越过武夷山不断源源而来定居在这两县，成为汉人的客家先民。如此，从八世纪三〇年代唐朝设立汀州以降，到九世纪末的894年"黄连洞蛮围汀州"事件时，武夷山东麓不远处的宁化与长汀两个彼此相邻之邻县，理论上应该已经汉人居多，少数民族逐渐在减少或融合入汉人的民族大家庭中才较合理，所以在长达一百五六十年后，宁化竟还有多达两万名少数民族起事，甚不合理。

况且据前人研究成果，自从汀州州城搬到长汀后，汀州对外交通，尤其对中原地区的主要交通路线之一，即是由前述"九龙溪—沙溪"流域，亦即由州城长汀再经宁化再经沙县，则可东北至福州或西北至江南西道而往中原，但此路以九龙溪水路为主[①]。这条以水路为主的要道，在《元和郡县图志》记载很简略："（汀州）东北至福州，水陆相间，屈曲，一千三百六十里"。[②]但也可知道在中晚唐五代时，这条路并不好走，水陆相间，蜿蜒曲折，但这是汀州到福建观察使衙所在福州的相对最近之路[③]。

所以"长汀—宁化—沙县"这一交通要道，宁化居在其中，来往的交通人士、商旅、官宦，应当多为汉人，所以理论上应该也会将汉语与汉文化，变成在这条交通沿线的优势语言与文化，宁化不太可能居身事外。也概因此，介于江西与福建的宁化石壁，因为其交通的冲要，成了客家移民闽西时共同历史记忆的原因之一。

---

① 靳阳春，《宋元时期汀州区域开发与客家民系形成》，第87—90页；第115—120页。

② （唐）李吉甫，《元和郡县图志》，卷29，《江南道五·汀州》，北京：中华书局2005年版，第722页。

③ 此道路开发史，请详前引靳阳春，《宋元时期汀州区域开发与客家民系形成》，第87—90页；第115—120页之详细考证。

所以从八世纪三十年代到九世纪末的 894 年，长达约一百五六十年当中，汉人移民、与中古汉语中的早期客方言，当源源不绝注入宁化县中，即令当地原有的少数民族，在这一百五六十年间，也应会被逐渐冲淡而被融入汉人文化生活圈当中，逐渐成了"编户齐民"。及此，即令 894 年可能确实有约两万宁化县人民起事包围汀州府城的事件发生过，但这些人究竟是不是少数民族居多？还是其实也是汉人居多？

二、是"谁"书写"谁"围汀州？

但是，有关汀州与宁化的史料，从中晚唐到宋初就这么寥寥数条，以上的质疑，系属没有新出土史料状况下，就史料本身之外的"外部合理性"，推论并质疑了这么唯一一条"二万黄连洞蛮围汀州"史料，亦即关于唐末宁化县民民族成分的问题。若以史料本身而言，在没有新的史料出土证明之前，诚是苦于没有另条史料可以驳倒之，则以上这质疑似乎系属"天问"。但，似乎可以就另个角度再检视这条"二万黄连人围汀州"史料，那就是当时是"谁"书写了这个公元 894 年这个事件，来反思这条史料为何会出现的可能性。

这里不妨跳脱公元 894 年，检视整个宏观的客家移民历史，可以发现历史上客家人虽移民千年，四海为家，客而家焉，但是难免受到同样邻近是汉人族群的"非议"与"污蔑"。这方面史料多见于明清时期的由"外人"书写"客家人"的地方志。譬如台湾学者有本书名曰：《从"盗区"到"政区"之间》[1]，该书虽成功还原了历史上对客家人贡献良多的"准省级"行政区"赣南巡抚"之历史功能与全貌，但仍不免于因当时方志对客家人的污蔑称为"盗"，而将书名取为此。台湾又另有学者发现清代台湾南部客家人的"被书写"，往往掌握于台湾与福建的闽南人手中，所以往往多污蔑台湾南部客家人之纪录[2]。同样也有学者发现台湾北部在清代道光六年（1826）闽客大械斗时，台湾闽南人先污蔑是北台湾客家人屠杀闽南人，使闽浙总督孙尔准率兵渡海峡，亦先镇压台湾客家人，而当时掌握台湾方志书写权的台湾闽南人竟还书写"台民大快"[3]。又远的

---

① 唐立宗，《从"盗区"到"政区"之间：明代闽粤赣湘交界的秩序变动与地方行政演化》，台北：台湾大学出版委员会，2002。

② 李文良，《清代南台湾的移垦与客家社会（1680—1790）》，台北：台湾大学出版中心，2011。

③ 张正田，《被遗忘的大清"忠魂"：清代苗栗堡客家义民信仰研究（上册）》，台北：花木兰出版社，2013.07，第53—57页。

不说，清晚期到民国时期，客家人往两广移民时，在当地方志上，常被污蔑为"匪""贼"，甚至将客家写为"獠家"，污蔑客家人不是汉人，或甚至在教科书上写"客家非粤种、非汉种"来污蔑客家人不是汉人，这些事件所在多有。

所以，《资治通鉴》上的这条"黄连洞蛮二万围汀州"史料，会不会有这方面的问题呢？众所周知司马光修《通鉴》博采众书也考证严谨，应当不会犯了誊错、修错的文字错误，必是"有所本"。但是，不妨仔细检视这条"本"的史料是怎么来的呢？

事件当时是北方淮南道"光州固始集团"的王潮，派人来平定这些"不听话"、胆敢擅自包围汀州府城的宁化县起义人民，这事件平定完后，理当被当时王家与后来的闽国政权所书写，而依据复旦周振鹤与游汝杰《方言与中国文化》一书之考证，唐两宋时期当时汉语也分别有许多方言区，至少有秦、河朔、中原、蜀、吴、赣、湘、闽、客家、粤等十种之多①，所以大家用共通的中古汉语在沟通，平时则各讲各的方言。但是否是方南下未久的河南人王潮之固始集团（应该口操当时中原方言），在书写口操"原始客家"汉语方言的两万宁化县汉人起事事件时，刻意将他们污蔑为"黄连洞蛮"？而这些被污蔑的地方史料，后又被辑录进《通鉴》中呢？考诸明清客家被污蔑的历史，似乎不排除这可能。

再论地方层级的汀州刺史方面，在这场约两万宁化县人民起事包围汀州府城的事件为王潮派军所平定后，王潮重用畲族出身的钟全慕为汀州刺史，"表明畲族中亲王潮一派的胜利"②。这是考论详实的说法，本文也认同之。不过这也可能是代表当时汀州方面统治阶层以畲族特别是钟姓人士居多，而在人民层级方面，这仍不能排除当时汀州人民可能以汉族或已经汉化的畲族居多数的可能性，但居多数的汉族或已汉化的人民，也已愿意接受畲族出身但也可能已经汉化的钟全慕一族所领导。若是之，钟全慕则可能须淡化他的畲族出身，强调他的汉文化素养与领导威望。

重要的是，钟全慕一族是"二万黄洞蛮围汀州"事件后的最大政治受益者，这两万汀州人民起事，就是他原来的"政治敌人"，那有没有可能是钟全慕与王潮联合起来，刻意说这两万起事人们都是"蛮族"而不是汉族，来凸显畲族出身的钟家日后统治汀州之"民族正当性"呢？虽无直接史料证据，但也不能排除这可能性。

---

① 周振鹤，游汝杰，《方言与中国文化》，台北：南天书局，1990，第269页图。
② 徐晓望，《闽国史》，台北：五南书局，1995，第180—182页。

三、结论

关怀这条"二万黄连人围汀州"史料问题，背后有个更终极的历史问题意义，即是唐代江西赣州开发发达后，汉人人口自然会想往当时汉人人烟尚少的闽西进行移民，而唐代国家也愿意配合这社会趋势，设立汀州与宁化县的前身黄连县以及各个新县，甚至唐朝廷还曾加强汉人移民力度，在当时还是蛮荒的"上杭北十二里"某处设了旧的新罗县，并将汀州最早州城放在这里。然而当这座城的汉人因水土不服的瘴气致使移民政策失败后，州城迁回长汀，也使得"长汀—宁化—沙县"的交通线，一度成为新州城通往中原的重要交通要道之一。宁化处于交通要道中，汉文化与汉人应该是源源不绝移民开发于这条交通线，这甚至可能也是"宁化石壁客家移民传说"的起源原因之一。

所以汀州设州后的一百多年后，宁化似乎不太可能还会出现有"两万黄洞蛮"少数民族起义包围州城的可能性，当时包围州城的起事人民，应该还是以汉人居多，而且应该很可能是客家先民。至于起事的动机，限于史料缺乏暂不能多谈，也非本章宏旨。但因为这两万宁化人起事后，被北方新移民南下的固始集团王潮派军率兵所平定，很可能在王潮乃至钟全慕等人眼中，这些起事的农民都是"不听话"的人民，所以被后来的王家与闽国政权集团污蔑为"蛮"，才是这条有问题史料的根源。

第三章　论唐末五代汀州战事与汀州人的"族群接触"

　　自唐代开元年间朝廷设汀州以降，主要来自今江西，特别是地域相邻的赣州人（唐五代时称虔州）逐渐移民而至[①]，在汀州地理形势相对封闭的"八山一水一分田"状态下，从史料所见的大多数中唐时期中，汀州并没有很严重的战事。不过随着黄巢之乱后全中国都陷入战火，远在武夷山东南麓地形相对封闭的汀州，也难免被战火波及。本章尝试考证并论述发生的汀州的战事，以及这些战事对汀州人可能的影响，尤其在汀州人民与不同方言群的族群接触经验。

　　本章所谓汀州之地域范围，系指五代到清代的汀州（府）辖区，即所谓"汀州府八县"的今长汀、连城、上杭、武平、永定、宁化、清流、明溪等县区为基本范围，换言之不含唐代汀州曾经一度管辖的今沙县、永安一带，其在五代时会割出去另属（南）剑州。至于本章所谓的"唐末"，则指黄巢乱后的唐代时段。

　　又因为唐宋之际这股源自中原南迁到鄱阳湖周边平原往再南进入今日赣州，乃至再往东越过武夷山进入福建汀州的移民，在汀、赣部分，日后到宋元明时期会形成客家人，所以许多研究客家源流史的论著中，都不免会谈论到唐宋客家源流与形成问题。这系源自于民国时期客家研究前辈罗香林先生有"客家源流五次移民"说，当时罗先生在论述第一二次的客家先民移民潮时期（五胡南

---

　　① 相关论述极多，举凡讨论客家先民移民状况的多会论之，如谢重光，《客家、福佬源流与族群关系研究》，北京：人民出版社，2013年；靳阳春，《宋元时期汀州区域开发与客家民系形成》，北京：中国社会科学出版社，2015年；王东，《那方山水那方人：客家源流新说》，上海：华东师范大学出版社，2007年；王东，《客家学导论》，台北：南天书局，1998年…等，限于篇幅恕不一一举例。有关论文论证此际汀江流域开发与汀州辖区变动关系，有张正田，《唐宋之际汀州辖区变动与汀江流域开发关系》，《唐史论丛》，第26辑，2018年2月，第112—129页。

下到黄巢之乱前后）之客家先祖时多称为"客家先民"；到第三次①开始至第五次移民潮，罗先生才多称之为客家人，言下之意似在指出客家人是在第三期前后才正式形成，第一二次则是"源流时期"的客家"先民"，这是罗先生的不言可证之处。因此在日后随着学术脉络发展，难免引起不同学者论证客家的"形成期"究竟在"唐宋之际"或"两宋之际"还是"宋元明初之际"等等说法②，但这是客家源流史的内部论争，与本章时间断代与要旨较无关。然放在整个中国移民、方言史与唐五代福建地域史来讲，唐宋之际因虔（赣）、汀一带的这股客家先民，其口操方言应该是早期客家祖语，特别在唐五代时的汀州人民，其口操方言应该是"早期客家祖语"或是"早期客－赣祖语"，特别在唐五代时的汀州人民，其口操方音应该会明显不同于同时期福建其他地方如闽北、闽东、闽南等口操各种"早期闽方言祖语"的各民系，因为后者这些移民来源不同，主要是脱胎于中古吴方言地区的"早期闽方言祖语"人群。但在当时，汀州人民若没有大规模再次往外移民接触到口操"早期闽方言祖语"的其他福建各地先民，也不太可能会"自我认知"到汀州的"己族感"，是与外州的"他族"是有所不同。

所以近年来亦有学者提出一种说法，认为客家的形成，应该放在地形本就相对封闭的汀州，在汀州客家先民日后再次往外移民或开发扩张，与其他各种闽方言——特别是闽南系的"福佬"族群接触后，才会形成有"己族"认同的客家人。但目前对这种客、闽之间"族群接触"时间点，主要又认为应该在南宋元明之际③。但在这之前的唐宋之际，双方是否曾因唐末五代战乱而一度接触过？此为本章关心焦点与问题意识所在。亦即，汀州客家先民接触到福建各个其他闽方言民系的时间，真的是晚到南宋元明之际？尤其在唐末黄巢之乱后群雄与民变四起，虽汀州地形相对封闭，但是否会因各种军政势力间战乱所波及，

---

① 由于罗香林先生将第三次移民直接断代于两宋之际的靖康南渡，与罗先生提出的"第二次移民"黄巢之乱时期相距了数百年之久，于是日后学者们在"客家先民"形成"客家人"之际就有了唐、宋、元、明初之际间的不同断代看法。

② 相关论述极多，如邓晓华，《论闽客族群方言文化研究中的几个问题》，收入《华南农村社会文化研究论文集》，台北："中央研究院"民族学研究所，1998年，第35—65页，在第46页处认为："客方言形成时期是在晚唐五代到宋代。"又周振鹤，《客家源流异说》，《学腊一十九》，济南：山东教育出版社，1999年，第139—157页，也认为是客、赣分流是在唐宋之际。但吴松弟则认为要迟至南宋时客家人才形成，见吴松弟，《客家南宋源流说》，《复旦学报》，1995年5期，第108—113页。

③ 谢重光，《客家、福佬源流与族群关系研究》，第117—194页。

使汀州人民在此际就已经接触到闽北、闽东、闽南乃至潮州或其他各地讲不同方言的"外州人",而有一定程度地的"族群接触"经验?但也要强调的就是,唐五代之际这种"早期族群接触经验",是否会让唐五代之际汀州人形成日后的客家意识,尚非本章所能处理。只是在说明这历史上,汀州人与"不同方言民系""接触"之情景。

关于唐末福建与闽国政权研究与民族成分方面,徐晓望《闽国史》[①]论之极详,但对于当时福建客、闽两方言先民较少着墨;张达志有关于唐宋之际福建地区"由场升县"的讨论,但较着重当时当地历史政区地理学的探讨[②]。故本章所要讨论的问题,尚有一定程度的讨论空间。胡耀飞《地理位置·政治势力·国际环境:王闽政权灭亡后福建地区之分裂探因》[③]一文,从闽国内外各政治势力分合与地理位置战略性,扎实分析了闽国内外各系势力争斗史,虽对福建客、闽两方言先民较少着墨,但其爬梳与论述,对本章分析当时闽国内外各系势力对汀州用兵有相当帮助。

一、汀州地理形势略述

汀州在设州后不久曾一度管理今沙县、永安一带,当时只置沙县一县,但前已说此处不是本章重点所在,本章所指汀州主要还是指五代沙县割出后到清代的汀州(府)所谓"汀州府八县地"。但唐五代时此处只设宁化与长汀两县。汀州向来号称"八山一水一分田",境内以山地、丘陵地为主,可耕地主要是沿汀江与各支流的河谷小盆地,故可耕田地实不太多。

汀州的山势西有武夷山脉与江西虔(赣)州阻隔,东有玳瑁山脉与唐漳州龙岩县阻隔,中间有汀江与其各支流蜿蜒于两条山脉间,形成许多切割小平原与小盆地。汀江往南流至岭南与今梅江结合为韩江,韩江在唐宋时期的潮州入海,所以汀州至少在唐长汀县境亦即今长汀、连城、武平、上杭、武定五县区,又与今梅州之境,在今日并称为"汀梅纵谷",皆是"纯客县"。又当宋元之际,汀州也因人口增加使"人地关系紧张"后,当地人就顺江而下往梅州移民。以上是为唐长汀县境亦即今长汀、连城、武平、上杭、永定五县区的大致地理环境。

---

① 徐晓望,《闽国史》,台北:五南出版社,1997年。

② 张达志,《唐宋之际由场升县问题试释——以宣歙、江西、福建为中心》,《复旦学报(社会科学版)》,2015年第3期,第19—29页。

③ 胡耀飞,《地理位置·政治势力·国际环境:王闽政权灭亡后福建地区之分裂探因》,《中山大学研究生学刊(社会科学版)》,2011年1期,第10—18页。

至于唐代宁化县即约今宁化、清流、明溪三县境，则为闽江支流沙溪上游的九龙溪流域为主，地形同样也是山多田少山势较为险峻之地。依学者考证，这里是唐代汀州州城长汀县必经宁化通往福州与建州的交通要道①，但这条路在唐代时，尤其是往福州这段，因山区地形使得水陆道路相对蜿蜒，见《元和郡县图志》载汀州"八到"写道：

东北至福州水陆相兼屈区一千三百六十里，东北至建州水陆相兼一千五百里。②

上引文中可见汀州往福州这一"东北至"时，特别写出"屈区"二字，可见虽学者考证出此条是当时汀州对外的交通要道，但也因山区地形，或使陆路蜿蜒或使水路蜿流而不好行走或航运。故整个汀州都是地势相对封闭，为武夷山与玳瑁山两大山脉所阻隔的狭长溪谷地形，唯有汀江向南往广东流是为一个开口地。

所以前引诸学者大多认为地形相对封闭的汀州，会使汉人中的客家先民相对不容易接触到"外州"的闽方言乃至粤方言之先民，要迟至宋末元明之际，因汀州人口成长也开始顺汀江往南、或往东越过玳瑁山脉时，才会接触到其他方言民系的汉人，有较大规模的"族群接触"后，也才开始形成客家人。

二、唐末汀州诸战事考论

唐末，汀州曾发生若干战事，兹讨论如下：

（一）王绪入闽时曾攻陷汀州

唐末汀州诸战事，首先可见《通鉴·僖宗光启元年（885）》记载：

秦宗权责租赋于光州刺史王绪，绪不能给。宗权怒，发兵击之。绪惧，悉举光、寿兵五千人，驱吏民渡江，以刘行全为前锋，转掠江、洪、虔州，是月，陷汀、漳二州，然皆不能守也。③

从引文可见光州刺史王绪为秦宗权势力所迫，从光州越长江南渡，进入今日江西境内的江、洪、虔等州劫掠，江州即今九江市、洪州即今南昌市、虔州

---

① 靳阳春，《宋元时期汀州区域开发与客家民系形成》，第87—90页；第115—120页。

② （唐）李吉甫，《元和郡县图志》，北京：中华书局，1983年，第二九卷，《江南道五·汀州》，第722页。

③ （北宋）司马光，《资治通鉴》，北京：中华书局，1976年，第二五六卷，《唐僖宗光启元年春正月己卯条》，第8320页。

即今赣州市，可谓江西从北到南皆为王绪所劫掠，尚不能满足之，王绪势力遂在本年春正月，越过武夷山进入福建劫掠汀州与漳州。但是王绪也跟黄巢乱兵一样，不能守住任何一地当为自己的根据地。若按新旧《唐书》、新旧《五代史》、《通鉴》等史料，这理应是相对和平了百余年的汀州，第一次受到外来势力的兵祸。此外胡三省亦于此条后注"王绪之兵自此入闽，为王潮兄弟割据之资"。而《旧五代史·王审知列传》则载王绪入汀州后，曾"自称刺史"①，也就是自称汀州刺史，但仍似不能长久守住汀州。自此汀州乃至整个福建，便逐渐进入王潮、王审知等"光州固始集团"的势力范围，随王家势力之兴而兴，随其内乱而乱。

这批王绪势力的兵源很可能大部分源自光州一带，再于途中吸纳各地游民组合成，应该不会是讲当时的"汀州话"，所以相对百余年较和平稳定的汀州人民而言，这是第一次较大规模接触到外地兵众之接触经验。

（二）岭海间二十余股势力起事与"降溃"

接下来数年间，汀州与附近的福建州县，因为福建一带局势不稳定而群"盗"丛生过，见《通鉴》载：

潮入福州，自称留后，素服葬陈岩，以女妻其子延晦，厚抚其家。汀、建二州降，岭海间群盗二十余辈皆降溃。②

按陈岩本为福建观察使，岩死，其女婿范晖自称留后，王潮势力往福州一番征战，终于攻下福州，在杀范晖③后，又刻意厚结陈岩遗族，并自称留后。此时，按《通鉴》载"岭海间群盗二十余辈皆降溃"，表示汀州乃至整个福建在这战乱期间，各地方民众纷纷武装自保的情景，当王潮把福建局势逐渐稳定下后，这些二十余股民间武装势力都或"降"或"溃"。虽史料并未说清楚这二十余股民间是否都在汀州，不过按此条史料文意，应该是指这二十余股民间分布遍及整个福建山区与沿海间，而汀州境内可能只拥有其中一部分的民间势力存在，并于此时投降王潮或已溃散。不过由此条史料记述来看，这场事件倒未有汀州

---

① （北宋）薛居正，《旧五代史》，北京：中华书局，1976年，第一三四卷，《王审知列传》，第1790页："绪率众渡江，所在剽掠，自南康转至闽中，入临汀，自称刺史。"

② （北宋）司马光，《资治通鉴》，第二五九卷，《唐昭宗景福二月（893）甲戌条》，第8444页。

③ （北宋）薛居正，《旧五代史》，第一三四卷，《王审知列传》，第1790页："大顺中，岩卒，子婿范晖自称留后，潮遣审知将兵攻之，踰年，城中食尽，乃斩晖而降，由是尽有闽、岭五州之地。"

人民与"外州兵"接触的记事。

（三）所谓"黄连'洞蛮'围汀州"事件

尔后在次年的 894 年也出现了汀州人民自发的武装起事：

是岁，黄连洞[①]蛮二万围汀州，福建观察使王潮遣其将李承勋将万人击之；蛮解去，承勋追击之，至浆水口，破之。闽地略定。

潮遣僚佐巡州县，劝农桑，定租税，交好邻道，保境息民，闽人安之。[②]

这条史料似独见《通鉴》，笔者曾为文质疑过这条史料很可能有些记述上的偏误，认为 1. 汀州于此时已开州百余年，2. 宁化又当汀州州城长汀县通往福州、建州的要道上[③]，按理说宁化立县百余年来又处交通要道上，"汉化"程度应颇高，此际就算是有宁化人民起事，也不太可能有高达两万人又都是少数民族的起事。换言之，笔者并未否认历史上的宁化很可能有发动包围汀州州城的事件，但理应不都是少数民族的两万人，而更可能是汉人间杂些少数民族的起事事件，人数也未必高达两万[④]。但这次事件，是史料所见唐代汀州开州百余年以来第一次的当地人民大规模起事，究其因很可能是由于当时天下不安定，汀州百姓酝酿出不满。然而这场汀州当地人的起事为王潮势力所平，似乎也警醒了王潮，遂开始"巡州县，劝农桑，定租税，交好邻道，保境息民"，以稳定地盘，争取多数福建人对他势力的支持。

值得注意的是这场汀州人民起事，导致王潮派其将领李承勋率领一万名兵力攻打汀州，这一万民兵力的成分理应是王潮的北人集团加上福建当地闽方言系之人为主，对汀州人民而言，这场战事即是一次大规模与外方言之"外州兵"族群接触之战事经验。

三、五代时汀州的诸战事

不过好景不长，进入五代十国时期后，处于闽西南方的汀州，正位于吴

---

① 今福建宁化县一带，宁化县时属汀州。

② （北宋）司马光，《资治通鉴》第二五六卷，《唐昭宗干宁元年（894）十二月条》，第 8459 页。

③ 靳阳春，《宋元时期汀州区域开发与客家民系形成》，第 87—90 页；第 115—120 页。

④ 张正田，《唐宋时期汀州与宁化开发问题再探：对"黄连洞蛮二万"史料的质疑》，《第五届石壁客家论坛论文集》，福州：海峡文艺出版社，2017 年，第 276—280 页。

（南唐）、吴越、闽、虔①、南汉等各方势力之"四战之地"，自是各方势力用兵争夺焦点。

（一）吴国讨虔州谭全播时转兵入汀州

若按《通鉴》系年，在918年二月，爆发了吴国势力征讨虔州谭全播势力之战，战事约经半年后竟祸及汀州，史载：

> 虔州险固，吴军攻之，久不下，军中大疫，王祺病，吴以镇南节度使刘信为虔州行营招讨使，未几，祺卒。谭全播求救于吴越、闽、楚。吴越王镠以统军使传球为西南面行营应援使，将兵二万攻信州；楚将张可求将万人屯古亭，闽兵屯雩都以救之。……吴以前舒州刺史陈璋为东南面应援招讨使，将兵侵苏、湖，钱传球自信州南屯汀州。（胡三省注：按《九域志》，汀州北至虔州四百八十里。移兵屯汀州，示将救虔也。）②

由引文可知吴国政权想征讨虔州谭全播势力，谭全播只好向四邻的吴越钱氏势力、闽国王氏势力、楚国马氏势力求救，三方面出兵合攻吴国军势，其中吴越以钱传球为用兵负责人，本来他的兵马是攻打江西信州，却以用兵需要移兵往南屯于原本属于闽国王家势力范围的汀州。如此，汀州人民又再次与外地兵民发生了接触。虽史籍没再继续记载当时汀州人民遇到这些外地兵马时发生了什么事情，但当时的部队惯例，军队吃用方面总需征用当地人力与物资，这又是一次当时汀州人与外地人较大规模之族群接触。

（二）南汉军来袭汀州

汀州人民下一次遇到外地军事势力的入侵，依《通鉴》载是在数年后的九二四年，位于岭南的南汉军来袭：

> （南）汉主（刘龑）引兵侵闽，屯于汀、漳境上（胡三省注：闽之汀、漳二州，皆与汉之潮州接境），闽人击之，汉主败走。③

这是南汉高祖刘龑发动粤东潮州一带兵力，分别攻击邻近闽国的汀州与漳州，并且已经屯兵于这两州，但反而被闽国势力击退溃败，这很可能是南汉日

---

① 胡耀飞，《唐末五代虔州军政史：割据政权边州研究的个案考察》，《唐史论丛》，第廿辑，2016年4月，第274—295页。

② （北宋）司马光，《资治通鉴》，第二七〇卷，《后梁均王贞明四年（918）秋七月壬申朔条》，第8833页。

③ （北宋）司马光，《资治通鉴》，第二七三卷，《后唐庄宗同光二年（924）夏四月乙亥条》，第8919页。

后会在945年决定设今梅州（当时称敬州）以防御闽国势力的张本之一①。依据学者研究，唐宋之际的潮州人先祖已经开始从漳泉一带移民，所以当时潮州语音与漳泉闽南人相近，但应该与大多数源自今赣州（即当时虔州）的汀州汉人语音有所不同②，不过，也不能排除这批部队有讲早期粤方言的人员成分在内，但这同样也不是早期客家先民。所以这次事件也是汀州人又一次与外地不同方音的人群接触。

（三）汀州民陈本聚众围汀州起事事件

下一场汀州战事，是汀州人自己在九二五年所发动的一场民变：

> 辛未，闽忠懿王审知卒，子延翰自称威武留后。汀州民陈本聚众三万围汀州，延翰遣右军都监柳邕等将兵二万讨之。③

这场汀州民变事件延续到次年的九二六年才结束，《通鉴》载："闽人破陈本，斩之"④。

这次由"汀州民"发动的民变，原因或在汀州人民不堪连年战祸所扰，也或许是接触了数次"外州人"带来的战乱次数多了之后的一种情绪反弹，所以也想"自立"或"自保"，但仍为闽国王家势力所败。不过《通鉴》于此论述是"汀州民陈本"来"聚众"，清楚表示了陈本是"汉民"，并非"蛮夷"所发动，可是较之前引才廿多年前的894年那场"黄连洞蛮二万围汀州"纪事，不禁让人好奇怎才廿多年，汀州就汉化得那么快，没出现两万名"蛮夷"等少数民族起义？所以更推知894年那场民变并不可能都是两万名少数民族起事，应该是汉人间杂当地少数民族共同起事⑤。

（四）闽国王曦派兵入汀州执王延喜

下一场发生在汀州的兵事，若按《通鉴》系年是发生在十多年后的941年：

> 夏，四月，闽王曦以其于亚澄同平章事、判六军诸卫。曦疑其弟汀州刺史

---

① 张应斌，《五代的梅州》，《嘉应学院学报》，2018年1月，第5—12页。

② 谢重光，《客家、福佬源流与族群关系研究》，第81—91页。

③ （北宋）司马光，《资治通鉴》第二十四卷，《后唐庄宗同光三年十二月辛未条》，第8948页。

④ （北宋）司马光，《资治通鉴》第二七四卷，《后唐明宗天成元年（926）春正月戊辰条》，第8956页。

⑤ 前章《唐宋之际汀州宁化"黄连洞蛮二万"史料疑问》并没有就这条《通鉴》"汀州民陈本聚众三万围汀州"史料，对894年那场"黄连洞蛮二万"民变的民族成分进行反证，于此处再补述。

延喜与延政通谋，（胡三省注：汀、建接壤，故疑之）。遣将军许仁钦以兵三千如汀州，执延喜以归。[①]

这时候的闽国军政，已经历经了几次宫廷骨肉相残，前已引王审知逝世后，由其长子王延翰续掌闽国军政之权，但其两个弟弟王延钧与王延禀合谋发动政变攻入福州的王府，杀其长兄王延翰，所以王延钧继立为闽王，也改名王鳞。王延钧（王鳞）后又为其长子王昶所杀，王昶自立，这引发王审知第七子王延羲也就是上引文说的王曦，在数年后找到机会杀入福州宫廷杀王昶并自立。一连串的宫廷政变杀戮事件，已使闽国王家子弟谁都不相信谁，所以《通鉴》这一条说，王延羲（王曦）怀疑起两位弟弟汀州刺史王延喜与建州"富沙王"兼"镇安节度使"王延政，遂先派军队进入汀州抓住王延喜。《通鉴》此条论述逻辑似乎不太清楚，按理，王延喜身在外州，有所在州的兵马防身，这些兵马恐怕以汀州人为主也说不定，所以王延喜理应不会乖乖束手就擒，这恐怕是双方在汀州经过一场争战后，闽王王曦才能顺利抓住其弟王延喜。而闽王王曦派来的三千兵力恐怕外州兵为主，至少不会是汀州本地人，但"战场"却发生在汀州，为汀州人民所亲见。如此，这很可能又是一次汀州人民接触到外地兵马之际遇。

（五）王曦与王延政在汀州"四十二战"

下一场汀州战事，若按《通鉴》系年也是发生在闽国王曦在位的 942 年：

闽富沙王延政围汀州，闽主曦发漳、泉兵五千救之，又遣其将林守亮入尤溪，大明宫使黄敬忠屯尤口，欲乘虚袭建州。

《通鉴》续载：

闽富沙王延政攻汀州，四十二战，不克而归。其将包洪实、陈望，将水军以御福州之师，丁酉，遇于尤口。[②]

这场战事是上一场 941 年王曦派兵入汀州的延续，建州王延政见其兄弟汀州王延喜被王曦派兵捕捉，担心下一个遭殃的就是自己，所以起兵。王延政先派军力围攻汀州，于是王曦发漳、泉兵五千攻打正在包围汀州的王延政势力，并分兵准备攻击建州。

---

① （北宋）司马光，《资治通鉴》第二八二卷，《后晋高祖天福六年（941）夏四月条》，第9221 页。

② （北宋）司马光，《资治通鉴》第二八三卷，《后晋高祖天福七年秋七月壬辰条》，第9238页。

值得注意的是这场战事，《通鉴》很明显地说是位于今闽北的建州王延政派兵攻打汀州，他麾下的兵恐怕以闽北人为主；而王曦方面，《通鉴》更明显说到他是发漳、泉兵也就是今日所称的闽南一带兵力，所以这场发生在闽西汀州的战事，是分别由今闽北与闽南兵的两股军力在汀州征战。由此条史料看，双方战事非常激烈，有四十二次战役之多的拉锯战，最后王延政攻打不下汀州而罢归建州。这场激烈战事可谓又是一次闽西汀州人亲眼所见的大规模与外族群之接触。

（六）汀州刺史许文稹败南唐兵于汀州

王延政不久即称帝改国号为殷国，其势力范围不过建州一州；而福州方面，王曦于944年时被臣下连重遇与朱文进发动政变所杀，满门皆被屠，朱文进自称"威武军留后、权知闽国事"。尔后建州的王延政借机攻打位于福州的朱文进，一些外州如汀州也降于王延政势力，不过史料倒没有看到此时汀州有发生战事，而闽南漳、泉方面，也将逐步出现留从效势力①。但福建方面这些内乱，遭到南唐的觊觎，遂于本年944年攻打福建，汀州此时也遭遇战事，《通鉴》载：

（南）唐兵围建州，屡破泉州兵。（汀州刺史同安人）许文稹败（南）唐兵于汀州，执其将时厚卿。②

许文稹（《新五代史》作许文缜）是泉州同安人，可见《通鉴·卷二八四·后晋齐王开运年元年》所载③。许文稹应该是前引那场942年"闽富沙王延政围汀州，闽主曦发漳、泉兵五千救之"事件后当上汀州刺史，当初既然是王曦命闽南兵攻打下汀州，王曦很可能因之任命闽南泉州人许文稹为新任汀州刺史以控制汀州。但若按《通鉴》944年此时，许文稹在击败南唐兵数个月后，也投降于南唐④。若按《通鉴》所系时间，汀州方面可能也在同安人许文稹领导下，攻打很可能来自江淮一带的南唐兵，这又是一次汀州人民颇为复杂的族群接触经验。

---

① （北宋）司马光《资治通鉴》第二八四卷，《后晋齐王升运年元年（944）冬十月丙午条》，第9276—9277页。

② （北宋）司马光，《资治通鉴》第二八四卷，《后晋齐王开运二年五月己未条》，第9293页。

③ （北宋）司马光，《资治通鉴》第二八四卷，《后晋齐王开运元年年三月乙亥条》，第9270页。

④ （北宋）司马光，《资治通鉴》第二八五卷，《后晋齐王开运二年年九月条》，第9297页。

（七）南唐查文徽攻克汀州

此外到了 946 年，又有南唐查文徽率兵攻打建州的殷政权王延政时，也一并攻打了汀州，见《新五代史·南唐世家二·李景》：

（南唐保大）四年（946）八月，（查）文徽乘胜，克建、汀、泉、漳四州，（李）景分延平、剑浦、富沙三县，置剑州，迁王延政之族于金陵。

《新五代史》续载：

陈觉自言可不用尺兵致（福州刺史李）仁达等。景以觉为宣谕使，召仁达朝金陵，仁达不从。觉惭，还至建州，矫命发汀、建、信、抚州兵攻仁达。[①]

这两段引文可以分做两个事件观之，前段是查文徽攻克"建州"的王延政后，也顺便用兵南下，拿下汀、泉、漳三州，但《通鉴》则未载此际查文徽有用兵汀州事。如果按这段《新五代史》史料记载，那就是汀州人民面对江淮一带南唐兵的又一次兵火浩劫，也是一次较大规模与外地兵众之接触。但汀州究竟是什么时候归于南唐？若按前引《通鉴》所言，不是早在 945 年许文稹击败南唐兵的数个月后就降于南唐了？那《新五代史》记载同属南唐系统的查文徽，为何还须要再次攻打汀州？

按司马光与欧阳修都是同时代人，也都距五代未远，《通鉴》《新五代史》对五代事件史料来源都可能各有所本，只是面对诸多材料时取舍与论述或有不同处。两人就这个事件，司马光《通鉴》选择了记述许文稹九四五年降于唐，在 946 年就没有南唐对汀州用兵的记事[②]；欧阳修《新五代史》则选择了记录下汀州被南唐查文徽再次攻克，所以两者在当时都该存在过，可是必须探讨为何查文徽还需再次攻打汀州？其合理性何在？

较合理解释是，当时查文徽想再次稳固"刚投降过来"的汀州，因为在南唐眼中，这些汀州兵[③]可能"效忠许文稹"远大于"效忠南唐政权"，所以使查文徽觉得需再攻打一次汀州，才能完全降伏汀州士兵，同理之于漳州、泉州也

---

① （北宋）欧阳修，《新五代史》，北京：中华书局，1974 年，第六二卷，《南唐世家二·李景》，第 771 页。

② 但有将许文稹调离汀州之记事，见（北宋）司马光，《资治通鉴》，第二八五卷，《后晋齐王开运三年年二月条夏四月条》，第 9303 页："徙漳州刺史王继成为和州刺史，汀州刺史许文稹为蕲州刺史"。

③ 此时的"汀州兵"不一定都是汀州人，甚至很可能以许文稹的漳、泉闽南籍兵为主体。

是如此，所以对这三州有"用兵需求"①。无论如何，这又是汀州人民面对外地兵众的又一次战争浩劫。

另外陈觉擅发福建的汀、建；与江西的抚、信等四州之州兵与戍卒，欲攻打位于福州的李仁达即李弘义势力也可见于《通鉴》②，虽然此时陈觉动用了汀州的州兵与戍卒，这些"新"的"汀州兵"可能有部分是陈觉征用了汀州当地人，与外州兵一起作战，这也难免有其一定程度地族群接触经验，但因 1. 史料未载明动用了汀州兵多少人，用兵规模有多大，且 2. 主战场不是发生在汀州，从史料看这次事件似乎没有对汀州当地人民造成大规模的族群接触影响，故本文暂不详细论述此次"陈觉发汀州兵"事件。

四、结论

综合以上，可归纳以下几点：

1. 早期汀州"客家先民"对外的"集体族群接触经验"历史，可能没有像目前学者提出的晚到宋元明初之际才发生，至少在唐末五代时的汀州，因天下大乱而导致的兵火，也数次殃及地域相对封闭的汀州，这是以往学界对研究唐宋之际时期汀州人族群接触经验历史较为忽略的地方。但也要强调的就是，唐五代之际这种"早期族群接触经验"，是否会让唐五代之际汀州人形成日后的客家意识，尚非本章所能处理。只是在说明这历史上，汀州人与"不同方言民系"的"集体接触经验"之情景。

2. 依本章考证唐五代当时放生在汀州的兵事至少有十次，其中至少有九次之多是"外地兵攻打汀州"，分别是唐末二次、五代七次，每次战事规模大小或不同，其中可能以五代"王曦与王延政在汀州四十二战"战事最为激烈，但这七次战事都会对汀州当地人民产生冲击。本章也已考论这些攻打汀州的外州兵，都不是来自早期客方言所分布的江西南部与汀州，所以这些与当时汀州人方音

---

① 司马光可能认为南唐在调离许文稹后，南唐方面应该就没有用兵于汀州的理由，而选择未记下此年八月查文徽攻打汀州事。但实则调离主帅后，"汀州兵"（不一定都是汀州人）之军心会暂时浮动，如此更有"趁机清洗"南唐人眼中心投降过来的汀州兵之机。否则为何陈觉后来为那么容易"擅发"那些"新的汀州兵"呢？要之，中唐以来的若干藩镇的"骄兵"一直是唐廷头疼的问题，唐末五代以降，"骄兵""叛将"更几乎遍布全中国，南唐如此"处理"原来许文稹麾下的"汀州兵"也不令人意外。关于中晚唐藩镇"骄兵"问题可见王赛时，《唐朝军队结构的变化与骄兵悍将的形成》，《齐鲁学刊》，1988 年第 5 期，第 55—60 页。仇鹿鸣，《刘广之乱与晚唐昭义军：兼论唐代藩镇变乱模式的演化》，《中华文史论丛》，2017 年 3 月，第 101—137 页。

② （北宋）司马光，《资治通鉴》，第二八五卷，《后晋齐王开运三年年八月条》，第 9308 页。

不同的外州兵，势必对唐末五代时的汀州人民造成至少七次的族群接触经验乃至战争创伤，也很可能一定程度地使当时汀州人酝酿出"己族"意识以企图自保。

3. 此际汀州至少有两次较大规模的人民起事事件，分别是唐末的"黄连人民二万围汀州"与"汀州民陈本聚众三万围汀州"两次事件。对前者，本章已考论这些并非如《通鉴》所言都是黄连"洞蛮二万"，而应该是当地汉人间杂少数民族的起事事件，人数也未必刚达两万；后者，《通鉴》就没有指出是少数民族起事而明指是汉人聚众起事，本章也认为若依《通鉴》系年，两起事件才差距廿多年前，不可能一次都是汀州少数民族大规模起事，另一次又都是汀州汉人大规模起事，这应该是《通鉴》对前者事件叙述时有所偏误。

4. 但这两起事件，是否与汀州人开始酝酿出"己族"意识而萌发的"自保"或"自立"行为有因果关系，限于史料有限暂不能再深入论证。然而对于发生在 925 年的后者"陈本事件"而言，在这时间点之前，"外州兵"攻打汀州的战事已至少三次，所以"陈本事件"或可保守地解释为是当时汀州人不满时局乱事而出现的自保行为，但也不排除与汀州人已开始酝酿出"己族"意识才萌发出自保行为有关，是故这起事件，或许可视为是一次汀州人"己族"意识的萌芽。

5. 本章中五代的第（六）与第（七）两起战事，《通鉴》与《新五代史》记述颇有差异，本章已考证如下：泉州同安人许文稹当上汀州刺史后曾于汀州击败过南唐兵，而数个月后许文稹也确实就投降于南唐，可是当查文徽攻打完殷国政权王延政后，也确实攻打了汀州、与漳、泉两州，若依《通鉴》系年此时许文稹也已被南唐方面调离了汀州，为何查文徽要再攻打已经投降过来的汀州，主因很可能在不放心这些曾经效忠过闽国与许文稹的汀州降兵，所以借机再对汀州做一次用兵，战事完后也该对汀州兵成分再做过一次大调整。

第四章 唐宋之际伏虎禅师与汀州客家先民开发环境关系

唐宋之际系指唐代安史之乱后的中晚唐到宋朝为止，这也是历史学界常称的"唐宋变革期"或"唐宋变迁期"，同样也是古汀州开发乃至汉人中的"客家民系"形成的关键时期，且此时期恰也是古汀州当地著名民间信仰——伏虎禅师乃至定光古佛信仰出现之际。又关于客家先民开垦闽粤赣三省交界的"客家大本营"地区，与当地各个民间信仰的关系，目前研究成果尚少，仅有在周俐、周建新合著《从民间信仰看粤闽赣山区开发和客家族群发展》一文曾探讨在伏虎禅师信仰方面，认为："粤闽赣三省交界地区群山林立，层峦叠嶂，箐密林深，虎狼奔突，蛇虫出没，经常碰到的问题是旱涝、疾病和毒蛇猛兽等"，以及"伏虎禅师降伏猛虎，定光古佛建陂塘，三山国王开发山区等战胜自然灾害，造福于民的许多民间故事，就是客家人开发史、奋斗史的一个缩影"[1]是很好的解释。针对古汀州客家先民开始开垦汀州之当时历史环境，与伏虎禅师信仰出现，两者间在历史上的时间巧合，究竟有无更进一步地历史关联性，本章尝试做一初探。

唐宋时期古汀州范围为今福建省龙岩市的长汀、永定、武平、上杭、连城等五县区，以及今同省三明市的宁化、清流、明溪等三县，加起来即是俗称的闽西客家八县或古汀州客家八县，而伏虎禅师信仰也源自此处，成为闽西客家八县最重要的信仰之一。至于伏虎禅师在闽西民间信仰的崇拜情况，学界有言如下可以为说明：

闽西客家民间信仰神祇丰富多样，有天地自然神崇拜，有祖宗崇拜，有历史人物神崇拜，有外来宗教神崇拜。同时，祀奉膜拜的形式也是多样的。其中

---

① 周俐、周建新，《从民间信仰看粤闽赣山区开发和客家族群发展》，《中南民族大学学报（人文社会科学版）》，2009 年 3 期，第 10—13 页，第 11 页语。

有合祀"三大老佛"（或称"三大祖师"）的信仰习俗，即把观音菩萨、定光古佛、伏虎禅师合祀供奉，每年在特定的时间当地百姓把"三大老佛"抬出庙宇，巡游乡村，保境安民。此信俗历史悠久，延续至今。如长汀县城、童坊镇的彭坊等十二个村落在每年农历正月中旬至三月初期间举行，上杭县通贤镇培才村、上村、秀坑村等在每年农历四月底到五月初举行，永定陈东乡岩太村六月初一举行。活动期间鼓乐齐鸣，铳炮震天，游人如织，人神共舞，热闹非凡。①

一、《临汀志》所载伏虎禅师的法号由来

伏虎禅师的伏虎"神迹"之最早也较详细记录，一般认为以宋代所修的汀州方志《临汀志》为最佳，《临汀志》所载伏虎禅师"神迹"与历史记录详细如下：

敕赐威济灵应普惠妙显大师，叶姓，法名惠宽，（汀州）宁化县人。幼通悟，善根夙植，长，得业于本郡开元寺，遍游诸方，悟旨而返。州境山谷深窈，虎豹出没为害。师以解脱慈悲力，为之训饰柔服，众异之，号伏虎禅师。

南唐保大三年（945），憩于平原山麓，见左右有龟峰狮石，遂卓锡于此。蹑其巅，以开元钱七为开山兆。有樵者拾其一以归，诘朝复返故所，耆老欢传，咸起敬慕。程力督工，为创庵，名曰"普护"。庵侧一岭刺天，号吊军岭，道过其上，苦渴水，师于盘石上顿锡出水，至今不竭。七年（949），汀苦旱，靡神不宗。郡将闻师道行，结坛于龙潭侧，延师致祷。师云："此方旱气燔甚，实众生罪业自速其辜，今当普为忏悔。七日不雨，愿焚其躯。"及期旱如故，师延趺坐，命厝火于薪。众骇愕，火未及然，油云四起，甘雨倾注。师曰："未也，水流束薪乃已。"未几，果然。见闻赞叹。宋朝建隆三年（962）九月十三日示寂，塑其坏身于庵，凡有所祷，应如响答。

熙宁三年，郡列状以闻，赐庵为"寿圣精舍"。延平之庵，曰"油滩"、曰"小芹"、曰"白砂"。绍兴七年，敕封"净戒慈应大师"，时在汀者犹未封圣院。至十二年，乃赐号于汀曰"威济"。干道三年，改赐庵为"广福"，师所经从辄成也。同年，加号"灵应"。淳熙十一年，复加"普惠"，皆以救旱功。自淳熙元年郡守迎均庆院定光真相入州后庵，复于广福院迎师真相差肩为宾主，以便祈祷。绍定群寇犯城，多方保护，显大威力，师与定光实相叶赞。嘉熙间，州

---
① 邱立汉，《伏虎文化的塑造与当代价值》，《龙岩学院学报》，2017年2月，第36—41页。

人士列状于郡，乞申奏加赐师号，复加"妙显"，累封至八字，今为"威济灵应普惠妙显大师"①。

由这段史料可知，伏虎禅师本姓叶，是唐宋之际汀州宁化县人，即今福建三明市宁化县。伏虎禅师生年不详，幼年时就十分聪慧，长大后在汀州州城所在长汀县的开元寺学习，得佛法业，也曾到天下各地交流，使自己佛法妙悟更深厚后，再回到故里汀州。其卒年月日，已是宋朝建隆三年（962）9月13日。又由上引这段史料来看，伏虎禅师概是唐末或五代到宋初出生之人，若按靳阳春《宋元时期汀州区域开发与客家民系形成》一书研究成果来看，唐末宋初当时的汀州，尚处于客家系汉人先民筚路蓝缕以启山林的开垦初期，所以此际汀州很可能原始山林乃至少数民族尚多②，汉人到此开垦生存不易，也有凶猛虎豹等禽兽为患。而从《临汀志》记载来看，伏虎禅师有"解脱慈悲力"，可以对这些猛兽"训饰柔服"，以及求水解旱等"神迹"，所以汀州当地众人非常敬佩伏虎禅师，乃至加以崇敬为神明，伏虎禅师的法号也从此而来。

二、史料所载唐到宋初汀州环境的"原始性"

观诸历代史料与前引靳阳春书中研究成果，以唐末宋初当时，汉人中的客家民系先民初到汀州开垦非常艰辛，四周环境险阻，汉人面对山禽走兽的境遇险恶，恐非今人所能想象。前引《临汀志》所载伏虎禅师史料中有句话"州境山谷深窈，虎豹出没为害"即可说明此，在当时客家汉人先民眼中，大概出了州城与各个县城之外，很可能都是一片原始山林。猛虎豺狼出没的险境，州县城之外的深山溪谷处，在当时客家先民眼中看来，都是不可预测的险恶环境，随时可能有突发意外伤害导致丧失性命的危险，所以《临汀志》才说"州境山谷深窈，虎豹出没为害"。

又当时汀州的州县城之外的"野外"险恶环境，可由其他方面佐证。如当时《临汀志》对同为唐宋之际古汀州佛法大师的定光佛生平记载中，也有说到另一位当地定光大师在"睹南岩（按：今福建省武平县岩前镇），石壁峭峻"而在当地弘扬佛法时，曾面对"大蟒前蟠，猛虎旁睨"之记载。当时南岩距离州

---

① （宋）胡太初，《临汀志·仙佛志》，转引自兰寿春，《闽西客家古代文学辑著》，成都：四川民族出版社，2012年版，第48—49页。

② 靳阳春，《宋元时期汀州区域开发与客家民系形成》，北京：中国社会科学出版社，2015年版，第25—174页。

城与各个县城皆是相当远僻之处，定光大师本欲在这个众人眼中还是"石壁峭峻"的"荒郊野外"地区弘法，却遇到蟒蛇与猛虎等凶兽窥睨之境，由此欲可概知在唐宋之际客家先民初来汀州开垦山林深谷之艰辛。

此外也有唐代人牛肃所著史料《纪闻》（一般又称为《牛肃纪闻》），记载唐朝廷刚设置汀州当时的环境仍十分原始，尚待开发：

> 江东采访使奏于处州（按：应为"福州"之误）南山洞中置汀州，州境五百里，山深，林木秀茂，以领长汀、黄连、杂罗（按：为"新罗"之误）三县。地多瘴疠，"山都木客"丛萃其中。州初治长汀，大树千余株……以造新州治。故斩伐诸树，其树皆枫、松，大径二三丈、高者三百尺。①

这段史料引文中可见唐代汀州初设置时，州境五百里，却只管辖了汀州首府的长汀县、与黄连县也就是长汀隔壁县的今宁化县，以及新罗县。新罗县即今日龙岩市新罗区，距离今长汀县遥远，两地中间之地，在当时都没有设县，可见这段遥远山林距离间，汉人到此开垦的恐尚少。又"山都木客丛萃其中"这句话，指的是当地原有的少数民族，也可见当时汉人开垦会遇到的阻力。

这段唐代汀州辖县史料纪录，又可比较《新唐书·地理志·汀州条》相关记载如下：

> 汀州，临汀郡，下。开元二十四年（736）开福、抚二州山洞置，治新罗，大历四年（769）徙治白石，皆长汀县地。土贡：蜡烛。户四千六百八十，口万三千七百二。县三：长汀，中下。有铜，有铁。宁化，中下。本黄连，天宝元年（742）更名。有银，有铁。沙，中下。本隶建州，武德四年（621）置，后省入建安，永徽六年复置，大历十二年（777）来属。有铜，有铁。②

这段史料纪录却显示唐代汀州是管辖新罗、宁化、沙县，而无新罗县，再查《新唐书·地理志·漳州条》可见以下记载：

> 漳州，漳浦郡……龙岩：中下。开元二十四年（736）置，隶汀州，大历十二年（777）来属。③

如此可知汀州设州之初确实曾管辖新罗县，但14年后的大历十二年时新罗县改划入漳州，而将沙县从建州改划入汀州管辖，所以《新唐书·地理志·汀

---

① （宋）乐史，《太平寰宇记》，注引（唐）《牛肃纪闻》，转引自靳阳春，《宋元时期汀州区域开发与客家民系形成》，第34页。

② （宋）欧阳修，《新唐书》，北京：中华书局，1975年版，卷41，第1065页。

③ （宋）欧阳修，《新唐书》，卷41，第1066页。

州条》以此来记录。如此也可反证《牛肃纪闻》的真确性，因为他记录了天宝年以前的汀州环境实况，亦即他将"宁化县"写成旧名"黄连县"，按《新唐书·地理志·汀州条》所记，这是天宝元年以前的宁化县旧名。

故按《牛肃纪闻》所载来看，唐代玄宗开元二十四年设置汀州，环境充满原始性，当时人觉得汀州处于深山，到处都是以枫树和松树等为主的巨木森林，建筑州城都可以直接就地取材用这些巨木筑城，如此到唐末宋初，这些巨木森林也不太可能都砍伐殆尽，其间藏有猛虎与巨蟒等原始森林动物危害人类，也不会意外。

此外，又有一条史料，竟记载唐代有汀州州刺史在治理汀州时，一家老小全被老虎吃尽的纪录，此见《太平广记》引《会昌解颐录·元自虚篇》：

元自虚　开元中，元自虚为汀州刺史。至郡部，众官皆见有一人，年垂八十，自称萧老："一家数口在使君宅中，累世，幸不占厅堂。"言讫而没。自后凡有吉凶，萧老必预报，无不应者。自虚刚正，常不信之。而家人每夜见怪异。或见有人坐于檐上，脚垂于地。或见两两三三，空中而行。或抱婴儿，问人乞食。或有美人，浓妆美服，在月下言笑，多掷砖瓦。家人乃白自虚曰："常闻厨后空舍是神堂，前人皆以香火事之。今不然，故妖怪如此。"自虚怒，殊不信。忽一日，萧老谒自虚云："今当远访亲旧，以数口为托。"言讫而去。自虚以问老吏，吏云："常闻使宅堂后枯树中，有山魈。"自虚令积柴与树齐，纵火焚之。闻树中冤枉之声不可听。月余，萧老归，缟素哀哭曰："无何远出，委妻子于贼手！今四海之内，孑然一身，当令公知之耳。"乃于衣带解一小合，大如弹丸，掷之于地。云："速去、速去！"自虚俯拾开之，见有一小虎，大才如蝇。自虚欲捉之。遂跳于地，已长数寸。跳掷不已。俄成大虎，走入中门。其家大小百余人尽为所毙，虎亦不见。自虚者亦一身而已。(出《会昌解颐录》)[1]

《太平广记》原是宋代人采取唐代志怪小故事而编成的书籍，内容多是妖怪魍魉事而不可尽信，不过学界早认为《太平广记》的"社会史料"价值，仍具有一定的可信度。上引史料文，其荒诞的地方可以不看，甚至唐代历任汀州刺史中，是否真有某任刺史全家数百人皆被老虎吃尽的史实，都可怀疑之。但这段史料，却一定程度反映出唐代中期的人对汀州当时环境，有"畏虎"的恐惧观念，亦是唐中期人还认为当时"汀州多老虎"概念，再逐渐演变成当时这个

---

[1]　（宋）李昉，《太平广记》，北京：中华书局，1961年版，卷361，第12页。

志怪小故事，进而收入《会昌解颐录》（按：会昌为中晚唐唐武宗年号，814—846），后来被宋代人采集入《太平广记》中。

此外由前引《牛肃纪闻》所载，当时当地还有少数民族"山都木客"，乃至学者曾谓南北朝隋唐时有原处今湖南的"武陵蛮"少数民族迁入闽粤赣交界山区，成为当时当地另种少数民族[1]，唐宋之际的客家先民往汀州开垦，势必会与这些少数民族发生矛盾，也会增加客家系汉民先民欲往汀州郊外开垦的恐惧感。如此，无论猛虎野兽与当时的少数民族，皆是为本章所称之"环境原始性"。如此，至少在猛虎野兽这点，以伏虎禅师能成功驯服老虎的"传说"，自然就引起当地人民的崇敬，久之，伏虎禅师成为汀州客家先民所崇敬的民间宗教信仰。

三、结论

唐代到宋初的汀州，史料很少，对本章论述有一定程度的局限性，但本章尽可能利用较大可能性的论述当时汀州之历史地理环境，与当时当地人对这种历史环境原始性的某种恐惧心理，以及伏虎禅师能成功驯化老虎之传说，做一历史关联性的探讨。以唐末宋初伏虎禅师能成功驯化老虎之传说，自然会使当时汀州客家先民产生崇正敬佩之心，以持续开山拓林，日后也更加开拓汀州实际开发的面积，也开启了宋元之际汀州客家先民更加茁壮，客家民系也要逐渐成形之历史脚步。乃至今日，伏虎禅信仰对闽西客家人而言，已经成为是重要的核心价值塑造"符号"之一种[2]。

---

[1] 谢重光，《武陵蛮迁入粤、闽之史迹》，《东南学术》，2001 年 3 期，第 60—63 页。

[2] 邱立汉，《伏虎文化的塑造与当代价值》，第 36—41 页。

第五章　古汀州客家八县内部地域次分区的初步想法："宁化型""清明型""汀江型""连城型"

一、前言

自从 20 世纪约 80 年代大陆重启客家研究以来，目前学术界关于古汀州府亦即闽西客家八县的地域文化研究成果已极为丰盛浩繁，如靳阳春《宋元时期汀州区域开发与客家民系形成》[①]一书（以下简称《靳氏书》），即是对宋元时期古汀州八县区域的历史开发与客家民系形成过程做过一深入的研究考察，又如蔡骥《汀江流域の地域文化と客家》与《流动的客家：客家的族群认同和民族认同》[②]二书中（以下分简称为《蔡日文书》《蔡中文书》）曾专对闽西八县中汀江流域的几个县作过深入的研究。又有胡希张《客家地域形成之我见》[③]、廖开顺《汀州在客家民系中的作用与地位》[④]等文，则是对闽西或古汀州为何能成为客家祖地的历史作用与地位做过深入看法。若以自然地理、文化地理与相关的地域研究视角来看闽西的，则有鲍智明《客家民系在闽西形成的自然地理环境探析》[⑤]一文透过引用大量古代地理史料，从自然历史地理环境角度探讨为何客家民系能在闽西形成的原因，又有张正田《唐宋之际汀州辖区变动与汀江流域

[①]　靳阳春，《宋元时期汀州区域开发与客家民系形成》，北京：中国社会科学出版社，2015年。

[②]　蔡骥，《汀江流域の地域文化と客家：漢族の多樣性と一体性に関する一考察》，東京：风响社，2005年。蔡氏又有蔡骥，《流动的客家：客家的族群认同和民族认同》，上海：上海人民出版社，2016年，对整个客家认同问题，与闽西八县内部的地域分区问题，都有讨论。

[③]　胡希张，《客家地域形成之我见》，《嘉应大学学报》，1997年2月，第106—110页。

[④]　廖开顺，《汀州在客家民系中的作用与地位》，《河南科技大学学报》（社会科学版），2012年4月，第10—15页。

[⑤]　鲍智明，《客家民系在闽西形成的自然地理环境探析》，《福建地理》，2006年6月，第121—123页。

开发关系》①一文则从历史政区地理角度探讨唐宋之际汀州州县二级政区设置变动与历史开发关系做过探讨，又有陆梦秋·黄震方《福建客家土楼的文化地理内涵》②、翁汝《客家地域文化背景下的大学生诚信教育建设》③、宋德剑《从地域空间、族群接触看围龙屋与土楼、围屋的生成》④等文，相关成果极其浩瀚，恕不一一举例。

以上展现了以整个古汀州亦即闽西地域视角的研究成果，而前引《靳氏书》《蔡日文书》《蔡中文书》以专书之高度，已经注意到古汀州府地区在因自然流域地理所产生的人文历史地理方面，已有"汀江流域"与"闽江上游的九龙溪流域"两者之不同而有所论点。再如期刊、专书论文方面，有徐晓望《晚明汀州两江流域区域市场比较》⑤一文中亦指出晚明时期的汀江流域五县，与闽江流域上游亦即九龙溪流域三县，两地间的市镇经济，有明显的差距。此外周雪香2012年的《清代汀州两江流域区域经济比较》⑥一文也注意到汀江流域地区和闽江上游亦即九龙溪流域地区在清代区域经济发展已所有不同。周氏说：

> 事实上，由于客家分布地域广泛，不同地区之间因自然环境不尽相同，经济发展也呈现出很大的差异。比如，明清时期闽西汀州府所属的八个客家县，其中长汀、上杭、武平、连城、永定五个县属于汀江流域，宁化、清流、归化（1933年更名明溪）三个县属于闽江流域上游。⑦

周氏上引文明确点出古汀州府的"汀江流域"与"闽江流域上游"分别是哪几县，该文也深入分析了清代"两江流域"经济发展之不同。

除此外，刘大可在2003年的《从地名看客家村落的历史与文化：以闽西

---

① 张正田，《唐宋之际汀州辖区变动与汀江流域开发关系》，《唐史论丛》，第26辑2018年2月，第112—129页。

② 陆梦秋·黄震方，《福建客家土楼的文化地理内涵》，《亚热带资源与环境学报》，2015年9月，第72—78页。

③ 翁汝，《客家地域文化背景下的大学生诚信教育建设》，《山东农业工程学院学报》，2015年12月，第123—126页。

④ 宋德剑，《从地域空间、族群接触看围龙屋与土楼、围屋的生成》，《中南民族大学学报》（人文社会科学版），2014年9月，第72—76页。

⑤ 徐晓望，《晚明汀州两江流域区域市场比较》，周雪香编著：《多学科视野中的客家文化》，福州：福建人民出版社，2007，第263—280页。

⑥ 周雪香，《清代汀州两江流域区域经济比较》，《赣南师范学院学报》，2012年1月，第81—87页。

⑦ 周雪香，《清代汀州两江流域区域经济比较》，第81页。

武平县村落为考察对象》①一文则以闽西内部的武平县之村名作一详实的考证研究，可视为在闽西客家研究的学术发展史脉络下，更加"区域细化"之指标之一。又周雪香2004年的《闽西连城客家源流探析》②一文也同样精细到探讨连城一县，是故也可如此视之。而历届宁化县石壁的客家历史研究，也同样可视为是研究闽西客家的区域细化之指标之一，其相关成果繁硕，此处不一一征引。

要之，闽西客家历史文化研究正往更"区域细化"的脚步迈进是可预期的。对本章主题最相关的，主要在于前引徐晓望与周雪香2012年的两文之学术贡献，已经将闽西客家历史地区型态，初步分为"汀江流域"地区的长汀、上杭、武平、连城、永定五县区；与"闽江上游"地区的宁化、清流、明溪三个县等"两江流域"型态地区。本章承续以往研究成果，尝试问闽西汀州客家地区的内部次分区，是否能进一步细划古汀州客家八县内部地域次分区，以利未来学界做更细部区域研究？

二、是否受闽方言地域文化的外部影响？

此小节的标题所问闽西客家地区文化"是否受闽方言地域文化的外部影响"，主要是指闽西八县中，概有闽西的东北侧清流、明溪两县（以上属闽江上流九龙溪流域），与东侧的连城、上杭、永定（以上属汀江流域）等，是较为大面积大边界，能接触到闽方言地域文化等县区。这几县区临近闽方言地区，是否可能容易受到若干影响，而使当地客家话腔调甚至区域次文化产生自己的区域特色？

本章所谓的闽方言地区是指包含闽东话（以福州话为主）、闽北话、闽中话、莆田话、闽南话（包含龙岩话）等地域次文化区，其中闽西八县最容易接触到的，大概是闽北、闽中、与闽南系统的龙岩话等闽方言地域次文化地区。

不过闽西八县中的上杭与永定同属汀江流域，两县的客家话与同流域的武平、长汀大致可相互沟通，③所以至少武平、上杭、永定、长汀四县区，同属汀

---

①　刘大可，《从地名看客家村落的历史与文化：以闽西武平县村落为考察对象》，《福建省社会主义学院学报》，2003年8月，第31—36页。

②　周雪香，《闽西连城客家源流探析》，《龙岩师专学报》，2004年4月，第50—54页。

③　李如龙，《长汀县内方言的同异》，《龙岩师专学报》（社会科学版），1986年2月，第43—49页一文表示长汀境内客家方言至少可分南北两片，这似乎也说明了长汀县很可能就是"汀江型"客方言的北界。而本章暂拟的"宁化型""清明型""汀江型""连城型"四个地域次分区，请详后述。

江流域型地域文化是较没有问题的。比较值得探讨的是连城客家话，连城县虽同属汀江流域，但其客家话内部腔调非常复杂，有三十几种客家腔调之多，有时隔个村落、溪流，彼此的连城客家话就不能互通。为何会如此？笔者非语言学者出身，不敢妄从语言学角度多言，不过若从自然地理来看，连城县东临高耸的玳瑁山脉，此山脉虽使连城与旧龙岩县（今名新罗区）相对阻隔，但也不可能完全阻绝了历史上连城人与龙岩人的交通往来，且此山脉西麓另外分岔出冠豸山系，至少将连城县又分割出满竹溪流域（流往龙岩市区万安镇）与朋口溪（流往汀江）等几条流域，也将连城县的地形切割地极复杂。这种自然地理因素应会是使连城方言腔调更趋复杂的原因之一，且也不能排除受到东邻闽方言系的龙岩话，在历史上于连城境内不同溪谷流域中逐渐影响之原因，所以语言学者有言："连城县处于闽方言和客家方言的交界处，县内方言呈现十分复杂的局面。"① 加之连城客家人先祖移民入连城的历史来源也颇复杂，祖先不一定都是客家先民，② 这些因素理应会使连城地域文化呈现更多样化，而杂糅产生目前连城三十几种客家腔调，故本章暂时有个初步想法，先将连城县域从汀江流域的地域次分区独立出来，称为"连城型"地域次分区。

至于宁化东北邻的清流、明溪两县，其方言与地域文化特色，似乎可另外再分出一个"清明型"，虽然参考邓享璋之说法，宁化、清流、明溪三县大致上都属于汀州片客家话的北片，③ 但似乎有再细究的必要。此外邓享璋也有《从词汇看闽中方言和闽西客家方言的关系》《闽中方言与客家方言的关系词》④ 等文章探讨过闽西客家话与闽中话的关系，邓氏并言"闽中方言和闽西客家方言的关系最为密切，其中词汇的表现特别突出"，⑤ 可见闽西客家话本身与闽中方言，乃至与闽南方言中的龙岩方言有一定的相互影响关系，地域风俗习惯可能也有相互的影响。但因为考虑到：1.宁化客家话本身与清流、明溪的多半不能互通；2.清流、明溪两县地势上更接近闽中话分布地区，相对地更容易与闽中方言的语言与地域文化相互影响；3.宁化本身在历史上常是接受源自江西、特别赣州

---

① 李如龙，《长汀县内方言的同异》，第 43 页。

② 周雪香，《闽西连城客家源流探析》。

③ 邓享璋，《从词汇看闽中方言和闽西客家方言的关系》，《三明学院学报》，2014 年 10 月，第 45—53 页，第 46 页。

④ 邓享璋，《闽中方言与客家方言的关系词》，《龙岩学院学报》，2006 年 8 月，第 93—95、99 页。

⑤ 邓享璋，《从词汇看闽中方言和闽西客家方言的关系》，第 45 页。

地区客家先祖移民至闽西的中继站，相较于清流、明溪，宁化客家话与地域文化本身应该会更具独自特色，亦即宁化虽与清流、明溪同属于闽江上游的九龙溪流域，但历史上源源不绝的客家先祖大多经由宁化再转进闽西各个县，也会不停地将客家先祖的风俗与方言带入宁化，成为宁化方言与风俗的一波波新层次，这就可能较冲淡了来自闽中文化对宁化地区的影响性，所以宁化的地域特色可谓相当独特。因此本章暂时将清流、明溪更容易受到闽中方言影响的两县独立出来，称之为"清明型"地域次分区，而将宁化一县称之为"宁化型"地域次分区。如此，整个闽西客家的地域文化次分区，似乎可承继以往的"两江流域"之说，暂再细划为"宁化型""清明型""汀江型""连城型"四种类型。

且 4. 又依清代乾隆年间刊刻的《汀州府志·疆域志》记载宁化至清流至归化县（即今清流县）至永安间的交通情形，至少迟至清乾隆年代这几县间在水路上仍颇不便，兹载如下：

　　宁化县六十里至清流，中有七孤龙，逶迤七曲，舟师惮之。

　　清流县八十里至九龙，上六龙属清流，下三龙属永安。滩势甚险。

　　归化县四十里至沙溪，始通小舟，自沙溪至黄沙口三十里会永安大河。①

　　由上引文可知，宁化到清流的水路蜿蜒难行船，"逶迤七曲，舟师惮之"，清流到当时已属延平府的永安县（闽中方言区）水路也是"滩势甚险"，而归化（明溪）到永安中间的沙溪"始通小舟"、再过三十里与永安大河交会，可知归化（明溪）到永安交通相对便利。换言之，至少以水路交通而言，归化（明溪）到延平府永安县的闽中文化地区交通反而相对便利，则明溪更容易受闽中文化影响；其次是居于中间偏南、水路交通仍颇不便的清流，仍多少还是会受到闽中文化影响；但宁化往永安就相对更不便利，也相对地受到闽中文化的冲击就可能更小一些。因此，将清流与明溪另外分出为"清明型"地域文化次分区，以别于"宁化型"，该是颇合理的。

　　以上将闽西客家文化分为四个地域文化次分区，是基于目前相关研究成果所推论出的一种假说，但实际上地域文化所牵涉的学科面极多，本章除了历史学的，又借用了一些语言学相关研究成果暂推论至此之外，其实也还需要民族学、民俗学、人类学、地理学等各学科的学者，到相关各地甚至各村落更进一步田野调查实证，才能详实归纳出闽西客家文化该如何正确分区。所以以上只

---

①　（清）曾曰瑛等著，《汀州府志》，卷之四，《疆域志》，台北：成文出版社，1967 年影印本，第 55 页下。

是笔者目前提出的一种假说，可能尚是一个推论阶段，还请各学科方家不吝赐正。

三、代结语

鉴于本章尚是处于一个推论假说，所以此处用"代结语"而非"结论"来做个总结。本章综合以上，暂归纳以下"代结语"：

1. 从以往闽西客家研究发展历史脉络来看，是逐渐从将闽西视为一个整体研究，转变成更加"区域细化"的现象，这对闽西历史文化与地域研究是可喜的现象，表示学术研究将不断地深化与细化。

2. 所以从前引徐晓望与周雪香 2012 等两文，已经初步将闽西分别分类出"两江流域"类型，亦即"汀江型"与"闽江上游"两个地域次文化区，也是闽西客家文化研究发展一个新的现象，同样也代表了研究将不断地深化与细化。

3. 本章借用了不少语言学等学科的相关研究成果，初步提出一个假说，暂将闽西客家文化的区域次分区分为"宁化型""清明型""汀江型""连城型"，原因已如前述，兹不累叙。但必须强调这只是个初步的想法，实际上仍需要民族学、民俗学、人类学者等各学科的学者，到相关各地甚至各村落更进一步田野调查实证，才能详实归纳出闽西客家文化该如何正确分区，也还请各学科方家不吝赐正。

4. 宁化、连城都是以一个县作为一个独立的分区，该有其区域的特殊性。尤其宁化，它既是很可能以往多数闽西客家先祖移民到闽西的一个中间站之一，也具有闽西与海内外客家人共通的移民史上历史记忆。同时由移民史来看，"宁化型"又很可能是"清明型""汀江型""连城型"等各类型次文化的重要源头与影响因素类型，别具区域研究意义。

（请见后附的"图 5-1：古汀州八县暂拟四个地域次分区示意图"）

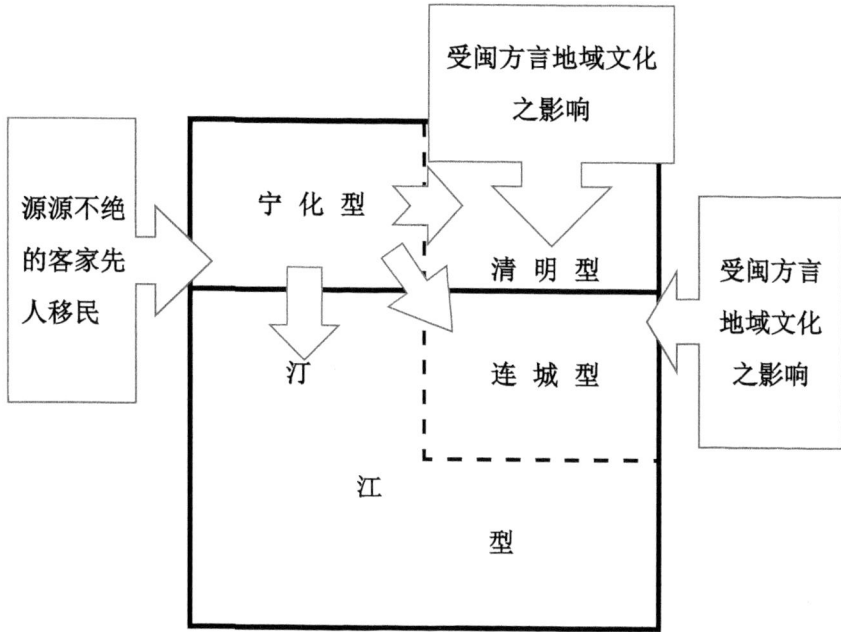

图 5－1：古汀州八县暂拟四个地域次分区示意图

说明：图中间"黑色横实线"，代表原来学界已有的"两江流域型"地域次分区，而图中间"黑色虚线"代表本章暂拟的分区边界，可从原来"两江流域型"暂划为新的四个地域次分区。而其中"宁化型"是古汀州八县客家先民最重要的移民中继站之一，它的地域次文化理应会影响了其他三型，所以用三个箭头分别表之。

第二篇　渡台的汀州客家人研究

第六章　论明郑大将刘国轩的"投国姓"
与"降清廷"

一、前言

目前学术界对延平郡王郑成功以及明郑政权的研究如汗牛充栋，但对郑成功麾下、辅佐明郑三代人（延平郡王郑成功、郑经、郑克塽）的有名将领刘国轩之专论似尚少，目前概有以下：首先是施伟青《论刘国轩》一文[1]，为目前对研究刘国轩一生功过较为详细精辟的，诚如该文中所言："对刘国轩一生重大史事作一些初步的探讨，并实事求是地评述其是非功过。"本章限于篇幅有限，不能如前引《施伟青文》般对刘国轩一生重大史事功过予以千秋评论，只暂对刘国轩年轻时"义投郑成功麾下"（本章称之为"投国姓"），与其晚年时率领明郑大军于澎湖海战战败后，毅然决然一改原先"反清"态度，决定说服明郑政权郑克塽投降清廷之政治态度转变（本章称之为"降清廷"）等两件大事，作一初步考评。

除《施伟青文》外，对刘国轩之研究成果尚有郭蕴静《康熙统一台湾的政策与刘国轩的最后选择》一文（以下简称《郭蕴静文》）[2]，对本章研究刘国轩决意投降清廷的"最后选择"的政治态度抉择有所裨益。此外还有张佑周《刘国轩辅郑治台与闽西客家在台湾的繁衍》一文[3]，系以客家历史的角度，对身为闽西汀州府长汀县客家人的刘国轩辅佐郑成功三代人事迹，与日后闽西客家人在

---

① 施伟青：《论刘国轩》，《台湾研究集刊》，1983 年 7 月，第 102—113 页。以下简称《施伟青文》。

② 郭蕴静：《康熙统一台湾的政策与刘国轩的最后选择》，《天津社会科学》，1985 年 8 月，第 80—84 页。

③ 张佑周：《刘国轩辅郑治台与闽西客家在台湾的繁衍》，《两岸关系》，2008 年 7 月，第 70—72 页。

台湾繁衍变迁的状况做一探研。

首先概述刘国轩出身背景，他是明福建省汀州府长汀县客家人，依《施伟青文》所考证，清史料《闽海记要》中记载刘国轩是汀州府武平县人是错误的，实际上刘国轩是长汀县人，这是因为刘国轩被明郑政权封为"武平侯"而讹误[①]。概也因刘国轩身处闽西地缘较远与闽客族群关系（后述）等因素，年少时的他可能没机会加入以漳泉闽南人为主的明郑郑芝龙、郑成功势力，所以刘国轩曾在清军底下工作过，后来才有机会转投郑成功麾下。

二、论刘国轩"投国姓"之"慕义"

从刘国轩少时曾一度因明清鼎革时之乱世兵祸而在清兵军营底下工作，到后来才转投郑成功麾下，这中间刘国轩"投国姓"的"政治态度"选择，前引《施伟青文》中引《先王实录》史料（又称《从征实录》，以下用此称），认为刘国轩是因为"慕义"，也就是钦佩郑成功反清复明忠义之志而决心义投明郑，施氏并认为这是为其"根本原因"[②]。本章认为《施伟青文》所言正确，诚如《施伟青文》所言当刘国轩投郑成功，又遇北伐南京失败后之情况：

众所周知，当郑成功北伐南京失败之后，郑军许多将士在清政府的招抚政策的影响下，纷纷向清军投诚。在极为不利的形势下，刘国轩始终坚定不移地跟随郑成功坚持抗清斗争，并不因为职位较低而动摇。这就可以看出，"慕义"是刘国轩反清投郑的根本原因[③]。

《从征实录》原文则记载刘国轩如何"慕义"归降延平王郑成功事如下：

（明）永历八年（1654年）…十一月初二日，漳州协守清将刘国轩献城归正。先时，国轩慕义欲归藩（按：指延平王郑成功）下，未得其便，至是月乘总镇张世耀新任兵将未协，先遣母舅江振曦、江振晖等密来见藩，约日兵临城下，献城归降。藩令密款之[④]。

这是刘国轩从清军底下改投国姓爷郑成功之张本。诚如《施伟青文》所言，当郑成功北伐南京失败使郑军元气大伤后，国姓爷麾下已有不少将士见风转舵改投清廷，但刘国轩始终不改其追随郑成功之志，"并不因为职位较低而动摇"，

---

① 《施伟青文》，第102页。

② 同上注。

③ 同上注。

④ （明）杨英：《（先王）从征实录》，台北：台湾银行经济研究室1958年版，第71页。

确实可见其"慕义"之心。

且施氏用《从征实录》史料中的"慕义"来解释刘国轩"投国姓"的行为，在史学方法上颇为恰当，兹将《从征实录》中《弁言》所记在民国时期发现并出版情况引如下：

《从征实录》原为钞本。民国十一年（1922），秦望山君得之于福建南安石井乡郑氏后裔之手。十六年（1927），归于李岳君。二十年，国立中央研究院历史语言研究所假其书影印，于是此一海内孤本沉霾二百五十余年，终得刊布于世矣。

旧钞本前后霉烂，原有书题四字，已经脱去。影印本前，有海盐朱希祖逷先先生所作长序。先生谓"此书体例，不以延平一生事迹为始末，而以杨英从征目睹为标准"，故题此书曰《延平王户官杨英从征实录》。

本书首页谓："户部主事杨英为辑造先王实录事，谨将永历三年（1649年）己丑九月陈策从王，十月初一日蒙录用，明永历十六年壬寅五月先王宾天□，凡所随从战征事实，挨年逐月，采备造报"。今观本书虽起于永历三年九月杨英献策，而自十五年八月抄迄十六年四月，以英染病，约七阅月未有记载。十六年四月，病愈启陈农务之文，今已残缺不全，且不见四月间之他事，更未及五月之事。故知钞本之末，必有缺页，至可惜也！

本书撰者杨英，不知为何地人，其事迹亦鲜见于他书。惟据本书所载，知其自永历三年迄十六年，凡大小征战，几于无役不从，实为延平王部下经理粮饷之要人①。

由上引文可知《从征实录》是明郑户部主事杨英所著，为当时人记当时事的珍贵史料。所以杨英也一定知悉刘国轩的为人处事风格，与当时对明郑政权的效忠与"慕义"态度。是故在《施伟青文》中用《从征实录》所记"慕义"来描述刘国轩当时从清军底下改投国姓爷麾下的政治态度，是很真确的。又可从郑成功兵败南京后到收复台湾这段艰难时期，刘国轩始终跟随郑成功麾下不异其志，可见其"慕义"跟随延平王郑成功反清复明之心。

至于《从征实录》说"国轩慕义欲归藩下，未得其便"的"未得其便"一语，可能是杨英隐指刘国轩系汀州府长汀县客家人，汀州府长汀县地理上，距闽南漳泉等地已有一定距离，故刘国轩虽有"慕义"之心，但原先并没有机会

---

① 《（先王）从征实录》，第1页。

加入以漳泉闽南人为主的延平王郑成功势力，故称之。后来因为刘国轩在清军底下有机会当了漳州守将，漳州在地理方位上已接近郑成功势力，所以刘国轩有机会派遣其母舅江振曦、江振晖等来密见郑成功，也密约当郑成功兵临城下时，将献漳州城归降。若刘国轩没有"慕义"于反清复明之心，当时也不会做出这种生死攸关的政治选择。

三、论刘国轩最后的政治态度抉择："降清廷"

从明永历八年（1654 年）到清康熙二十二年（1683 年）清廷派施琅收复台湾，刘国轩仕明郑政权三代凡三十年，这中间未改其反清复明之志。前引《施伟青文》也详实考证过并认为：若按以往若干学界说法刘国轩在这中间似乎有意接受清廷招抚，是"不切合史实"的，刘国轩在率领明郑大军与施琅"澎湖海战"战败之前，实并未降清之意。本章从施氏的严格考证后之说①，认为刘国轩直到率郑家水军与施琅清军在澎湖海战并战败几乎全军覆没前，确实未有降清之意。

那刘国轩为何在"澎湖海战"战败后，郑家水军几乎全军覆没的"最后关头"，才一改数十年效忠明郑之志，要回头力劝郑克塽等一干君臣"降清廷"呢？前引《施伟青文》曾提出两点，说明了刘国轩政治态度转变因素，第一是"澎湖战役使刘国轩见识到清军的强大与郑军的弱小"；第二是"清廷正确的招抚使刘国轩认识到投降是唯一的出路"②。又前引《郭蕴静文》则认为当澎湖海战郑军水师几乎全军覆没后便力主投降清廷，无奈郑克塽身边另一批大臣如冯锡范等人仍犹豫不决，或要分兵继续死守台湾、或要远走吕宋，就是不肯降清。而此际"刘国轩虽有投诚之意，却感到在清兵临城下唾手可得台湾的情况下投诚已为时太晚，故也有疑虑"，此时施琅则亲自派遣刘国轩原来副将曾蔼，持施琅书信来台面见刘国轩，保证国轩投降后官位不变，打消了刘国轩的疑虑，更坚定了刘国轩"降清廷"之心，并力劝郑克塽，于是台湾终于回我国国家版图中③。郭之说法详实，但大抵也不出施之两点范围。

然也可由以下角度分析刘国轩的年少"慕义"义从郑成功"反清复明"，到三十年间不改其志，再到澎湖海战战败后决意幡然改悟"降清廷"之政治态度

---

① 《施伟青文》，第 105—106 页。

② 《施伟青文》，第 108 页。

③ 《郭蕴静文》，第 84 页。

变化。首先，郑成功当时毅然决然长年"反清复明"的民族主义精神，确实感动过刘国轩，概因为刘国轩当时年少尚义气，加上也身为汉人，当时心底下也倾向不认同少数民族的清廷入主中原，只是迫于生计不得不加入清军麾下，所以刘国轩与郑成功虽个处于闽西与闽南两个不同之地，心灵上却自然有"反清复明、力匡华夏"的共同认识，一旦刘国轩有机会进入闽南漳州当清军守军将领后，便找机会主动联系郑成功，"慕义"而归延平王国姓爷，此点为《施伟青文》未提到的。

"慕义"与"反清复明"之志，使得刘国轩在郑成功逝世后，仍以此等精神连续侍奉郑经、郑克塽共三代人，即令郑经晚年已略有昏庸之态，郑克塽也少主登位而似乎不能再有大作为，但这中间也未见刘国轩有异志，国轩仍本着"忠义"于明郑与"反清复明"精神的年少时以来政治态度。故即使施琅等在澎湖海战之前数次招降、诱捕刘国轩，国轩也未尝有投降清廷的动作。可是事实上刘国轩此既已步入中晚年，思虑已较为成熟，他也不再是年少时"慕义"与陷入某种狭隘民族主义的少年刘国轩。加上这三十年来，从顺治到康熙，清廷虽是少数民族执政中原，却越来越有华夏文化之色，已不复努尔哈赤、皇太极、多尔衮般较有异民族色彩的政权，这些因素都会逐渐冲淡刘国轩心中原有的反清复明与狭隘民族主义之思想，但还不至于让刘国轩马上就投降清廷。

当澎湖海战后，率领郑军几乎全军覆没的刘国轩，确实见识到清政府与清军的强大，这个强大可能让精于沙场战事的刘国轩见识到"时势"已不可逆为。刘国轩是位久经沙场之人，在吴三桂等反清的"三藩事件"时，刘国轩也本着郑成功以来的"反攻大陆"政策，在郑经麾下出兵闽粤，一度所战皆捷，收复了不少在"三藩"与清廷控制下的大陆旧土新域，但最后仍不敌清军之强大，只能败退回台，偶尔出袭东南沿海以摄清军气势。然而清军最后也真的平定了"三藩事件"，尤其在清康熙能顺利"平定二藩"这一点上，可能已让刘国轩对康熙政权的执政能力逐渐刮目相看。但是刘国轩一则可能仍在等一个更恰当的机会，以及二则为了更能对自己年少以来就"慕义"效忠明郑与"反清复明"政治态度做一个"历史交代"，所以国轩在澎湖海战之前，他仍是明郑郑营中力主与清廷决战的将领之　，他如此打算与清军澎湖海战，其实或可谓是"老于军政世故"，因为若能率领郑家水军在澎湖海战打赢施琅的清军，国轩年少以来的政治选择当可再得以一时延续，亦即他或许仍图"反清复明"有望与郑克塽政权得以苟续一时；但若澎湖海战真的失败，他正可借此机会向明郑政权众君臣表明"知天意有在,人心瓦解,遂决意投诚"①,"众志瓦解,守亦实难,不如举全地版图以降"②,亦即借着澎湖海战之败,替苟延于海峡东岸台湾的明郑政权与自己的仕途,找个"历史解脱"的下台阶。所以当澎湖海战之后,他顺势向冯锡范等尚不想投降等郑克塽众臣宣称了"从来识时务者为豪杰;大事已去,当速顺天"③,从主战派幡然改悟为"主降派"。

可是刘国轩如此由主战变为"主降",一定程度而言似乎还是颇有心存私见而不顾苍生百姓祸福。众所周知,澎湖海战,郑氏政权动用了军力"二万之众"、战船"二百余号"④,这些郑氏政权军士大多死伤或被俘;此外清军也是动员"官兵二万有奇、大小战船二百余号"⑤,这些也不无死伤,双方军士死伤者都是人间惨剧。若澎湖海战前,刘国轩等明郑"当道之臣",能早知大势所趋,不图一己官场之得失,或地方政权意识形态之纠葛,则两岸军民或可幸免于战事死难,岂非更佳的"历史选择"乎?这似乎仍是刘国轩处于那个明清政权交替时代下不能突破的囿点心态。

但是不可否认刘国轩还是一定程度地仍有"审时度势"的一面,因为如果说澎湖海战已是他一个错误地历史选择的话,那他在战后立马坚决地力劝郑克塽等君臣迅速降清,避免台湾本岛再受人间兵火所波及,这点应该说是刘国轩在两岸历史统一上之大功,惟可惜了澎湖岛上数万英魂白白牺牲。

四、结论

本章暂无法评论刘国轩的一生重大史事的千秋功过,暂单就他为何"慕义"与为何能"慕义"地归降郑成功,开启他前半生反清复明的事业;与后半生他已较能老于军政世故,在澎湖海战上已经确定出明证政权气势与实力皆已不足以跟清军相抗衡下,迅速地力劝郑克塽等君臣做出"降清廷"的政治抉择,尝试做一讨论。清廷最后也确实履行承诺让刘国轩当北方的天津卫总兵,委以扼守京畿门户重任,直至终老。而刘国轩相对较早感受到时势所趋而转变政治态

---

① (清)夏琳:《闽海记要》,台北:台湾银行经济研究室1958年版,卷之下,第76页。

② (清)江日升:《台湾外记》,台北:台湾银行经济研究室1979年版,卷十,第427页。

③ 同上注。

④ (清)施琅:《靖海纪事》,台北:台湾银行经济研究室1958年版,上卷,《飞报大捷疏》,第27页。

⑤ (清)施琅:《靖海纪事》,台北:台湾银行经济研究室1958年版,上卷,《海逆形势疏》,第23页。

度"降清廷",再相较于冯锡范等人的当"兵临城下"之际仍狭隘地不感悟,也是让后世人,对刘国轩较持正面肯定态度,而对冯锡范骂名较多的原因。而当时清廷方面态度是很明显的,对刘国轩还可以委以有实权的天津卫总兵,甚至刘国轩于康熙三十二年(1693 年)逝世,清廷同年还追赠他太子少保的一品荣衔。但是对冯锡范,他虽也在后来随郑克塽降清,但清廷只有封他为忠诚伯爵而终不委以实权,可见一斑。

第七章　朱一贵事变之际汀州府客家人
对台湾历史贡献

　　台湾的汉人文化，不论客家、闽南或其他族群，除了少数民族外，都是"唐山过台湾"从大陆移民来台，其中主要以福建西、南部，与广东东部两区为主，故福建汀州府客家人也有不少人移民来台。虽然在台湾，汀州客家人的人口比例并不高，但对台湾的"汉人四百年开垦史"也有不少贡献。如清代著名的汀州府永定县胡焯猷，移民到今台湾大台北地区西侧（约今新北市新庄、泰山、树林等区一带），便曾创建著名的"明志书院"，开田辟圳，教导英才无数，也曾替清代大台北西侧建立出许多客家街庄，虽然这些客家街庄在清代道光年间的数次闽客大械斗中，逐渐被改为闽庄。

　　关于胡焯猷的相关研究成果非常多①；其他诸如明郑时期的郑成功著名将领刘国轩②、以及在汀州民俗信仰方面的定光佛与惭愧祖师等传播至台湾③亦是。

　　然从另一角度即社会中下阶层角度来看，除前述赫赫有名的来台汀州府之"大人物"先祖外，此处尝试从以往较少被重视过的人物、庶民，来观察清代汀州府客家人对台湾，特别是台湾客家人方面的历史贡献。时间则从清康熙派施

---

　　① 黄新宪，《闽台书院的历史渊源》，《华东师范大学学报（教育科学版）》，2000.02。张品端，《清代台湾书院的特征及其作用》，《台湾研究》，2011.03。吴学明，《北台湾第一书院：泰山明志书院沿革之研究》，《台北文献》，86，1988.12。吴学明，《明志书院沿革之研究》，《明志工专学报》（台湾），20，1988.05 等。

　　② 张佑周，《刘国轩辅郑治台与闽西客家在台湾的繁衍》，《两岸关系》，2008.07。郭蕴静，《康熙统一台湾的政策与刘国轩的最后选择》，《天津社会科学》，1985.04。孙以苍，《客家人随军来台的领袖：刘国轩将军》，《中原》，54，1969.08 等。

　　③ 张佑周、戴腾荣，《闽西与台湾客家民间信仰的传承及变异》，《龙岩学院学报》，2009.03。林清书，《定光佛信仰的民间文化基础及其现实意义》，《武夷学院学报》，2012.01。廖开顺，《定光佛与客家意象文化重构》，《黄河科技大学学报》，2014.06。张志相，《闽粤志书所见惭愧祖师寺庙与信仰探考》，《逢甲人文社会学报》（台湾），18，2009.06。李建纬、张志相，《彰化定光佛庙调查与研究：其历史、信仰与文物》，《台湾文献》（台湾），64：1。2013.03 等。

琅收复台湾的清代台湾时期开始，到康熙末朱一贵事变平定后为止。

一、汀州府为清代台湾客家人祖原地之一之始载

从明代末期汉人开始移民台湾至今约四百年历史，虽有谓在明末时，游走于台湾岛诸海盗势力中可能有客家人之说，但并无太多史料可直接明证：（一）海盗中是否真的有客家人，与（二）若有，则其客家后代是否在台湾繁衍至今。又或到了明郑时代，有前述明郑大将刘国轩等，可能也有汀州籍客家人麾下士兵，但因清廷收复台湾后，旧有郑家势力大多数已被迁往大陆内地，刘国轩本人亦被清廷派往天津任官，后并病逝天津，则原明郑势力中究竟有多少客家人尚留居台湾，可能也是一个须继续探究的史谜。

故此处仅讨论清代台湾时期开始后，首见汀州客家人迁徙到台湾的纪录如下：

罗汉内门、外门田，皆"大杰巅社"地也。康熙四十二年，台（湾）、诸（罗两县）民人，招汀州属县民垦治。自后往来渐众，耕种采樵，每被土番镖杀、或放火烧死，割去头颅，官弁诘捕。①

此段为记载康熙四十二年（1703）时台湾岛的台湾县（今台南市区一带）与诸罗县（含今嘉义县与以北之台湾、与今台南市北境）当地居民，招募汀州府所辖各县客家人，去接近当时少数民族地区的"罗汉内、外门"开垦之史料。此似为清代台湾时期最早见的汀州客家人开垦台湾之史料。

罗汉内门，即今高雄市内门区（2010 年以前为高雄县内门乡）一带，也是当年朱一贵起事的根据地之一。今日高雄内门以"宋江阵"武术闻名，可见当地尚武之风一直延续，但今日"内门"却已不是客家地区。罗汉外门，通常认为概今台南市南化区（2010 年以前为台南县南化乡）一带、或亦有谓在今高雄市内门区乃至邻近的高雄市旗山区（2010 年以前为高雄县旗山镇）一带。至于"大杰巅社"，今日说法概认为指今高雄市阿莲、田寮两区（2010 年以前为高雄县阿莲、田寮两乡）一带，并与内门接邻。然无论阿莲、田寮、内门、旗山，早已成为以通行闽南语为主的闽庄。故即使康熙四十二年时汀州客家人有后代存续至今，恐亦已被闽南人同化为"福佬客"。

但这段史料，仍是汀州客家先祖曾在清代初期，移民开垦台湾之见证。

---

① （清）黄叔璥，《台海使槎录》，台湾南投：台湾省文献委员会，1996，卷5、《番俗六考·北路诸罗番》，第 112 页。

二、汀州府为南台湾六堆客家人祖原地之一之始载

清康熙六十年（1721），朱一贵于台湾南部起事，是清代初年台湾历史上一次大民变。史载当时此战事后之民间惨况：

> 台湾当朱一贵作乱之后，干戈蹂躏，哀鸿遍野，继以风灾扫荡，疠疫连绵，民之憔悴极矣。①

可见当时兵祸所及，台民哀鸿遍野，偏偏战后又遇到风灾侵袭（可能是台湾常见之台风），对台湾苍生又是一大浩劫。此外又载：

> （朱一贵事变）时，逃官、难民皆至澎湖，澎湖协副将仓皇不知所措，亦尽室登舟，将渡厦门。百姓妇女争舟杂沓，声震海岸。②

由此可见当时百姓妇女为逃避台湾岛内朱一贵兵祸，只好争船抢渡往澎湖与大陆，却在发生相互杂沓的"人踩人"惨剧，哀号之声，声震海岸。

"朱一贵事变"，表面上是朱一贵喊着"反清复明"又"自居明室之后"的民变事件，但台湾方面学界以往大多认为，这事件实质上是台湾历史中一次大规模的"闽客族群械斗"，并认为"朱一贵集团"主要是以漳、泉为主的闽南人势力，而当时"反朱势力"则是今日台湾南部六堆客家人先祖。但这十几年来，台湾方面有学界新说认为：这事件虽仍属"族群械斗"性质，但并非简单的"闽客械斗"四字这么单纯，而应该考虑到在今日台湾，至少在高雄、屏东一带已经"被遗忘"但历史上却存在过的"潮州人"族群（今已经被同化为台湾闽南人，不再自认是潮州人）。此新说认为：当朱一贵事变时，在台湾的"潮州人"有一定势力，"潮州人认同"也强，而朱一贵事变一开始，是朱一贵集团是"闽南人"集团，加上杜君英为首的"潮州人"势力共同起事反清，双方当时会合作的主要原因是"语言相类似"，因为广东省潮州话与福建省闽南语之间要沟通并不太困难。但后来两集团共同打下台湾府城亦即今台南市区后，便因分赃不均而互相翻脸，以杜君英为首的潮州人势力，才反过头来联合同样也是属于来自广东省的客家人势力共同打击朱一贵势力。于是朱一贵事变是到后来才成了"闽粤械斗"，但这个"粤"，并非单指客家族群，而应当同指"客家人"

---

① （清）丁曰健，《治台必告录》，台北：台湾银行经济研究室，台湾文献丛刊第17种，1959。卷1，《与吴观察论治台湾事宜书》，第54—55页。

② （清）丁曰健，《治台必告录》，卷1，《康熙复位台湾记》，第82页。

与"潮州人"两个汉人族群①。而在林氏之新论以前，台湾方面学界部分人甚至曾误认杜君英也是客家人。

朱一贵事变演变现象，亦可见当时闽浙总督觉罗满保上疏给清廷的《题义民效力议效疏》载：

查台湾凤山县属之南路（下）淡水，历有漳、泉、汀、潮四府之人垦田居住。潮属之潮阳、海阳、揭阳、饶平数县，与漳、泉之人语言声气相通；而潮属之镇平、平远、程乡三县，则又有汀州之人自为守望，不与漳、泉之人同伙相杂。

（康熙）六十年（1721）四月二十二日，贼犯杜君英等在南路（下）淡水槟榔林，招伙竖旗，抢劫新园，北渡（下）淡水溪，侵犯南路营，多系潮之三阳及漳、泉人同伙作乱。而镇平、程乡、平远三县之民，并无入伙……（并）誓不从贼，纠集十三大庄、六十四小庄，合镇平、程乡、平远、永定、武平、大埔、上杭各县之人，共一万二千余名于万丹社，拜叩天地竖旗，立大清旗号，供奉皇上万岁圣旨牌（组成义民军反攻朱一贵势力）。②

这是一段很重要的史料，不但是前引林正慧二文中引以为重要论据的史料之一，也是反映出今日台湾南部六堆客家人中——虽今日他们大多数都自认为是"台湾四县客"也就是源自今广东梅州的客家人，然其实历史上，南台湾六堆客家人中至少有一定比例的祖先，是来自福建省汀州府的永定、武平、上杭等客家县份。但可能是朱一贵事变后来的三百多年间或许出现某种"历史遗忘"过程，使今日六堆客家人大多自认为是源于广东梅州的"历史记忆"逐渐出现成形，直到学界爬梳史料后才逐渐还原史实。

又从上引史料中，也可见福建省汀州府客家人，至少在永定、武平、上杭三县，当时会与广东省的镇平、平远、程乡、大埔等县客家人共同合作抵抗朱一贵，其中一个很重要原因，也同样是"语言声气相通"，所以能"自相守望"，因为大家都讲腔调相近的客家话。又也因与潮州人以及福建闽南人之间语言不相通，所以不会和他们"同伙相杂"，直到潮州人杜君英势力与福建闽南人朱一贵势力翻脸后，台湾的"潮州人"势力，才开始选择和客家人合作。而上述永

---

① 林正慧，《六堆客家与清代屏东平原》，台北：远流出版社·曹永和文教基金会，2008，第250—290页。林正慧，《从客家族群之形塑看清代台湾史志中之"客"："客"之书写与"客家"关系之探》，《国史馆学术期刊》，10，2006.12。

② （清）王瑛曾，《重修凤山县志》，台北：台湾银行经济研究室. 台湾文献丛刊第146种，1962，卷12上，《题义民效力议效疏》，第343—344页。

定、武平、上杭、平远、镇平、程乡、大埔这七个客家县的客家话腔调，在三百多年前，彼此沟通上应当无太大差异，所以就较容易相互情感交流，在朱一贵事变一开始时，就联合为同一个"抗朱、杜阵线"。后来因朱、杜翻脸，杜的潮州人势力才选择联合客家人势力，成为"抗朱阵线"。

又由这段史料，也可见福建汀州客家人的民众，在三百多年前台湾朱一贵事变上，对台湾历史有所贡献。而这段史料，概也是台湾方面相关史籍中，除了前小节所述汀州人曾开垦罗汉门地区史料外，对汀州府客家民众移民来到今日南台湾六堆地区客家庄附近的最早史料之一。

三、平定台湾朱一贵事变时殉难汀州府先烈之一：石琳

石琳，是汀州府永定县客家人，但并非移民来台的汀州先民，却因奉命来轮防台湾时恰遇台湾朱一贵事变，仍力战朱一贵势力而殉难。史载：

> 石琳，永定人，汀州镇标中营把总。康熙六十年，奉差领汀镇兵至台湾换班。适遇台变，琳力请助战，为贼所围，殁于阵。事闻，与把总李茂吉、林彦、林富俱予恤、赐祭，荫一子以卫千总用。①

据上引史料，石琳本是汀州府永定县客家人，也在汀州军镇中当"把总"军官。"把总"为明清时期基层军官，为武职七品官，但在当时普遍"重文轻武"社会风气下，武职七品官的社会地位，实不如文职七品官。故清代"把总"一职仍可视为广义的"庶民"一环，而非明清仕绅社会阶层之成员。又清代台湾早期，朝廷对台湾驻守士兵是实行换班制度的"班兵制"，所以会从大陆各军营轮流换班驻防台湾。康熙六十年（1721），恰轮值到汀州镇部队换防台湾，石琳乃率麾下汀州镇部队前来台湾，却遇到朱一贵事变。石琳遇此事变仍力请出战，结果被林爽文势力围困于阵中，最后殉难而亡。而同时期蓝鼎元所著《平台纪略》与《东征集》，亦对石琳战死事迹皆有记载，首见《平台纪略》所载：

> （康熙六十年）五月朔日辛酉，（朱一贵等）贼众数万俱集。刘得紫率守备张成，以兵堵截中路口，在半路店迎敌。欧阳凯、许云、游崇功率弁兵，在春牛埔迎敌。杜君英、朱一贵合兵冲杀……刺欧阳凯坠马，群贼交刃截其首而去。守备胡忠义、千总蒋子龙、把总林彦皆死之，汀州镇标把总石琳带兵之台换班，

---

① （清）刘良璧，《重修福建台湾府志》，台北：台湾银行经济研究室．台湾文献丛刊第74种，1961，卷11，《名宦志·罗万仓等十三人》，第431页。

亦战死。①

《东征集》则载：

看得台湾土贼朱一贵等倡乱，陷没全台，武职自总兵官以下、把总以上死事各员，所处之地不同，所以死者亦异……如汀州镇中营把总石琳，则带领班兵到台，遭乱赴敌，而力战阵亡者也。②

以上所引清代汀州府永定县客家人石琳，虽非是移民来台，而是因轮班驻防才带兵至台湾，恰遇朱一贵事变，却临阵不屈力战而死，亦是汀州客家人对台湾历史，尤其台湾客家人历史上有所贡献之一位先贤。

四、平定台湾朱一贵事变时殉难汀州府先烈之一：林富

林富，是汀州府长汀县客家人，康熙五十七年（1718）上任台湾镇台湾南路营的"把总"军官③，当朱一贵事变爆发时，正是职责所在，林富亦力战朱一贵势力英勇殉职。当时人蓝鼎元《东征集》记载：

看得台湾土贼朱一贵等倡乱，陷没全台，武职自总兵官以下、把总以上死事各员，所处之地不同，所以死者亦异……如南路营守备马定国、把总林富，此身在地方，变起仓猝，而林富则在阵战亡，马定国则战败自刎者也。④

蓝鼎元《平台纪略》则载：

丙辰，周应龙复行十五里，宿南路营。丁巳，官军遇贼于赤山，杜君英、朱一贵两路夹攻。……周应龙逃归府治。（朱）一贵率群贼大队随之，（杜）君英偕陈福寿、刘国基、戴穆……等攻凤山县，南路营把总林富战死，守备马定国战败自刎死。⑤

又《重修福建台湾府志》亦载：

林富，长汀人，台湾镇南路营把总。台匪窃发，奉委率兵为游击周应龙前队，引路至赤山，与贼战，贼稍却，富乘胜深入。贼厚阵围之，剿刺而死。⑥

①（清）蓝鼎元，《平台纪略》，台湾南投：台湾省文献委员会，1997，《康熙六十年五月朔日辛酉条》，第4页。

②（清）蓝鼎元，《东征集》，台湾南投：台湾省文献委员会，1997，卷6，《覆台变殉难十六员看语》，第92页。

③（清）李丕煜、陈文达，《凤山县志》，台北：台湾银行经济研究室，台湾文献丛刊第124种，1961，卷5，《武备志·历官·把总》，第60页。

④（清）蓝鼎元，《东征集》，卷6，《覆台变殉难十六员看语》，第92—93页。

⑤（清）蓝鼎元，《平台纪略》，《康熙六十年五月丙辰条》，第3页。

⑥（清）刘良璧，《重修福建台湾府志》，卷11，《名宦志·罗万仓等十三人》，第431页。

由上引诸史料可知，林富是在任台湾镇南路营把总军官时遇朱一贵事变，并奉命为上级领导周应龙之先锋部队，在"赤山"之地，遇到朱、杜之敌军。若依前二引时人蓝鼎元记载，周应龙逃回台湾府城，朱一贵方面则追杀周应龙；而林富等军队则在清代台湾凤山县（辖区约当今日高雄市与屏东县），杜君英方面则攻击之，于是林富战死殉难，这样解释亦符合前引蓝鼎元《东征集》所谓"把总林富，此身在地，方变起仓猝，而林富则在阵战亡"一语，因为此语中"阵"字并未明言是战死何处，而《平台纪略》则写明是战死于"凤山县"境。又依乾隆初年所修《重修福建台湾府志》，林富是在"赤山之战"被朱一贵等反清势力所杀，阵亡殉职。又依清人许鸿磐于道光十六年（1836）所著《台湾府方舆考证》所载：

凤山：在凤山县东南海滨，上多巨石，嵌奇玲珑，其形若飞凤，故名……又，赤山：在县南，上有汤池甚温……（下）淡水（巡检）司：在凤山县东南，《一统志》原在下淡水东港，康熙五十一年移驻赤山之巅，今移大昆山麓……按淡水巡检司今裁，县丞驻此。①

由上引史料知"赤山"是在清代凤山县境偏南处，又康熙六十年朱一贵事变当时台湾南路营的防守区正当凤山县境，在事变九年前的康熙五十一年时，清廷还曾将原本驻守在东港（今屏东县东港镇）的"（下）淡水巡检司"移驻于赤山山顶，但包含林富等人官军仍在巡检司驻守之此处曾吃了败仗。到了许鸿磐做《台湾府方舆考证》时，"（下）淡水巡检司"已裁撤而改驻"凤山县丞"，而道光年间"凤山县丞"已改驻阿里港（今屏东县里港乡）②。以上地点，清代皆属凤山县境。故前引《重修福建台湾府志》所谓林富战死于赤山，而赤山当时属凤山县境，故前引《平台纪略》所载林富战死于凤山县境亦属正确。

以上石琳、林富二人，皆是古汀州府客家人，亦皆在台湾朱一贵事变时为把总基层军官，仍力战朱一贵势力而阵亡殉职，其功其烈，皆为古汀州府客家人对台湾历史或台湾客家历史，具有历史意义。

---

① （清）许宏磐，《台湾府方舆考证》，收录于台湾银行经济研究室编，《台湾舆地汇钞》，台北：台湾银行经济研究室．台湾文献丛刊第216种，1965，第52、70页。

② （清）王瑛曾，《重修凤山县志》，卷8，《职官志》："本县知县一员：康熙二十三年（1684）同县建设。县丞一员：雍正九年（1731）设，分驻万丹（今屏东县万丹乡），稽查地方，乾隆二十年（1755），移驻阿里港，稽查地方。"

五、结论

虽今日汀州客家人在台湾客家人中人口比例仅占较少数，但在三百多年前朱一贵事变之前的康熙四十二年（1703），已可见汀州客家人被闽南人招募前往接近当时少数民族地区，亦即今高雄内门一带，冒着性命危险从事开垦。虽今日内门附近乡镇区，早已成为闽庄，若这批汀州客家人后裔至今仍居当地，恐已被闽南人同化为"福佬客"，但这批移民仍是汀州客家人先祖在清代台湾早期曾开垦过台湾的历史见证。

这之后又可见康熙六十年当时移民来台的汀州府客家人，至少在武平、上杭、永定三县的来台移民，并不参与"朱一贵事变"，而是与来自粤东一带客家人，因为客家话腔调相近，情感较易交流而相互守望，尔后也积极参与平定事变。这批古汀州府客家移民后裔，很可能在日后三百多年中，逐渐融入今日南台湾六堆客家人中，讲台湾"四县腔"客家话，也就是非常像今日梅州蕉岭腔的客家话，但仍是客家人。

又当朱一贵事变时，有汀州府永定县客家先贤石琳，原本为汀州镇部队的把总军官，奉命率汀州镇部队来台驻防，却巧遇朱一贵事变爆发；又有汀州府长汀县客家先贤林富，当时正担任台湾南路营把总军官，朱一贵事变爆发是起于台湾南路一带，负责平变正是林富的职责所在。而石琳与林富两位把总，在清代社会也不过是基层军官，在当时普遍重文轻武社会风气下，地位并不如同品秩的文官高，但石琳与林富仍在朱一贵事变时，面对大敌仍力战而亡捐躯台疆。

以上古汀州府客家先民，无论是庶民乃至把总基层军官，皆为古汀州府客家人对台湾历史或台湾客家历史，从较广义的"庶民史"角度来看古汀州府基层人民对台贡献，格外具有意义。

第八章　从历史地理变迁看清代新庄之兴衰

一、前言

清代时期，在今大台北地区 [①] 的新庄街 [②]，原系福建汀州客家人为主的汉人开垦之街庄，并于清代康熙末到雍、乾之际，渐成为今日大台北盆地区的一大河港，居水陆交通要冲，使当时新庄街市容繁盛。清廷官方也于乾隆十五

[①] 本章所指大台北地区，指今台北市与新北市（2010 年以前为台北县）、基隆市三市之地，本章摘要与以下内文皆同。

[②] 今新北市新庄区在 2010 年以前为台北县新庄市，该年 12 月 25 日台北县升格为新北市后改为新北市新庄区。不过，清代新庄街狭义上只指今新庄区新庄老街一带，广义上的新庄平原亦即新庄、泰山、芦洲、三重、五股一带，本章会用"新庄平原"表之。到了台湾日据时期（1895—1945）的 1920 年后，新庄亦可指当时台北州新庄郡，范围可指今新北市新庄、泰山、林口、三重、芦洲、五股等区；又可指当时新庄郡的新庄街，则指今新庄、泰山两区。本章若只写"新庄"二字，则概指今新北市新庄、泰山两区一带，不过亦会谈到这两区的周边地区。又近人关于新庄、泰山一带研究成果概有：尹章义，《新庄志·卷首》，台北县新庄市：新庄市公所，1981；尹章义，《新庄发展史》，台北县新庄市：新庄市公所，1980；尹章义、陈宗仁，《新庄政治发展史》，台北县新庄市：新庄市公所，1989；尹章义等撰，《泰山志》，台北县泰山乡：泰山乡公所，1994；尹章义，《新庄县丞未曾移驻艋舺考》，《台北文献》，57/58 合集，1982.03，第 221—240 页；尹章义，《闽粤移民的协和与对立：以客属潮州人开发台北以及新庄三山国王庙的兴衰史为中心所作的研究》，《台北文献》，74，1985.12，第 1—27 页；陈宗仁，《从草地到街市：十八世纪新庄街的研究》，台北县板桥市：稻乡出版社，1996；陈宗仁、黄子尧，《行到新故乡：新庄、泰山的客家人》，台北县板桥市：台北县政府客家事务局，2008；新庄市志编辑委员会编辑，《新庄市志》，台北县新庄市：新庄市公所，1998；陈宗仁，《新庄市志·续编》，新北：新北市新庄区公所，2013；颜亮一，《新庄文化地景初探：过去与现在的连结》，《文化资产保存学刊》，10，2009.12，第 39—52 页；Katz, Paul R.（康豹），*Festival Systems and the Division of Ritual Labor：A Case Study of the An-fang at Hsinchuang's Ti-tsang An*，《民俗曲艺》，130，2001.03，第 57—124 页；王天麟，《新庄市的历史与本土宗教发展现况》，《民俗曲艺》，101，1996.05，第 65—104 页；刘厚君，《新庄社会变迁的研究》，桃园县中坜市：台湾"中央"大学历史研究所硕士论文，2001）；阎万清，《台北盆地边缘乡镇发展之研究：以泰山乡为例》，台北：中国文化大学史学研究所硕士论文，1993；李进亿，《水利秩序之形成与挑战：以后村圳灌溉区为中心之考察（1763—1945）》，台北：台湾师范大学历史研究所博士论文，2013 等。

年（1750）将原本驻今八里区的"八里坌巡检"移驻至此，并改称"新庄巡检"，是为当时治理今大台北地区级别最高之官衙。到乾隆五十四年，清廷又增设"新庄县丞"分管今日大台北地区。且当时新庄一带有汀州客家人胡焯猷（？～1765至1775左右卒）等人，亦于乾隆二十八至二十九年间筹设建立"明志书院"以弘扬当地儒教，后又有新庄一带漳州人郭宗嘏（1723～1776）继续捐献赞助。该书院遗址至今犹存，成为今日新北市新庄、泰山一带有名古迹[①]。以上这些史迹，学界早多论述，亦可见新庄街在清代雍、乾之际，在今大台北地区的区域政、经中心市镇地位。

但传统说法也认为，因新庄街河港也在干、嘉、道之际逐渐淤积，使以泉州系闽南人为主的艋舺街（今台北市万华区），因同样有河港之便等交通发达历史因素，渐取代了新庄街在"大台北盆地内平原"[②]的区域经济中心城镇地位[③]。故日后台湾民间俗谚曰"一府、二鹿、三艋舺"，即台湾民间认为清代南台湾以府城台南最为热闹；中台湾区域经济中心则是鹿港；北台湾区域经济中心则是艋舺而非新庄[④]。加上清代嘉、道时期大台北盆地区内的闽客、漳泉械斗与林爽文（1756—1788）、蔡牵（1761—1809）等数次兵乱[⑤]，也迫使新庄一带客家人逐渐退出大台北盆地区内[⑥]，使客家人成为本盆地内的弱势族群，至今仍然。

本章尝试用历史地理角度，初步观察清代淡水河系河道与新庄河港之淤积问题，与当时新庄经济力量何以衰弱，以及本盆地区内闽客势力消长之关系。

---

① 近人关于"明志书院"或胡焯猷之研究成果概有：张佑周，《刘国轩辅郑治台与闽西客家在台湾的繁衍》，《两岸关系》，2008.07，第72—74页；杜香芹，《明清时期闽西人入台垦殖及文化展拓》，《西南科技大学学报（哲学社会科学版）》，2014.04，第16—22、27页；江彦震，《泰山明志书院：客家兴学典范》，《客家杂志》（台北），2007.11，第45—47页；江淑美，《清代台湾客家子弟教育研究（1684-1895）》，台北：台湾师范大学教育研究所硕士论文，2002；许枫萱，《清代明志书院研究》，台湾师范大学教育研究所硕士论文，2003等。

② 本章以下简称大台北盆地区，请注意有别于本章所指的今"北北基"的"大台北地区"。

③ 在地方官衙部署方面，清廷官方亦于嘉庆年间，鉴于艋舺逐渐热闹情况下，也将"新庄县丞"改称为"艋舺县丞"并移驻艋舺；又另一说是易名为"艋舺县丞"后都驻扎在新庄并未移驻于艋舺，此为尹章义前引1982年论文之说。

④ 陈宗仁，《从草地到街市：十八世纪新庄街的研究》曾记述说他当年田野调查与阅读《新庄慈佑宫沿革志》时，发现新庄老一辈还有人认为该是"一府、二鹿、三新庄"的历史记忆保留与坚持看法。见《从草地到街市：十八世纪新庄街的研究》，第192页注48。

⑤ 尹章义，《新庄发展史》，第45—47页。

⑥ 但本盆地区外侧北边的今新北市淡水、三芝、石门等区，清代仍有汀州客家人继续居住，今已皆成"福佬客"，且其分布位置不在盆地内部。

二、新庄地名由来简述

目前研究清代新庄历史论者，以尹章义、黄子尧、陈宗仁、李进亿等前引诸研究成果为其中要者之一。尹氏概是光复后较早投入新庄一带历史研究的学者之一，具光复后奠基研究新庄历史之功。又按陈氏前引1996年著作中，则有修正其师尹章义原先之看法，尹氏原本认为在清乾隆六年刘良璧《台湾府志》（学界通称《刘志》）有载"兴仔武朥湾庄""兴直庄"，而20年后余文仪《台湾府志》（学界通称《余志》）已改载为"新庄街""武朥湾庄"，所以尹氏认为"新庄"一名是相对于"旧庄（兴直庄）"而来，"新庄"是在前述这约20年间汉人新垦成的街庄之新地名；但陈氏认为"兴直""新庄"这些名称，都是指同一地点的音转字变之异称，最早名称为"兴直"，后又写为音近的"新直街"，最后又改写为"新庄"[1]而用至今日。

"街"比"庄"热闹，"新直街"一名之出现，代表了原先的"兴直庄"，在乾隆早期已经因大汉溪[2]渡船热闹而"因河港成街"之重要历史意义。然关于以上地名演变，陈氏看法是写成：

> 不论就客家语音或闽南语音，新、兴二字读法甚为接近，因此"新直街"一词的出现似乎可以解释成后起的"新庄街"一语，系承袭"新直街"，而新直街又渊源自"兴直"一语。[3]

尹氏也认为：

> 只有"兴仔武朥湾庄"的"兴仔"，不但有新的意思，声音也类似，何况当时人经常"新""兴"混用不分呢！兴仔武朥湾庄就是"新的武朥湾庄"。[4]

所以新庄的地名由来，是由以往已消失的凯达格兰语地名"兴仔武朥湾庄"，渐渐变成"兴直庄"，再演变成"新直庄"，最后因当地逐渐热闹"由庄改街"，而在古碑史料上会写成"新直街"，日后又再改写成"新庄街"，所以今称为新庄。

---

[1]　陈宗仁，《从草地到街市：十八世纪新庄街的研究》，第82—87页。又陈氏认为"兴直"一语并非汉人所取，而可能是源自当时当地少数民族语"Haetingh"，且陈氏也参考翁佳音认为"兴直"也可能是源自荷兰语"Haring"，将二说在陈氏书中并列。然"兴直"地名无论源自何者，声母都是h-开头的字，或许汉人先用粤语系方言（其"兴"字念h-音）来翻译为"兴直"。同样清初"兴直"地名也被写成"横直"（但较少见），横字声母亦是h-，概以此，音译为"横直"之汉字地名。

[2]　清代，台湾各籍汉人对这条溪有"石头溪"、"大嵙崁溪"等数种名称，但本章为今人阅读便，且为避免与桃园市大溪区古称"大嵙崁"相混，仍统一用今称"大汉溪"称之。

[3]　陈宗仁，《从草地到街市：十八世纪新庄街的研究》，第87页。

[4]　尹章义，《新庄发展史》，第22页。

三、康熙台北湖地形变化与新庄街繁衰：探寻"另一河道"

清代台湾时期刚开始时，大台北盆地区内并没有"台北湖"，但在康熙三十三年（1694）台湾发生大地震，遂在大台北盆地区内形成所谓"康熙台北湖"或又称"台北大湖"，其湖面辽阔，原本停在北台湾海岸的淡水港与八里坌的海船，甚至可开进台北湖停泊，主要系因康熙台北湖较没有海港的海浪冲击问题，且可避风雨，所以当时康熙台北湖又称"淡水内港"。尹章义、陈宗仁皆曾详细说明了康熙台北湖形成后，新庄街也因具水路上淡水内港航行之便，又兼具从今日桃竹苗地区往新庄的陆路打通后交通冲要之利，所以新庄街河港成了"淡水内港"中最具水、陆交冲要处优势，以及新庄平原本身也成为汉人"水田化"后农业粮产丰富之腹地，这皆是新庄街可在康熙末到雍、乾之际，能快速发展成今大台北地区新兴区域中心城镇原因。所以前引尹氏认为，原本在八里坌的八里坌巡检，也在乾隆十五年（1750）前后搬到新庄街这个新兴街镇，新庄港（淡水内港）与淡水港两者，当时都被当成"广义的淡水港"范畴，也成为清代官方准定的三个台湾往大陆的"正港"之一（另两个是打狗、东港）。[1]

可是当时的艋舺似乎也具有这些交通条件，但为何在雍、乾之际时，还是新庄先胜出呢？又是否是新庄原有交通条件有部分在后来消失了，才造成艋舺取而代之？尹章义说："台北大湖的淤积，对新庄商业的没落影响最大。"[2] 此说是正确，且尹氏也细说了新庄所在的台北湖"从台北湖淤积到剩'大汉溪—淡水河'"历史过程，使新庄河港失去优势港口功能，并总结其主因在：（一）大汉溪每年当有二千万立方公尺以上的上流泥沙涌向台北湖到造成湖水淤积；（二）形成"大汉溪—淡水河"河道后，这些泥沙亦会出现新的河中沙洲，而这些沙洲往往游移不定致使无法维持稳定河道造成航行不便[3]。又日据时期伊能嘉矩《台湾文化志》也说：

> 来自上游土沙的堆积，亦促成河底淤浅，例如今之淡水溪南岸和尚洲地方（芝兰二堡），原属该河沙洲，因芦苇丛生而称芦洲，存有河上洲之名……至是内港舟楫之便，亦致渐减。[4]

---

① 尹章义，《新庄发展史》，第24 —29、35页；陈宗仁，《从草地到街市：十八世纪新庄街的研究》，第135—141页。

② 尹章义，《新庄发展史》，第43页。

③ 尹章义，《新庄发展史》，第43—44页。

④ ［日］伊能嘉矩著，台湾史文献会译，《台湾文化志》，台湾南投：台湾省文献委员会，1991，下册，第499页。

观诸前引尹、伊能二说，笔者亦认为台北湖淤积致使新庄港机能逐渐丧失，确实是新庄街作为大台北盆地区内区域中心城镇，会逐渐在嘉、道后，被艋舺取代之一主因。事实上"和尚洲"（伊能称"河上洲"，但史料多称和尚洲，故本文从史料），本也属康熙台北湖底之一部，概也是在乾、嘉之际逐渐从湖中淤积的新沙洲。不过尹说中的"每年当有二千万立方公尺以上的上流泥沙"的流沙量数字说法，是否在雍、乾时期能完全成立？当雍、乾时，大汉溪中上游如三角涌（今新北市三峡区）、大嵙崁（今桃园市大溪区）一带，尚未被汉人完全开发，当时大汉溪中上游的山地少数民族泰雅人分布范围，定比日据后到今日还广，当清雍、乾时"取之山林、尊重生态"的山地少数民族泰雅人狩猎社会文明，远比刚移民来台的客、闽等各籍汉人精耕农业文明还来得"环保"，所以雍、乾时大汉溪中上游原始植被丛林，亦当比清晚期、日据时还来得广袤。故雍、乾时期大汉溪中上游水土保持能力，也会比清晚期汉人已拓殖三角涌、大嵙崁一带，乃至到日据甚至今日来得佳。如此，当雍、乾之际，果真有尹氏说之"二千万立方公尺以上"泥土量，会从大汉溪中上游冲击下游，甚可怀疑其颇有"以今论古"之色。相对地，伊能氏说法较为保守，只说大汉溪上游确实会有泥沙往下淤积，造成"内港"河底淤浅，但没说究竟有多少泥沙量。

今日也不可能有纪录约三百年前雍、乾时代大汉溪中上游冲刷而下之泥土量史料，加之当时北台湾尚处于汉人刚来"开发"状态，相关汉字史料也不可能如当时南台湾多。吾人概只能从现有较稀少史料，包含当时的古舆图史料，就合理范围内推估"从台北湖淤积到'大汉溪—淡水河'"历史过程中，对新庄街河港有何影响。

李进亿在其硕论《芦洲：一个长期环境史的探讨（1731—2001）》中即以类似此法，对新庄北临的芦洲做过一"环境史"研究[①]，虽李氏文主要焦点是在探讨和尚洲一带之形成与日后的台北县芦洲市（今新北市芦洲区）之"环境史"，然因和尚洲地邻新庄，亦可做探研新庄平原与新庄街兴衰之重要参考。尔后李氏又在博士论文《水利秩序之形成与挑战：以后村圳灌溉区为中心之考察（1763—1945）》中，曾对灌溉新庄平原的水利系统"后村圳系统"做一历史考

---

① 李进亿，《芦洲：一个长期环境史的探讨（1731—2001）》，桃园中坜：台湾"中央"大学历史研究所硕士论文，2003；又李氏又与杨莲福合作，一起增修订改为专书《台湾环境发展历史与芦洲》，台北：博扬文化，2005，但本章为尊重李氏个人独立的研究成果起见，仍参考其硕士论文为主。

察，其研究亦承尹、陈等人脉络下，兼谈清代各籍贯汉人势力在新庄平原的开发与竞合，此亦对本文有所帮助。

综合以上研究成果，与他们都有征引的古舆图史料①，本章试着提出并初步观察以下几个问题：

1. 由前人研究成果可知，清代台湾多台风水患，与大汉溪进入大台北盆地区内遇到地势平缓后的河砂沉积等自然地理因素，皆对清代新庄平原与盆地西侧淡水河水系，造成数次大小不一之影响。譬如大汉溪河道改道、河道淤积，和尚洲、社子岛等沙洲陆续出现，与导致新庄街河港地位的衰弱等问题。

2. 从康熙台北湖出现，到雍、乾之际出现了"和尚洲"，好几张古舆图史料，都是显示当时淡水河上的"和尚洲"左、右两侧有"两条河道"②，而非只有今天的"一条河道"，但前人研究成果似乎对此点少有论述。

3. 当时和尚洲周围淡水河原有两条河道，直在清同治年间绘的《同治初年淡水厅图》还可见之，但在"淡新分县"后于光绪五年所制《淡水县舆图》③已不见此河道，图中的淡水河只剩一条河道。不过因中国古舆图性质，本非"西方科学式测量地图"，似不能因此完全论定"和尚洲"周围"两河道淤积为一河道"的历史过程，一定是迟在同治年间才形成。但到了日据初期，日人用西方科学式测量法所制的《台湾堡图》中，已确实不见该条河道（以下称之"另一河道"）；仅剩另一条"约"等于今日"大汉溪—淡水河"之河道④。

4. 消失的那条"另一河道"，其地理位置究竟约等于今日何处？以目前残存史料似难完全还原历史地理详细状况。然尹章义认为新庄街河港曾位于"台北大湖的凹岸，使新庄成为良港"⑤一语，倒可提供一丝重要线索。因为新庄街所

---

① 前人大致都以征引陈汉光、赖永祥编，《北台古舆图集》，台北：台北市文献委员会，1965 为主。本文因之，以下亦根据此地图集各古舆图，并参考前引李进亿的硕、博士论文所附相关古舆图以推论。

② 可见陈汉光、赖永祥编，《北台古舆图集》，第 11—12 页，《乾隆中期台湾番界图》（此图亦可见柯志明，《番头家：清代台湾族群政治与熟番地权》，台北："中研院"社会学研究所，2001 亦附彩色版该舆图，本章暂称为"土牛线图"）；与第 13—14 页，《乾隆中叶台湾军备图》；第 15—16 页，《乾隆末叶台湾邮传图》等古舆图集诸古舆图，乃至近年才在北京故宫发现出七，又由林玉茹、詹素娟、陈志豪主编，《紫线番界：台湾田园分别垦禁图说解读》，台北："中研院"台湾史研究所，2015 所附"台湾紫线番界图"亦是。

③ 两图可见李进亿，《芦洲：一个长期环境史的探讨（1731—2001）》，第 34—35 页所附古舆图。

④ 可较之《台湾堡图》，约 120 年来至今日，该河道与今河道还是有若干小变迁。

⑤ 尹章义，《新庄发展史》，第 31 页。

在大汉溪曲流凹岸附近，大致都在大汉溪向西北转弯处而受河川侵蚀切割作用，这一带受河川转弯侵蚀切割力颇大，日人富田芳郎甚至认为最早期的新庄街，已经为大汉溪所切割而消失于河道中，连尹氏也认为"姑且相信他的臆测"①。可是，这种河川转弯的侵蚀切割力，其实也最可能是当年康熙台北湖开始浮现和尚洲时，"另一河道"的流入口，虽其具体位置今日已未能详考，但可能是在雍、乾时期新庄街东侧，郭宗嘏所垦七崁仔庄以东到头重、二重埔一带；其流出口，可能在今芦洲西侧亦即当年和尚洲西侧的洲子尾一带再流入淡水河。而后来的洲仔尾沟，很可能即"另一河道"之后半段在日后逐渐淤积，河道变窄后形成的圳沟。

5. 至于为何判定"另一河道"入河口在七崁仔到头重、二重埔一带？因为此处尚是大汉溪曲流的凹岸，河川切力大、流速高，在和尚洲刚形成"载浮载沉"之际，这里的河川切力与流速仍最可能保持"另一河道"的入水量。

6. "另一河道"其后段大概可推估约是后来的洲仔尾沟，但其中途段又经过哪些详细位置，今日亦难完全考证，但大致应该在今"芦洲区与三重区之大部分"与今"五股区、新庄区"两大区块之间。又依前引李进亿博士论文中所绘"研究区等高线图"②，这两大区块中间有一大片海拔约等于或低于1米的广阔平地，且此处在约30年以前还是个大埤塘，近20多年来才因大台北都市发展工商土地需求，陆续被填为陆地。这个海拔约等于或低于1米的广阔平地，最可能是当年"另一河道"曾流过之处。

7. 又由前述李进亿博论之该图，也显示本章前面推估"另一河道"的"入河口"，系沿着大汉溪西侧之河岸地，其海拔竟高约在6米上下，然而"另一河道"当康、雍之际时的入口处海拔势必略低些，该与当时新庄街东侧的大汉溪段水位同高，才可能让"另一河道"有河水位能流动力。可是后来"另一河道"淤塞后，这个曾位于大汉溪西岸的"另一河道"入河口地形，很可能也被后来大汉溪侵蚀消失，所以今日所测这一带大汉溪西岸，才会皆高约6米左右。而这个"另一河道"的西岸线，大约即康熙台北湖最早的"西岸线"。

以上详问历史上"大汉溪—淡水河"中和尚洲旁"另一河道"曾经存在的地理位置用意，在论述本章很重要的一点假设，即康熙台北湖形成后的康、雍

① 尹章义，《新庄发展史》，第31页。
② 李进亿，《水利秩序之形成与挑战：以后村圳灌溉区为中心之考察（1763-1945）》，第25页，"图2-2：研究区等高线图"。

到乾隆初之际，从八里垄与淡水的船只，要进入兼具水、陆交通便利且商机逐渐形成的新庄街，远比航行今日"大汉溪—淡水河"河道方便，因为它可航行康熙台北湖的西侧，就可直接驶入新庄街河港，相较于还须绕到艋舺外的今"大汉溪—淡水河"河道，"另一水道"路程短，航行也相对省时。即令后来和尚洲逐渐浮出水面，依据前引诸古舆图史料，"另一水道"仍存在，其很可能也曾在乾隆初期可提供淡水港船只直接航行到新庄街河港，不须远绕道至艋舺那边今河道。

不过，可能也在乾隆前半叶左右，这条"另一河道"或许正在逐渐淤浅到"大船不能航行，只能通行吃水浅的小船"之境，或甚至也可能在雍、乾之际的几次台风水灾造成水道变迁后，约位于七崁仔以东到头重、二重埔一带的"另一水道"入水口，已逐渐被大汉溪泥沙淤塞，"另一河道"可能成为"死水"或河道缩减为小沟渠，而不再具有航行功能。如此从淡水开进新庄港的船，就必须绕道走约同于今"大汉溪—淡水河段"，即需绕经艋舺外头的河道再入新庄港，所以新庄港在乾隆前半叶左右的"当时河道地理位置"造成"船只航行便利"这点上，似乎已呈现"吃了点亏"状态。

但另方面来说，从康熙末到乾隆初几十年间，新庄街已逐渐成为大台北盆地区内的政治与经济兼具的区域中心城镇机能，加上新庄巡检亦驻扎在此，这些机能仍能让新庄街在乾隆时期居兴盛期，船只也愿意选择停泊在新庄港以"水、陆转运"，不必然需选择停泊艋舺港。然后到嘉、道时期，艋舺港逐渐取代新庄街原来的区域经济中心城镇地位，最重要的原因，还是在"另一河道"已越来越淤浅，甚至其中某些段可能已成陆地，造成从淡水港航行到新庄港越来越不便。加之，当艋舺的区域市场转运机能也逐渐出现，诸如大台北东侧山区面积较广的原始森林木材，乃至"开港"后"大发国际利市"的樟脑、茶也大多位于大台北东侧山区，这些物资生产后，艋舺港地理位置的转运功能，就远比更西侧的新庄港还来得佳，新庄街便逐渐进入经济衰退期。而原先在新庄平原一带的客家人，在经济实力上也逐渐无法与和尚洲、艋舺、海山之泉州人竞争，尤其艋舺街经济实力的崛起，在嘉、道时期新庄平原数次客闽械斗时，新庄平原客家人更加无竞争胜算，客、闽实力也因之消长。

四、刘厝圳、张厝圳与"另一河道"

刘厝圳又名万安圳，因为是五股加里珍[①]刘家所开凿，故又称刘厝圳；张厝圳又名永安圳，因为树林海山一带"张士箱家族"[②]所开凿，故又称张厝圳。两圳皆为清乾隆中叶修筑，以灌溉新庄平原之人工圳沟，后到台湾日据时期，日本殖民政府整合为"后村圳"灌溉系统。但在清代乾隆中叶的乾隆二十六年（1761）时，想要开凿刘厝圳的五股加里珍刘家，就与树林海山张家，双方争控用水权、土地权，并缠讼4年，而刘家亦终于在乾隆二十八年凿成刘厝圳；张家也不惶多让，在两年后的乾隆三十年开凿并在乾隆三十七年完成"张厝圳"。但几乎整个清代台湾时期，新庄平原上还有陆续加入的各方，仍对两条圳水利灌溉权有所争执。期间，五股加里珍刘家，又曾因嘉、道时期新庄平原客家人势力，在数次"新庄平原客闽械斗"渐为闽人势力所逼，而随多数新庄平原客家人般一度淡出这些纷争。此在前引尹章义、陈宗仁、黄子尧、李进亿等人文中已详论，兹不累叙。不过刘家原是广东饶平客家人，"张士箱家族"原是泉州人，这背后也代表某种清代常见的台湾客闽冲突现象[③]。

又可问，为何都在乾隆中叶时，新庄平原会出现这些开凿灌溉水圳的需求？一般说法是乾隆二十四年刚好有风灾大水，造成当时大汉溪淤积或改道，出现新淤土地，使五股加里珍刘家、树林海山张家一前一后兴起修筑水圳，灌溉更多新土地的念头，也自然引起纷争[④]。又刊刻于清同治十年（1871）的《淡水厅志》亦有载这段风灾事为："石头溪自乾隆二十四年大水冲压，今为旱溪。[⑤]，此语出于郑用锡于道光十四年（1834）所修《淡水厅志稿·卷一·山川

[①] 清代"加里珍"在今新北市五股区，以下称"五股加里珍刘家"以便今人阅读。

[②] "张士箱家族"系依尹章义所称称之，本章以下称"树林海山张家"。

[③] 陈宗仁、黄子尧，《行到新故乡：新庄、泰山的客家人》，第61页。李进亿，《水利秩序之形成与挑战：以后村圳灌溉区为中心之考察（1763—1945）》，第50—80页。

[④] 尹章义，《新庄志·卷首》，第71—72页。陈宗仁，《从草地到街市：十八世纪新庄街的研究》，第147—154页。李进亿，《水利秩序之形成与挑战：以后村圳灌溉区为中心之考察（1763—1945）》，第51—52页。

[⑤] 石头溪亦为大汉溪古称之一。又征引此段史料见（清）陈培桂等纂，《淡水厅志》，台北：台湾银行经济研究室．台湾文献丛刊第172种，1963，卷2，《封域志·山川》，第35页。但李进亿，《水利秩序之形成与挑战：以后村圳灌溉区为中心之考察（1763—1945）》一文在第52页注20处征引相关史料时，却写成是征引《淡水厅志》，第348页"的"（乾隆）二十有四年秋八月大水，南靖厝庄居民漂没。"一段，可是李文在此段史料又径自加上"石头溪淤为平陆"一句，按，《淡水厅志》该段史料并无此句。

志》的"内港共二大溪"条内文之双行夹注[1]。不过此句史料并未详尽论述当时河道全部变化情况，加之也似乎无其他详细的乾隆二十四年河道变化相关史料，也可能已难透过其他史料完全复原之。但可知乾隆二十四年确实有一场大水，造成大汉溪河道淤积或改道。

此外，前引李进亿博士论文的"附录一·历年侵袭台湾北部之台风与暴雨表"中也整理了自康熙三十六年（1697）到乾隆二十四年这次大水间，北台湾至少有 11 次风灾或大水[2]。这些或都可能造成刚形成未久的康熙台北湖，在屡次风灾大水时，被来自大汉溪上流冲刷下的淤泥，逐渐形成和尚洲等河中沙洲，与出现前述和尚洲旁"另一河道"，或前述李氏博论的表中之"前 10 次台风或大水"，也"可能"造成几次规模较小的河道变动[3]。但至少乾隆二十四年这次，大汉溪河道变规模甚大。

如此在"另一河道"方面，其是否可能在乾隆二十四年这次风灾大水时一度淤塞，或河道宽度大为减少，造成新的淤积土地出现？答案是有可能的。因为五股加里珍刘家势力想开垦刘厝圳，也是利用这次大水造成河道改变机会开圳垦田，河道的改变除了"大汉溪—淡水河"主河道改变外[4]，"另一河道"也可能有变动。且尹章义曾征引五股加里珍刘家古文书中，也有段史料如下：

全立合约字南港通事章天、万宗，加里珍业户刘世昌等。因昌祖父刘和林，雍正年间明买社番君孝等荒埔一所，坐落土名武勝湾。东至头重埔崁下古屋庄角凫水沟为界，西至兴直庄为界，南至搭流坑溪为界，北至关渡为界。原价、补价银两，载明契内，年贴纳社番饷银参拾两，番租粟伍十石，二次报升共开五十甲零。乾隆二十六年，昌父承缵费用工本，开筑埤圳灌溉。至三十二年，垦成水田，昌叔承传递首请前分宪段丈明，续报田一百九十一甲，详报升科。因先后互控，蒙前府宪邹恤番，至意驳议，将续报一百九十一甲零归番，原报五十甲零归传……契界尚有河墘新浮沙埔、水窟，自树林头庄背古屋庄角凫水沟至洲仔尾、关渡一片，乃系水冲沙涌之地。及传兄弟用工本开筑堤岸，招佃

① （清）郑用锡，《淡水厅志稿》，南投：台湾省文献委员会，1998，卷一，《山川志》，第 7 页。

② 李进亿，《水利秩序之形成与挑战：以后村圳灌溉区为中心之考察（1763—1945）》，第 225 页。

③ 因为"前 10 次"台风、大水，不一定每次都会降大水在当时大汉溪流域中，故内文中本句说"可能"。

④ 尹章义，《新庄志·卷首》，第 72 页处表示："乾隆二十四年八月内山洪水泛滥，将海山庄东南势一带田园冲崩二百余甲，石头溪因而改道。"

耕种地瓜、什物，无议贴租。二比又在前宪任内互控，但该处实系水冲沙涌之地，三冬一收，溪埔众番共见，原属传契界内之地。兹章等众番情愿，将树林头庄背古屋庄角泻水沟，至洲尾、关渡一片埔地，归还承传管业，时有时无，不堪丈报……

乾隆肆拾叁年拾贰月　　日①

尹氏原书中对此件古文书做了几点新庄开垦史的历史解释，贡献良多。本章则针对"另一河道"问题补述如下：

1. 此件古文契的五股加里珍刘家原先在雍正年间承买荒埔地，由四至概可看出，和前述新庄平原上海拔仅一米左右以下平地，大致相同。至于"南至搭流坑溪"的"塔流坑溪"在今新庄区的回龙一带，刘家垦田之南至到达此处，可见开垦范围之大。

2. 此古文书主要系用客语语法与用字写成，如"头重埔崁下古屋庄角焉水沟"的"崁下""焉水沟"是客语词，甚至"古屋庄"也是，因为闽语会写成"古厝庄"；又"树林头庄背古屋庄"的"庄背"也是客语词，若闽南语会写成"庄后"；又"共开五十甲零""一百九十一甲零"等语中用"零"字表示"零头"，这是客语语法而不像闽南语语法。但是"契界尚有河墘新浮沙埔"中的"河墘"来表示"河边"之意，则类于闽南语法，现在台湾尚存各腔客语较少见之，一般来讲是用客语词汇"河唇"来表示"河边"。② 这可能是因为五股加里珍刘家，本是广东潮州府饶平县客家，同县靠海处即有广东潮州福佬人（今俗称潮州人、潮汕人），这可能使饶平腔客语，不免混用潮州闽南语（今俗称潮州话、潮汕话）词汇。

3. 刘家很可能趁乾隆二十四年大水造成其垦地境内的"另一河道"地形改变，多出许多新淤土地后，才动了开凿刘厝圳的念头，且圳凿成后开垦土地甲数，从原先 50 甲变成 190 甲，其中新增田地，可能即"另一河道"乃至原先"康熙台北湖"地形改变后多出的新淤土地所垦成。

4. 此古文书中写"契界尚有河墘新浮沙埔、水窟，自树林头庄背古屋庄角

---

① 尹章义，《新庄志·卷首》，第68—69页。又参考《乾隆四十三年仝立合约字》，台湾大学，《THDL台湾历史数字图书馆》网站，文件名：

〈ntul-od-bk_isbn9789570131352_0049000491.txt〉，撷取网址：

http://thdl.ntu.edu.tw/THDL/RetrieveDocs.php，撷取时间：2016/5/28。

② 如何透过词汇判别台湾民间古文书是客家还是闽南人写的，可见吴学明、黄卓权，《古文书的解读与研究》，新竹县：新竹县文化局，2012，上册，第27—29页。

泻水沟至洲仔尾、关渡一片，乃系水冲沙涌之地"一语的这片"水冲沙涌之地"所出现的"新浮沙埔、水窟"，很可能即是"另一河道"或原先"康熙台北湖"的一部分，似又间接证明"另一河道"曾经流过刘家原承买土地内。

5. 此古文书乃乾隆四十三年所书，但从乾隆二十六年刘厝圳凿成、三十二年新田垦成后，这片新垦土地经过了约 11 年光景，在刘家眼中，这片新田仍是"三冬一收""时有时无，不堪丈报"田地，这表示 11 年间，这片新田地仍会遇到淹水或难以排水的问题，庄稼产量也有限。似乎也可见在他们心中，这片原先是"湖底"或"另一河道河底"的土地，还可能被另场大水就给冲走了。

6. 但乾隆二十四年大水后所出现的新土地，理应不只刘家所说部份，还有树林海山张家想抢垦的部分。而张家所开凿的张厝圳，所流方向[①]也大致平行于本章推估"另一河道"所流之方向，也可能是在抢耕新淤土地才会与刘家缠讼。但本章限于史料爬梳未全，暂不敢完全论断张家是利用原先"另一河道"旧河道凿成张厝圳。因为前已述，在前引诸古舆图中，"另一河道"还一直被画出，甚至晚到同治年间的古舆图中还可见之[②]。故或许"另一河道"在乾隆二十四年大水后仍旧存在，可能只是河道宽度越来越淤窄。若如此，张厝圳就不太可能是利用"另一河道"的原河道开凿了。

五、结论

本章主要重点，在推论"康熙台北湖"即令在雍、乾之际，湖底已逐渐淤积出现"和尚洲"，康熙台北湖也一定程度算是消失了，但和尚洲西侧的"另一河道"仍在乾隆初期还有一定的航行便利，让新庄街的河港运输功能持续。但也约在乾隆中期，"另一河道"也逐渐发生淤塞，造成往来淡水与新庄港的船只航行不便。其时间点，很可能与乾隆二十四年（1759）那次大水有关，该次大

---

① 此处依尹章义，《新庄发展史》，第 20—21 页之间的"图版三：新庄拓垦开圳示意略图"中尹氏所绘张厝圳之地理位置。又，该图版所绘刘厝圳地理位置，若参考李进亿，《水利秩序之形成与挑战：以后村圳灌溉区为中心之考察（1763—1945）》在第 66 页，"图 3-5：刘厝圳圳道及其灌溉区（1803）"，则尹氏在 1980 当年所绘的刘厝圳有二，尹图中偏右侧靠近张厝圳的是"第二刘厝圳"；而乾隆 26 年所刘家所凿成、在尹图中偏左侧的，推估可能是"第一刘厝圳"。至于"第二刘厝圳"，可能是后来又再凿成的。

② 这在李进亿《芦洲：一个长期环境史的探讨（1731—2001）》，第 34 页所附日本人所绘《台湾岛清国属地北部图》可见之，该图依李氏说法为清同治十二年（1873）所绘，由该地图可见，和尚洲旁虽也绘出"另一河道"，但却将该河道绘制成"狭小而歪曲"形状，或许是反映该河道淤积变窄历史事实。

水除造成"大汉溪—淡水河"主河道一度改道，也很可能造成"另一河道"一度淤塞或是河道缩减，其多出的新淤土地也引发五股加里珍客家人刘家势力，想开凿刘厝圳，开垦新土为新田。但这又会与树林海山泉州人张家势力发生争讼，尔后张家也开张厝圳，欲开垦之地主要可能也锁定在这些新淤之地。

不过，虽"另一河道"的船只航行机能衰退，但并没有马上导致新庄商业机能迅速衰弱，因为从康熙末到乾隆初的几十年间，新庄街已形成大台北盆地区内的区域政治经济中心城镇机能，加之新庄巡检也移驻在此，这些条件仍能让新庄港在乾隆时期维持在兴盛期，船只也愿意选择停泊在新庄港以"水、陆间转运"，不必选择停泊艋舺港。

然后到嘉、道时期，"另一河道"已经越来越淤浅，甚至其中某些段可能已成为陆地，造成从淡水港航行到新庄港越来越不便，所以艋舺港逐渐取代新庄街原来的区域经济中心城镇地位。加之，当艋舺的区域市场转运机能也逐渐出现，诸如大台北东侧山区面积较广的原始森林木材，乃至"开港"后"大发国际利市"的樟脑、茶也大多位于大台北东侧山区，这些物资生产后，艋舺港的转运功能就远比更西侧的新庄港还来得佳，新庄街便在嘉、道之际逐渐进入经济衰退期。而原先在新庄平原一带的客家人，在经济实力上也逐渐无法与和尚洲、艋舺、海山一带之泉州人竞争，尤其艋舺街经济实力崛起，在嘉、道时期新庄平原数次客闽械斗，与面临林爽文、蔡牵等数次兵祸，使新庄平原上客家人也因经济实力衰退更无竞争优势，整个大台北盆地区内西半部的客、闽实力，遂为消长。

不过清代康、雍到乾隆前半期的新庄平原，有关和尚洲旁"另一河道"的精细位置之文字史料似过少，但就现有文字史料与诸幅古舆图与河川自然原理，以合理角度详细推估"另一河道"最可能是在何处。这条河道的入口处很可能在新庄街东侧到头重二重埔一带，此处仍是大汉溪凹岸，曲流的切力强，能流入"另一河道"的水量理应够大，故在雍、乾之际，"另一河道"仍可维持一定的船只航行力。但此处再往东一些也快接近三重埔的河流凸岸泥沙较易淤积处，当几场大水造成河道有所改变，这个入水口的入水量就可能受影响而减少，在日后也可能加速了"另一河道"的泥沙淤积量，尤其乾隆二十四年那场大水，似乎就扮演了这一历史事件的重要角色。不过，乾隆二十四年到道光十四年（1834）有约75年时间，这场大水事件对1834年的郑用锡而言，似乎是有点遥远模糊的历史记忆，至少在长期在竹苗一带的他，可能也搞太不清楚约75年前大台北盆地区内那次大水究竟淤塞了哪些河道，郑用锡只能用内文双行夹注方式在其《淡水厅志稿》留下"石头溪自乾隆二十四年大水冲压，今为旱溪。"短短一语。

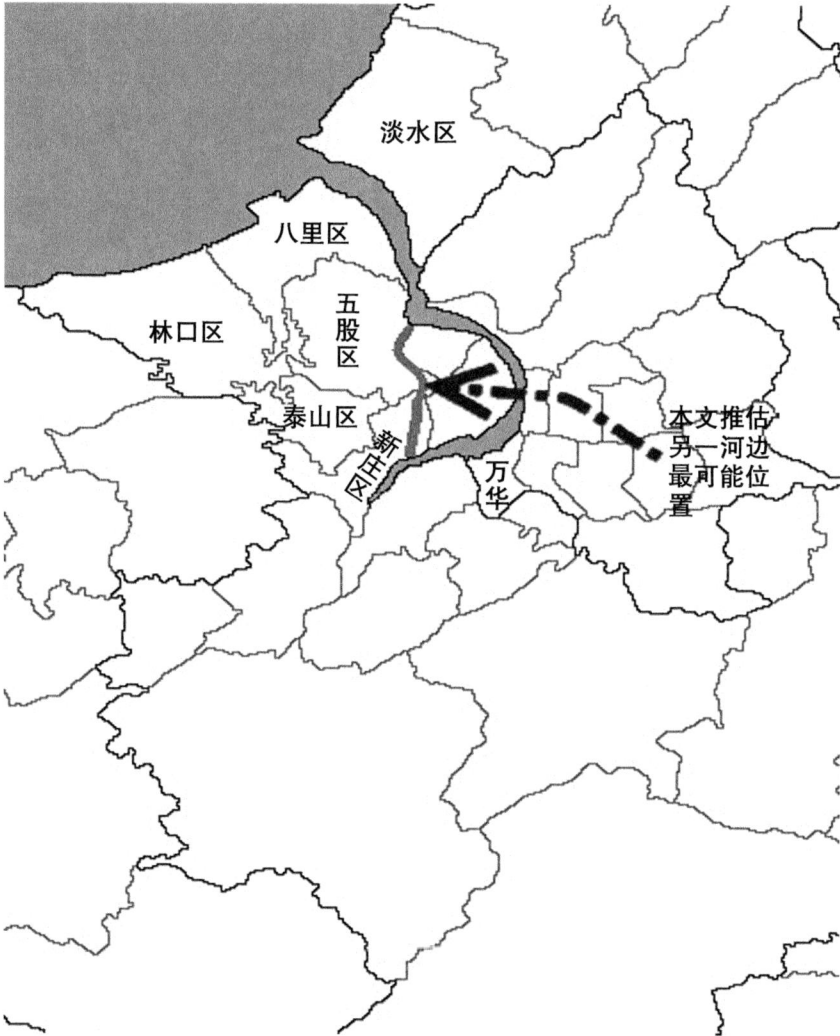

图 8-1：本章推估"另一河道"最可能位置图。

第九章 从 1926 年台湾汉人籍贯调查看台湾汀州客家人地理分布：以"大台北"和"桃竹苗"两区为例

一、前言

明清福建汀州府管辖八县，分别是首府的长汀县，与连城、武平、上杭、永定（以上今属龙岩市管）；以及宁化、清流、归化（今称明溪。以上今属三明市管），都是闽西汀州客家人纯客县。清代以来，闽西汀州客家人移民来台不少，也在台湾各地分布。本章拟以台湾日据时期（1895—1945）的 1926 年对台湾汉人的原乡旧籍贯调查资料，对台湾汀州人在台分布状况做一解析。限于篇幅，本章将以今日大台北地区（今台北、新北、基隆等三市），与北台湾最大的客家区：桃园、新竹、苗栗等县市之"桃竹苗"地区，对当时在台汀州客家人的移民区域分布状态与数量做一分析，为海峡两岸一衣带水一脉相连的客家移民史，作历史空间析述，并从中观察当时日本人对台湾汀州客家人是否有错估低估的现象。

清代台湾时期汀州客家人移民台湾甚早，见于清初康熙时期，有以下史料：

罗汉内门、外门田，皆"大杰巅社"地也。康熙四十二年（1703），台（湾）、诸（罗两县）民人，招汀州属县民垦治。自后往来渐众，耕种采樵，每被土番镖杀、或放火烧死，割去头颅，官弁诘捕。[①]

或康熙六十年（1721）朱一贵事件时，闽浙总督觉罗满保有谓：

查台湾凤山县属之南路（下）淡水，历有漳、泉、汀、潮四府之人垦田居住。潮属之潮阳、海阳、揭阳、饶平数县，与漳、泉之人语言声气相通；而潮

---

① （清）黄叔璥，《台海使槎录》，台湾南投：台湾省文献委员会，1996，卷 5，《番俗六考·北路诸罗番》，第 112 页。

属之镇平、平远、程乡三县，则又有汀州之人自为守望，不与漳、泉之人同伙相杂。

（康熙）六十年四月二十二日，贼犯杜君英等在南路（下）淡水槟榔林，招伙竖旗，抢劫新园，北渡（下）淡水溪，侵犯南路营，多系潮之三阳及漳、泉人同伙作乱。而镇平、程乡、平远三县之民，并无入伙……（并）誓不从贼，纠集十三大庄、六十四小庄，合镇平、程乡、平远、永定、武平、大埔、上杭各县之人，共一万二千余名于万丹社，拜叩天地竖旗，立大清旗号，供奉皇上万岁圣旨牌（组成义民军反攻朱一贵势力）。①

上引二史料都是清代台湾早期就有汀州客家人移民台湾的有力证据。

但从明朝郑成功 1661 年收复台湾起，历经清代，到台湾日据时代（1895—1945），总共长达约三百年，历史上台湾汀州客家人分布究竟状况如何？本章尝试以台湾日据时期 1926 年人口调查资料（详后），以台湾的"大台北"与"桃竹苗"两地区为焦点，作一初步观察。

二、相关研究回顾

目前海峡两岸关于闽西汀州客家人移民至台湾空间分布的历史地理研究成果并不多，但是以历史学等相关文史角度谈闽西客家迁台之研究成果有以下：在专书方面，有闽西客家联谊会编《闽西客家外迁研究文集》②一书，内有张侃《清代汀籍客家移民台湾综述》与《清代台北永定籍移民的合股垦殖》、夏远鸣《清代闽西渡台的姓氏与分布》、黄子尧《淡水河流域的汀州客家移民：以信仰看其族群特性的流动与融合》等关于闽西客家迁台诸篇文章，故本书对本章研究确实有所裨益。此外期刊论文方面概有杨彦杰《淡水鄞山寺与台湾的汀州客家移民》③一文，专对本章所关注的"大台北地区"之淡水定光佛信仰的鄞山寺与周边的台湾汀州客家移民做过一讨论。刘大可《闽西客家人迁台与定光古佛信仰》④一文，也对同是闽西著名民间信仰的定光古佛信仰在台分布与台湾闽西客家人关系作一探讨。刘大可又有《闽粤台客家惭愧祖师信仰的互动发展与文

① （清）王瑛曾，《重修凤山县志》，台北：台湾银行经济研究室．台湾文献丛刊第146种，1962，卷12上，《题义民效力议效疏》，第343—344页。

② 闽西客家联谊会编，《闽西客家外迁研究文集》，海峡文艺出版社，2013。

③ 杨彦杰，《淡水鄞山寺与台湾的汀州客家移民》，《福建省社会主义学院学报》，2001年3期，第39—45页。

④ 刘大可，《闽西客家人迁台与定光古佛信仰》，《台湾研究》，2003年1期，第86—91页。

化认同：田野调查与文献记载的比较》一文①，则是从历史文献与当代田野调查，对台湾惭愧祖师分布与闽西客家后裔做一调查，并认为台湾客家人的闽西惭愧祖师信仰对祖国统一有所帮助。又张佑周《刘国轩辅郑治台与闽西客家在台湾的繁衍》②一文则是从郑成功的闽西名将刘国轩赴台开始谈起，到闽西客家人日后在台繁衍的一介绍。台湾方面期刊论文研究成果，概有林瑶棋《汀州客的团结象征：以彰化定光佛庙为例》③，介绍台湾中部定光佛信仰与中部已"福佬化"的台湾汀州客家人之凝聚力关系。张正田《从历史地理变迁看清代新庄之兴衰》④一文则是从历史自然地理角度，以淡水河系河道之变迁，看汀州客家人开垦的清代"大台北"地区之新庄街的兴盛与衰弱之历史过程。此外张正田又有《从1926年台湾汉人籍贯调查资料看"台湾客家传统地域"》⑤，则是以台湾日据时期1926年人口调查资料，观察台湾各乡镇中客家人分布之情形，实替本章有所裨益。

但是目前学界对于专论台湾汀州客家人在台湾的地域空间分布情形的文章还很少，甚至台湾日据时期的汀州客家人是否被日本人给错估低估了？也没见到相关文章的讨论，是以本章还有发挥的空间。

三、汀州客家人移民台湾分布分析：以大台北为例

台湾历史记录上对台湾各籍贯汉人包含汀州客家人口调查最清楚的，当属台湾日据时期1926年所做的全台湾汉人人口调查资料⑥。以下以"大台北"和"桃竹苗"两区，将每个乡镇（"台湾日据"时从1920年开始，日人将台湾的乡称"庄"；镇称"街"）所做的客家人与其中汀州客家人资料制表如下，首先是大台北地区的，计量政区单位是乡级政区，当时称为街（镇）、庄（乡），人口

---

① 刘大可，《闽粤台客家惭愧祖师信仰的互动发展与文化认同：田野调查与文献记载的比较》，《世界宗教研究》，2018年2期，第97—112页。

② 张佑周，《刘国轩辅郑治台与闽西客家在台湾的繁衍》，《两岸关系》，2008年7月，第70—72页。

③ 林瑶棋，《汀州客的团结象征：以彰化定光佛庙为例》，《台湾源流》（台湾），2008年9月，第123—131页。

④ 张正田，《从历史地理变迁看清代新庄之兴衰》，《嘉大应用历史学报》（台湾），2016年11月，第217—244页。

⑤ 张正田，《从1926年台湾汉人籍贯调查资料看"台湾客家传统地域"》，《客家研究》（台湾），2009年12月，第165—210页。

⑥ ［日］台湾总督官房调查课编，《台湾在籍汉民族乡贯别调查》，台北：台湾时报发行所，1926调查、1928出版。

计量单位是每百人：

表 9‐1：大台北地区汀州客家人分布概况

人口（百人） 市街庄	汀州客家人数	客家人总数	总人口	汀州客家人占客家人总数比率（%）	客家人占总人口比率（%）	汀州客家人占总人数比率(%)
旧台北市市区	4	17	1379	23.53	1.23	0.29
汐止街	0	0	173	X	0.00	0
士林庄	0	0	226	X	0.00	0
北投庄	0	0	131	X	0.00	0.00
松山庄	1	2	137	50.00	1.46	0.73
内湖庄	0	0	165	X	0.00	0.00
平溪庄	0	1	74	0.00	1.35	0.00
淡水街	0	1	211	0.00	0.47	0.00
八里庄	0	0	65	X	0.00	0.00
三芝庄	29	29	96	100.00	30.21	30.21
石门庄	5	5	71	100.00	7.04	7.04
旧基隆市市区	99	100	422	99.00	23.70	23.46
万里庄	0	0	83	X	0.00	0.00
金山庄	0	0	101	X	0.00	0.00
七堵庄	0	0	124	X	0.00	0.00
瑞芳庄	0	1	206	0.00	0.49	0.00
贡寮庄	0	2	137	0.00	1.46	0.00
双溪庄	0	0	140	X	0.00	0.00
新店庄	0	0	181	X	0.00	0.00
深坑庄	0	0	163	X	0.00	0.00
石碇庄	0	0	103	X	0.00	0.00
坪林庄	0	0	78	X	0.00	0.00
板桥庄	5	5	168	100.00	2.98	2.98

中和庄	12	12	135	100.00	8.89	8.89
莺歌庄	1	4	204	25.00	1.96	0.49
三峡庄	1	5	173	20.00	2.89	0.58
土城庄	5	5	113	100.00	4.42	4.42
新庄街	3	4	174	75.00	2.30	1.72
鹭洲庄	0	0	204	*X*	0.00	0.00
五股庄	0	0	72	*X*	0.00	0.00
林口庄	0	0	77	*X*	0.00	0.00

资料来源：1926年《台湾在籍汉民族乡贯别调查》

普遍来说，大台北地区大致在清道光年间几次"客闽械斗"后，就已经成了闽南人占优势的天下，客家人成了当地的弱势族群，也逐渐淡出富饶的盆地区内部，而迁徙到较贫瘠的盆地区外缘乃至桃竹苗客家区；至于留在盆地区内部的，也随世代变迁逐渐改讲台湾闽南语而成为"福佬客"。譬如在台湾唯二大间的闽西定光佛庙，其中一间就在淡水街（今新北市淡水区）[1]，可是表9–1显示淡水街的汀州客家人竟然是0人，整个淡水街全部客家人也仅约一百人。不过本表的原资料《台湾在籍汉民族乡贯别调查》在使用上有个缺点，即是日本人在统计台湾人"种族别"方法上，是以当时"讲什么话的"才"登记是什么人"。譬如讲广东腔客家话的才登记为"广东人"，若是已经改讲闽南语的，即令祖先是闽西或广东的客家人，一样会被改登记为福建省的闽南籍漳、泉人，所以可能数代前是客家人，但已经演变成"福佬客"的，他们都可能被登记为闽南籍的漳州人或泉州人。这种统计方式早见于1905年日本殖民政府准备对台湾进行第一次国势调查时（因日俄战争故没实施，迟到1920年才真正实施），就曾拟过以下准则：

问：元來廣東ノ種族ナリシモ福建種族卜雜婚シ年所ノ久シキ言語風俗慣習等全然福建化シタルモノアリ此ノ種族ハ如何記入スヘキヤ。

答：廣東人タル歷史ヲ有スルモ其ノ特徵存セス既二福建化シタルモノハ

① 另外一间在中台湾的彰化县城彰化市，但已在本章论述范围之外。

之ヲ福建人トシテ調査スヘシ^①。

以下翻译中文：

问：原来为"广东种族"（按：日本人错称台湾客家人为"广东人"），然因与"福建种族"通婚（按：日本人错称台湾闽南人为"福建人"），经年累月后，其语言、风俗、习惯等已经全然"福建化"的人，其"种族"应如何记录呢？

答：虽然他们也有"广东人"的历史，然其特征已不存在，既然已"福建化"者，应将他们当作"福建人"来调查。

由此可知，待1920年日本人做真正做第一次国势调查或1926年此次调查时也应该如此，将已"历史遗忘"自己祖籍为广东省或福建汀州籍的，或尚未"历史遗忘"自己祖籍但习惯上已改为口操福建省漳、泉腔闽南语的客家后裔的，都很可能被登记为福建省漳、泉人，所以表9–1中淡水街的客家人才那么少，客家人也因此会被低估。

又如新庄平原所在的新庄街，早在清初康雍乾时代就已经为闽西永定大儒胡焯猷率众开垦，随世代繁衍，到1926年闽西客家人后裔应该非常多才对，但表9–1中登记新庄街的汀州客家人只有三百人，全部客家人也仅有四百人，这应该是大部分都"福佬化"成为"福佬客"的现象，剩下的这四百人，应该是同时能讲客家话也能讲闽南语的后裔，亦即还能讲汀州或广东客家话，所以才被登记为汀州客家人三百人。

大台北盆地区内这种"客家人闽南化"也就是"福佬客化"的现象似乎非常多，譬如在新庄、五股一带开垦著名"刘厝圳"，世居五股乡的广东饶平客家刘氏一族，其后裔至今仍在，也都改讲台湾闽南语，他们可能早在1926年就已经"福佬化"，所以表9–1中，五股庄就变成一个客家人都没有的现象。

整个大台北闽西客家人比率同时也是客家人比率最高的是三芝庄，亦即今新北市三芝区，占30.21%，它是淡水的隔壁乡镇，却已经是大台北盆地区外的贫瘠乡镇，或许"闽南语辐射力"在这个贫瘠乡镇较不发达，加上离淡水的定光佛庙近，还有一定的"汀州向心力"与"汀州历史记忆"，所以在1926年调查时，还有约2900人左右也约占该乡30.21%的人还能讲汀州客家话。但后来当地客家话其实也流失很快，今日三芝此处全成了"福佬客"之地。至于隔壁

---

① ［日］台湾总督府临时台湾户口调查部，《临时台湾户口调查诸法规问答录》，台北：台湾总督府临时台湾户口调查部，台湾大学总图书馆藏，无出版年代，但依书中内容判读，很可能是1905下半年或1906左右，第58页。

乡的石门乡，也是同样如此，已经没有人会讲汀州客家话了。

其次也是大台北盆地区外围，因为是天然良港又富产煤矿所以俨然是一大都会的基隆市区，在 1926 年调查当时约还有 9900 人能讲闽西客家话，这是大台北地区闽西客家人最多之处，这可能是因为基隆邻近三芝、石门一带，使三芝、石门的闽西客家人来这都市找工作，这些"基隆市客家人"在 1926 年当时也应该还能口操汀州客家话而被登记为闽西客家人。不过后来基隆这个大都市中，同样也因为客家人口比例本就不高，仅占 23.46%，所以今日基隆市也几乎无人能讲闽西客家话了，也成了"福佬客"地区。

至于大台北盆地区内部，闽西客家人同时是客家人比例最高的是中和庄，约有 1200 人，就笔者所知主要是永定江姓，人数比例却仅占当时中和庄的8.89% 弱，这已经是盆地区内客家人比例最高之处，今日这些闽西客家人后裔也遗忘了客家话，因为盆地区内闽南语辐射能力强，又加上二十世纪五〇到六〇年代台湾开始"推行国语运动"后，至今日整个盆地区内部的大台北市区，大概都改讲普通话，连台湾闽南语在盆地区内部市区都已是弱势方言，那这些台北的"旧客家人"的客家话也更难以维系。所以现在台北市区一带，还能讲客家话的，反而是随着二十世纪六〇到九〇年代台湾"都市化"进程，才从"桃竹苗客家区"再次移民到大台北的"新客家移民"。

此外，1926 年时大台北盆地区内的东南角大汉溪中游处之土城、三峡、莺歌等乡镇，也同样有少数的闽西客家人存在，但今日也已经都"福佬化"。

四、汀州客家人移民台湾分布分析：以桃竹苗为例

桃竹苗地区是北台湾最大的客家地区，且主流的客家腔调都是广东腔，有源自广东蕉岭一带台湾称为"四县腔"的客家话；有源自今广东海丰陆丰陆河一带，在台湾习惯被称为"海陆丰"或"海陆腔"的客家话为两大主流腔调。此外还有点状呈自然村落分布的广东饶平腔客家，这种腔在本区呈弱势也有被边缘化的危机，那同样是本区弱势腔调的闽西汀州腔客家话呢？

在今日台湾只要有闽南人优势之乡镇，其闽西汀州客家后裔基本上都改讲闽南语成为"福佬客"，已遗忘"祖先言"，只剩下桃竹苗客家区，还有点状自然村分布的汀州客家话自然村存在，这是桃竹苗地区保留闽西客家话的历史功用与贡献所在。

但日本人的资料在这方面统计会有那么精准？是否出现将福建汀州客家话

改登记为广东客家话的情形？首先将 1926 年调查资料制成表 9–2：

表 9–2：桃竹苗地区汀州客家人分布概况

市街庄	人口（百人）汀州客家人数	客家人总数	总人口	汀州客家人占客家人总数比率（%）	客家人占总人口比率（%）	汀州客家人占总人数比率（%）
桃园街	0	0	199	X	0.00	0
芦竹庄	17	24	135	70.83	17.78	12.59
大园庄	0	11	152	0	7.24	0
龟山庄	0	5	148	0	3.38	0
八块庄（今八德区）	0	14	98	0	14.29	0
今桃园市 中坜庄	0	104	208	0	73.08	0
平镇庄	0	113	118	0	95.76	0
杨梅庄	0	202	215	0	93.95	0
新屋庄	0	174	177	0	98.31	0
观音庄	0	101	144	0	70.14	0
大溪街	8	28	253	28.57	11.07	3.16
龙潭庄	6	170	183	3.53	92.90	3.28
今新竹市 新竹街（旧新竹市区）	0	35	337	0	10.39	0
香山庄	0	16	127	0	12.60	0
旧港庄（今分属新竹县与新竹市）	0	26	136	0	19.12	0

今新竹县	红毛庄（今新丰乡）	5	51	86	9.8	70.93	5.81
	湖口庄	0	113	113	0	100.00	0
	新埔庄	1	207	212	0.48	100.00	0.47
	关西庄	1	208	212	0.48	98.58	0.47
	六家庄	0	44	57	0	77.19	0
	香山庄	0	16	127	0	12.60	0
	竹东庄	0	129	130	0	99.23	0
	芎林庄	0	93	93	0	100.00	0
	横山庄	0	109	111	0	98.20	0
	北埔庄	0	88	88	0	100.00	0
	峨眉庄	2	65	65	3.08	100.00	3.08
	宝山庄	0	94	99	0	94.95	0
今苗栗县	竹南庄	0	5	139	0	3.60	0
	头分庄	4	144	167	2.78	88.02	2.4
	三湾庄	0	75	75	0	100.00	0
	南庄	0	93	94	0	98.94	0
	造桥庄	1	36	54	2.78	75.93	1.85
	后龙庄	0	23	200	0	11.50	0
	苗栗街	0	146	157	0	92.99	0
	头屋庄	0	63	64	0	98.44	0
	公馆庄	3	136	144	2.21	96.53	2.08
	铜锣庄	0	114	114	0	100.00	0
	三叉庄	0	58	62	0	95.16	0
	苑里庄	0	65	181	0	35.91	0
	通霄庄	2	121	183	1.65	73.22	1.09
	四湖庄	5	76	78	6.58	97.44	6.41
	大湖庄	0	95	96	0	98.96	0
	狮潭庄	0	55	55	0	100.00	0
	卓兰庄	0	59	62	0	95.16	0

资料来源：1926 年《台湾在籍汉民族乡贯别调查》

　　台湾桃竹苗地区目前已知像杨梅的秀才窝、十五间等自然村的村民，就还会讲汀州客家话，一个自然村人口大概是百余人到数百人左右，此外出身中坜耆的台湾政坛耆老吴伯雄先生也还会讲一些，他的家族在1926年代应该还会讲更完整的汀州客家话，一个大家族人口该不止一百人？此外就笔者所知，在新屋庄的十五间村（今桃园市新屋区望间里）的胡姓家族也是还会讲汀州永定客家话，一个家族也不止百人，这些理应都是1926年时桃竹苗客家区的还能讲汀州客家话的汀州客家人，可是仔细看表9–2，中坜、杨梅、新屋等三个庄的汀州客家人竟然是0人，可见1926年当时日本人调查人口相对少数的汀州客家人时有一定程度的误差，可能因为他们也会讲主流的、源自广东的"四县腔"与"海陆腔"客家话，就把他们归类为"广东人"。

　　同样是台湾政坛耆老饶颖奇先生，为闽西武平县客家后裔，其家族本是台湾日据时期还是苗栗县城人，1945年台湾光复前后才搬到台湾东部的台东县；或是台湾客家界耆老，台湾政治大学江明修教授也是出身苗栗县城隔壁乡公馆乡的永定客家人，其家族人士在日据时期不少已经住在县城，人数也不只百人，譬如日据时期苗栗地方仕绅江有亮先生。但这些苗栗县城的汀州永定江姓、武平饶姓后裔客家人已改讲四县腔，或因之，表9–2中的苗栗县城苗栗街的汀州客家人数竟也被日本人登记为0人。换言之，汀州客家人在桃竹苗地区人数，在1926年当时，理论上被日本人所低估的。

　　那日本人调查时会"发现"桃竹苗地区有汀州客家人的乡镇，具有哪些地理特色？综合推析有以下：

　　1. 如果把1926年当时，客家人占50%以上的乡镇称为"客家乡镇"，那汀州客家人大多出现在客家人比率低于90%但大于50%，客家人在该乡镇已经没有那么具有90%以上的绝对优势的乡镇，有这类情形者譬如红毛（今新丰乡）、新埔、头份、造桥等，推估原因是日本调查者在找寻本乡镇较少数的闽南人时，发现客家腔调有更细致的不同，进而"发现"了福建汀州客家人。

　　2. 接近"台湾山地少数民族"较"边区"的客家乡镇，虽客家人比例超过90%的也有可能分布有汀州客家人。譬如龙潭、关西、峨嵋等，推估原因是在调查时要辨别该乡镇是否有山地或平地少数民族时调查较仔细，发现客家腔调有更细致的不同，而"发现"了福建汀州客家人。

　　3. 较接近桃竹苗"闽南乡镇"的客家乡镇出现汀州客家人的，譬如红毛、新埔、头份、造桥、通霄、四湖等例子，原因似乎颇类似于第二点。而这个第三点原因，似乎占的乡镇例子最多。

4.闽南乡镇市在桃竹苗虽是少数，但较接近客家乡镇的闽南乡镇也有两个乡镇出现有汀州客家人，譬如芦竹与大溪两个例子，推估是要调查本区较少数的客家人而要仔细调查客家腔调别时，"发现"汀州客家人。

5.唯一例外无法归类的是苗栗县成苗栗街旁边的公馆乡，或许该乡"发现"三百位能讲汀州客家话的人与前述苗栗街江姓家族有关，但无法解释为何苗栗街上的已经不会讲而隔壁乡竟然还有三百人会讲，暂存疑。

以上分析会发现一乡镇可能同时具有两个以上原因，又可制为表三9–3：

表9–3：桃竹苗地区出现"汀州客家人"乡镇的初步推估原因表

	原因一	原因二	原因三	原因四	不明原因
芦竹				✓	
大溪				✓	
龙潭		✓	✓		
红毛	✓		✓		
新埔	✓		✓		
关西		✓			
峨嵋		✓			
头份	✓		✓		
造桥	✓		✓		
公馆					✓
通霄			✓		
四湖			✓		

必须强调一点，在桃竹苗客家区的闽西汀州客家人其实在1926年应该被低估了，一些现存都还能讲闽西客家话的自然村家族，在当时都没被调查出来，所以以上只能暂时分析到此。

五、结论

综合以上，在大台北方面，本章发现在大台北盆地区内的闽西客家人——甚至整个客家人都被低估，可能因为1926年当时盆地区内强势语言是闽南语，使他们后裔成了"福佬客"，而被日本人错当成"福建人"——这在当时日本人调查语汇上通常仅指台湾闽南人为主的意思；或是"府州别"上被误当成台湾漳州籍或泉州籍闽南人。所以闽西客家人人口比率最多的都在盆地外缘的边缘贫瘠乡镇，如三芝与石门，两个乡镇的闽西客家人占全部客家人的比率都是100%，但日后也被"福佬化"为"福佬客"。此外就是盆地区东南角大汉溪中游的莺歌、三峡、土城也有闽西汀州客家人分布，而人口数量来讲闽西客家人最多的是基隆市区，这些可能是三芝石门一带进入大都市找工作的人，随时间演进，也成了"福佬客"。

桃竹苗客家区的闽西客家人应该也被低估，不过，就1926当时的资料，本章推估以上四个原因，让日本人在调查时"发现"了闽西客家人。不过这不能反推论不具备以上四个原因，日本调查员就不会"发现"闽西客家人。而今日桃竹苗客家区尚有闽西汀州客家话的存在，不若其他台湾闽南乡镇内部已经没有闽西客家后裔还会讲闽西客家话，而都已经变成"福佬客"，所以桃竹苗客家区，还是存有保护了闽西客家话的重要历史作用。

闽西客家人在台湾的人数虽不多，但仍有很重要的关键少数地位，他们在台湾政坛或经济圈的影响力不容小觑，以上仅是就1926年日本人的调查资料做一历史地理性的地理分布分析，未来还有更多详细的调查待努力完成。

第十章　台湾汀州客家后裔文化生态的异同：
以淡水鄞山寺附近、桃园十五间村为比较中心

　　台北淡水鄞山寺，今行政区划属于新北市淡水区，是清代台湾时期汀州客家人在台北地区的汀州会馆，也是祭祀定光佛的古庙，但今日附近的闽西客家乡镇都已将改讲闽南语，成了介于客家人与闽南人之间的"福佬客"；桃园的十五间村，位于今桃园市新屋区的望间里，也位于桃园、新竹、苗栗的"桃竹苗客家区"，村内，虽没有惭愧祖师或定光佛等大型闽西信仰庙宇，但他们至今还能讲永定腔闽西客家话，也坚持祖籍汀州永定的客家认同。

　　以上这两个地方都位于台湾北部，历史演变却决然不同，一个虽有定光佛信仰，演变却趋向"闽南化"，没有太强烈的客家认同；另一个虽没有闽西主要信仰大庙宇，但仍坚持自己的祖先语言，"宁卖祖宗田、不忘祖先言"，客家认同强烈。这诚是饶富有趣的学术研究议题，值得深入调研其历史演变，观察其文化生态。

一、淡水鄞山寺附近史地与文化生态

　　淡水位于新北市淡水区，2010 年底以前是为台北县淡水镇，该年底台北县升格为新北市，按台湾现行规定，如此则境内乡镇皆须改为区，所以是为新北市淡水区。若依据台湾日据时期（1895—1945）时的 1926 年，日本人所调查的台湾汉人祖籍纪录《台湾在籍汉民族乡贯别调查》[①]，可将淡水三芝石门三区的闽西客家人数与比例列如表 10–1：

---

　　① ［日］台湾总督官房调查课编，《台湾在籍汉民族乡贯别调查》，台北：台湾时报发行所，1926 调查、1928 出版。

表 10 - 1：1926 年淡水三芝石门三区闽西客家人数与比例表

市街庄 人口（百人）	汀州客家人数	客家人总数	总人口	汀州客家人占客家人总数比率（%）	客家人占总人口比率（%）	汀州客家人占总人数比率(%)
淡水街	0	1	211	0.00	0.47	0.00
三芝庄	29	29	96	100.00	30.21	30.21
石门庄	5	5	71	100.00	7.04	7.04

资料来源：《台湾在籍汉民族乡贯别调查》

　　所以淡水附近的闽西客家后裔"福佬客"分布其实反多不在淡水区，而主要在其北邻的三芝与石门区，亦即以往的台北县三芝与石门两乡。

　　普遍来说，大台北地区大致在清道光年间几次"客闽械斗"后，就已经成了闽南人占优势的天下，客家人成了当地的弱势族群，也逐渐淡出富饶的盆地区内部，而到较贫瘠的盆地区外缘；至于留在盆地区内部的，也随世代逐渐改讲闽南语而成为"福佬客"。而台湾唯二大间的闽西定光佛庙，其中一间就在较贫瘠的盆地区外缘之淡水街（即今新北市淡水区），唯富于港口之利，更吸引较会经商之利的漳泉闽南人定居此，客家人在此约呈 0.47% 之弱，且显示汀州客家人在淡水街是 0 人，这应该是调查有误，与事实不合 ①。至于汀州客家人较多的三芝与石门，同样也是在较贫瘠的盆地区外缘，背山面海，不利于耕作。

　　依地理条件与客家比例分布的综合分析，推估清代台湾时期，因为史籍都记载淡水街本就不是闽西客家人为主，而是以漳泉闽南人为主的街庄，闽西客家人很可能仅分布在淡水街以北郊区，到三芝、石门一带。但此地的闽西客家人为何将汀州会馆亦即鄞山寺设在淡水街上？推估很可能是为此地客家人与大陆原乡做一个空间连结，也就是当有来自汀州同乡"唐山（中国大陆）过台湾"到淡水街以北郊区这一带时，在淡水港上岸后，就可先到淡水街上"汀州会馆"鄞山寺洗涤风尘稍作休息，以便再出发往北边的淡水街北郊到三芝、石门一带的闽西客家庄。

　　然自清代以来，以漳泉闽南人为主的淡水街，因富饶于渔港商港之利，本就是淡水三芝石门这一带的核心城镇，也使这一带的强势方言是闽南语，而不

---

　　① 关于 1926 年这次调查可能有若干调查失误状态，可参阅前章。

是汀州客家话。如此，住在淡水北郊到三芝石门的闽西客家人，随世代转移，所使用语言也逐渐改变成闽南语，也逐渐遗忘了自己原有的"祖宗言"，只能靠汀州会馆与定光佛信仰来记得自己"汀州祖先"的历史记忆符号，但是作为客家人最重要身份符号的"客家话"却已经遗忘，是为今日淡水以北这一带闽西客家人之今貌。所以定光佛信仰与其祭祀行为，以及鄞山寺本身，才是淡水北郊这一带"福佬客"①的重要文化遗产。

二、桃园新屋区十五间村的史地与文化生态

桃园市新屋区十五间村是个台湾北部"桃竹苗客家区"中的一个自然村，依据清代晚期《新竹县采访册》记载：

十五间庄：在县北三十五里，户五十，丁口四百六十。②

由此可见当清代晚期时此村人口不少，多达四百六十人。

十五间村今又称为望间里，是"行政村"的村、里名③，"望间"为台湾光复后"地名雅化"时由政府所取的名称。十五间村，位于今桃园市新屋区南境，介于桃园市新屋区、杨梅区、与新竹县湖口乡之间，2014年底以前则是称为桃园县新屋乡望间村。该年底，桃园县升格为桃园市，按台湾现行规定，如此则境内乡镇皆须改为区，其下所有村皆须改制为里，所以桃园县新屋乡改制为桃园市新屋区，望间村也改制为望间里，但当地人尤其年长一辈的人，还是习惯称之为十五间村或十五间庄。

十五间村中住有许多来自永定的胡姓人士，至今仍不忘祖先言，能讲汀州永定腔客家话，前述的清代十五间村的460人中，当有不少是这些胡姓大家族人士。又可将日本人的《台湾在籍汉民族乡贯别调查》中十五间村所在的新屋区，与邻近的桃园市杨梅区、新竹县湖口乡的汉人祖籍调查作如下表10-2：

---

① 这不光是淡水北郊这一带的闽西客家人才如此，大台北盆地区内原有的清代各种籍贯客家人，无论是粤东的或闽西的，譬如新庄、泰山一带永定胡焞猷族人的后裔、五股一带的粤东饶平客家刘家后裔等，也都已经"福佬化"，成了"福佬客"。

② 《新竹县采访册》（南投：台湾省政府文献委员会，1999），卷二，《竹北堡庄》，第93页。

③ 在台湾的"乡级政区"有乡、镇、县辖市、市辖区等四种，村级则有"村"（行政村）与"里"（行政里）两种，只有乡下才设"行政村"，其他的镇、县辖市、市辖区，皆设"行政里"。

表 10‑2：1926 年十五间村附近三乡镇的闽西客家人数与比例表

市街庄 ＼ 人口（百人）	汀州客家人数	客家人总数	总人口	汀州客家人占客家人总数比率（%）	客家人占总人口比率（%）	汀州客家人占总人数比率（%）
杨梅庄	0	202	215	0	93.95	0
新屋庄	0	174	177	0	98.31	0
湖口庄	0	113	113	0	100.00	0

资料来源：《台湾在籍汉民族乡贯别调查》

由上表 10‑2 可知十五间村所在的邻近三乡镇区，都是台湾客家人比例很高的地方，因为此处本就是"桃竹苗客家区"的一部分。可是 1926 年日本人调查中，新屋庄的闽西客家人竟然也显示是 0 人，这至少表示了当时日本人调查时，忽略了十五村间此处有汀州永定客家胡姓大家族的事实，一个大家族人口应不止百人，显示日本人当时调查应有误。

十五间村处在这"桃竹苗客家区"中，自是充满保存了客家话的土壤，不若台湾的"闽南优势区"中，因为会有来自台湾闽南人对台湾客家人的歧视，而使台湾客家人被迫放弃讲客家话机会，随世代变成了"福佬客"。

而桃园市西南境又俗称"南桃园客家区"，在台湾能听到的各种腔调之台湾客家话都在这里存在。在南桃园客家区东境，通行台湾俗称"四县腔"也就是广东梅州蕉岭腔的客方言；西境包含新屋区在内，则通行台湾俗称"海陆腔"也就是今广东汕尾市的海陆丰、陆河腔的客方言；北境则通行台湾俗称"饶平腔"亦即广东潮州饶平县北部上饶镇一带的客方言。在这种和谐的语言环境，也是十三间村汀州永定腔客家话能被胡姓大家族保留下来的原因之一。胡姓大家族人们——尤其长一辈的，也自然而然拥有多种腔调的客家话能力，在村内家族中能讲自己的永定腔，出了村外，也大多能讲海陆、四县乃至饶平腔客家话[①]。

---

① "南桃园客家区"还有些自然村或家族中，存在了另一种"永乐腔"客家话，是指讲清代广东嘉应州永乐县（今梅州市五华县）腔调的客家话，但此已超出本章研究范畴之外，不过也显示了"南桃园客家区"是台湾客家区中存在客方言腔调最多的地方。

三、试论十五间村胡氏家族的家族凝聚力原因

以一个永定客家人为主的十五间村胡氏家族，间处于邻近的海陆、四县两种较优势腔调的客家同胞中，要能百余年维持自己的永定客家话，而不被邻近的其他较优势腔调客家话同化，也着实不易。本次初步调研观察结果，可能胡氏大家族具有较强大的家族凝聚力与汀州永定的祖籍认同有关。兹分述其原因如下：

（一）由胡家清代同治年间一份《分管田业书》谈起

根据该家族胡毓先先生提供给笔者的一份该家族清代同治年间的民间古文书史料如下：

《同治元年（1862）陈氏立拨定分管田业字》

立拨定分管田业字陈氏，窃思子孙合为一家，虽久远，岂肯分离？但家口浩繁，故上年有分爨之设，田业仍归众支理。兹自数年来，事务浩繁，开赞尤甚，亦不能独任权理。且氏夫①在日，置立有田产数处，生下八子，各俱婚娶生孙。自咸丰七年（1857），因丁口浩大，氏夫先行拨定，将余利作八房均分，各自生涯，其田园业产，仍系氏二老权理。但氏夫去世，今自思老身年迈，不能久远管理，又诚恐日后争长竞短之患，是以酌议，将上年所置田业，踏出抽蒸尝外，作八大房均分，俱配搭均匀，作四大股，每二房共一股，凭阄拈定，分拨掌管。日后，各人份定之业，为子子孙孙久远之业，各不得言长语短反悔，致伤骨肉和气②。今欲凭氏立有拨单字四纸，注各人份下之业分明，各二房共执壹纸为据。

批　明：（略……）

再批明：（略……）

（八子签押，略……）

同治元年九月初壹日　　　立拨定分管田业字陈氏

由上引文可知，胡家先祖是非常重视家族团结的也以此训勉子孙，这种风气下，使至今胡家八大房子孙仍有密切往来，家族聚会时就讲永定腔客家话。由上引文可知同治元年时胡家分家是因为"家口浩繁""生下八子，各俱婚娶生孙"，所以以家族财产做"作八大房均分"，但分家书上仍再三强调"窃思子孙合为一家，虽久远，岂肯分离？""日后，各人份定之业，为子子孙孙久远之

---

① 即胡凯清公，详下小节。

② 底线为笔者所画已标出较重要句子以便阅读，原文书并没有之。

业，各不得言长语短反悔，致伤骨肉和气"以训勉子孙，不希望子孙因分家后就同陌路。又，八大房虽分家，但作为"祭祀公业"的"蒸尝"仍由八大房共管（"将上年所置田业，踏出抽蒸尝外，作八大房均分"），藉此凝聚家族向心力，开会时就讲永定腔客家话，使永定客家人认同也因此保有之，至今不衰。

（二）藉由共修族谱、祭祖等活动以维持家族向心力

据该家族胡毓先先生所提供的，由该家族"凯清公传下八大房管理委员会"打印的诸数据，可知十五间村胡氏该家族常藉由共修族谱、祭祖等活动以维持家族向心力。如《安定堂胡氏族谱：胡氏渡台祖凯清公大陆区历代直系族谱暨在台传下子孙世系谱》中，在"来台祖凯清公"之前在大陆福建汀州的直系族谱，与在台八大房后裔世系都记载详实，可知道该胡氏家族在共修族谱时的努力，并藉由此来凝聚家族向心力。而《胡氏凯清公来台开基二一三年暨重建落成十五年纪念特刊》中《胡氏凯清公历年祭祖影像回顾》有许多张十五间村胡氏族人，一起回大陆原乡：永定下洋中川村祭祖的照片，可知该家族不忘原乡不忘本，回到福建永定下洋中川村寻祭先祖。他们在台湾也有祖祠，在《胡氏凯清公派下八大房祖祠重建特刊》中，有许多重建祖祠与祭祖盛会的诸照片，也不忘记载来台先祖凯清公德行以示不忘祖德如下：

《来台凯清公生平事略暨重建宗旨简介》

十三世祖凯清公于清乾隆年间，蒙神明庇佑，渡海来台，初在中坜贩水为生，为人谦诚朴慎，勤俭克己，颇为地方仕绅称道，后经明媒正娶当地端庄贤慧之名媛淑女陈氏孺祖婆为妻，育八子八女，八子者麒然公、麟然公、献然公、瑞然公、泮然公、增然公、明然公、智然公等八大房，同根枝叶俱皆欣荣，繁衍昌盛传子孙数千人，遍布台省地区，士农工商各行各业不乏出类拔萃之士，今为缅怀祖先德泽创业维艰，筚路蓝缕之精神，由八大房子孙集资重建祖祠，于民国岁次癸酉年二月择吉动兴建，至同年十二月八日建造完成，华堂钟秀，美仑美奂，祖宗德泽，源远流长，永续庇德，福祚绵长，念兹在兹，万世荣昌，是为序。

第十七世孙　　鸿　金　敬撰

这些都是该家族借由不忘祖德的祭祖与修族谱、重建祖祠等活动以维持家族凝聚力的有力证明。

四、结论

淡水鄞山寺附近的淡水北郊原有客家庄，已经完全"福佬化"，当地客家后裔，已完全不会讲汀州客家话，而改讲台湾闽南语，只剩下鄞山寺也就是以前的汀州会馆，当成现在的"客家历史记忆符号"与"客家"文化资产、生态。而桃园新屋区十五间村胡姓大家族，虽无大型的闽西民间信仰（如惭愧祖师或定光佛），现在却仍保有强大的永定客家认同，仍讲永定腔客家话，他们的台湾永定腔客家话，更是台湾汀州裔客家人的活生生文化资产。究其历史演变结果的原因，概可分析如下：

在淡水北郊的客家人，并非分布在台湾的"客家优势地区"。虽然在历史上，大台北地区特别是较富饶的大台北盆地区内之西侧，如新庄、泰山、五股等地，曾经分布许多客家人，尤其当时汀州客家人还占了不少，使得大台北盆地区内之西侧，很可能曾一度是客家优势区。但因清道光年间台湾发生数次"客家－闽南大械斗"，使得许多大台北盆地区内侧客家人，纷纷被迫选择离开大台北地区，有许多即是南下再次移民到邻近的桃竹苗客家区，少数在大台北地区留下来的，成了客家与闽南族群界线下的弱势族群，大台北原有的"客家优势区"自此消失，使得他们不得不随时代交替变成了"福佬客"。而淡水北郊的汀州客家人，更是分布在较贫瘠的盆地外缘，一边是山一边是海的贫瘠之地，就不能形成人口较多的客家核心城镇，以凝聚客家城镇的"客家通用话使用权"，加上这一带的客家核心城镇是淡水街，而淡水街又以闽南人为主，使淡水北郊的汀州客家人不得不随世代改使用闽南语，留下汀州会馆与淡水鄞山寺成为今日当地"客家象征"的文化生态。

但是桃园十五间村的汀州永定胡姓大家族，地理位置坐落在客家人优势区的北台湾桃竹苗客家区，在这里，汀州腔客家话虽不是优势客家腔调，且因为台湾的几种客家优势腔调都是粤东地区的客家话，也使得即令是汀州客家人在桃竹苗客家区分布，也可能会改讲粤东各种腔的客家话，这在桃竹苗客家区的汀州客家后裔家族也偶见之。但十五间村的胡氏大家族借由祭祖、建祖祠、祭祀公业的蒸尝、屡修族谱等，来凝聚"汀州客家"的历史意识，以不忘汀州客家祖宗言，遂使该家族持续使用汀州客家话，其台湾汀州客家后裔与永定腔客家话的文化生态得以保留至今。加之，十五间村位于"南桃园客家区"，这里是整个北台湾"桃竹苗客家区"中，客家腔调分布最多种的地区之一，自也是汀州永定腔客家话，能在这丰腴的语言土壤里，被保存下来的外在原因之一。

第十一章　坚持永定情，不忘祖宗言：
桃园十五间村永定胡氏家族语言文化生态

一、前言

台湾的客家话正在不断流失，以往数百年来受到人口优势的台湾闽南语之冲击，使历史上许多台湾客家人后裔变成了"福佬客"；近几十年来则因为台湾"通行国语"早，在光复以来便雷厉风行从未间断过，效果也在近三四十年出现强大的反效果，即是现在台湾约四十岁以下（概 1980 年以后出生）的，无论客家人或闽南人或少数民族等，其方言母语能力都非常差。

而台湾客家话在台湾本就是弱势方言，原因系因为台湾客家人口比例不高，仅占台湾总人口约 16%—18%，这内部又分为较多人讲的"台湾四县腔客语"、"台湾海陆腔客语"、以及相对较少人讲的台湾"大埔""饶平""诏安""永定""长乐"等台湾客语腔调。越少人讲，代表语言可能流失的速度越快。台湾桃园市新屋区望间里的十五间村胡氏家族，正是还能讲祖先永定腔客家话的"少数中之少数"，所以其在台湾的永定腔客家话文化生态之调研，自是刻不容缓。

二、十五间村的地理位置与概况

十五间村位于桃园市新屋区，行政村名是"望间村"（今已改制为望间里）①，望间里发展较早的自然村有十五间村、十五间尾村等。此外，望间里尚有庄屋、

① 在台湾的"乡级政区"有乡、镇、县辖市、市辖区等四种，村级则有"村"（行政村）与"里"（行政里）两种，只有乡才设"行政村"，其他的镇、县辖市、市辖区，皆设"行政里"。桃园市原本为桃园县，到 2014 年底才"整县升市"，其下各乡镇也皆改为市辖区，所以原先的桃园县新屋乡望间村，便改制为桃园市新屋区望间里。至于"望间"则为台湾光复后"地名雅化"时由政府所取的名称。

古屋、邱屋、罗屋、甲洽潭、彭屋、吕屋、牛角湾、曾屋等自然村。其中十五间村是这里最大的自然村,所以当地人尤其年长一辈的人,还是习惯直接径称望间里为十五间村或十五间庄。十五间村,是个台湾北部"桃竹苗客家区"中,一个以永定中川胡姓为主要居民的自然村,其地理位置在桃园市新屋区南境,而整个望间里又刚好在桃园市新屋区、杨梅区,以及新竹县湖口乡等三个乡、区交会的地方。

十五间村在清代时已经是人口颇多的大村庄,依据清代晚期编纂的《新竹县采访册》记载:"十五间庄:在(新竹)县北三十五里,户五十,丁口四百六十。"①,四百六十人的村庄,在清代台湾时期来讲也可算是相当大的自然村,这其中,当有不少是这个永定胡姓家族人士。十五间村这里的永定胡姓是来源自今福建省永定区下洋镇中川村,根据胡家提供的族谱资料,第一代从永定中川移民去台湾的"来台祖"叫做"胡凯清",早在乾隆、嘉庆年间便已"过台湾",至今已两百多年。两百多年来,该家族中人——尤其老一辈的,仍坚持"不忘祖先言"讲永定腔的客家话以示"不忘本、不背祖",这在台湾是相当难能可贵的,因为在台湾,闽西各种腔调的客家话已经越来越少人讲,在台湾的汀州客家后裔,大多已经被闽南人同化为"福佬客",连任何一种腔调的客家话都不会讲了;或者有一部分是改讲台湾客家人中较多人讲的广东东部各种腔调客家话。但十五间村的胡家,仍坚持汀州永定的客家认同,维持祖宗言,实属难能可贵。

这里也须说明一下桃园、新竹一带较优势腔调的几种客家腔与地理分布,才能体现出在十五间村这里,要维持世代讲永定腔,其实有一定程度的相对困难。桃园市的新屋区与杨梅、观音、中坜、龙潭、平镇等六区,都在桃园市西南侧,在台湾民间习惯称这里为"南桃园客家区";相对地在桃园市东北境的桃园、芦竹、八德、龟山、大园、大溪等六区,以往都是台湾闽南人的集中地,俗称为"北桃园闽南区"。在"南桃园客家区"的东侧,即中坜、龙潭、平镇三区,以往较通行台湾的"四县腔"客家话,亦即广东梅州蕉岭腔,这也是台湾客家话中最多人讲之客家腔调;在南桃园客家区西侧的新屋、观音、杨梅,乃至在往南的新竹县境内,以往较通行台湾俗称"海陆腔"客家话,亦即源自广东汕尾的海、陆丰、陆河一带客家腔调。所以,十五间村是处于完全被海陆腔客家话包围,同时又邻近台湾客家人最多人讲的四县腔地区,同时又距离北桃

---

① 《新竹县采访册》,南投:台湾省政府文献委员会,1999,卷二,《竹北堡庄》,第93页。

园闽南区不远，台湾闽南语又是台湾最强势的方言，所以十五间村胡氏家族要在两百余年来保留自己的永定腔客家话，也确实不容易。

根据这次调查，其实十五间村的胡姓家族多数人尤其老一辈的，都已拥有能自由切换于永定、四县、海陆等各腔台湾客家话，以及也能说台湾闽南语的语言能力，在这种语境下，他们仍坚持了保存自己家族永定腔客家话的遗风[①]。

三、十五间村胡姓家族的世系与现状

根据十五间村胡氏家族所提供的《安定堂胡氏族谱：胡氏渡台祖凯清公大陆区历代直系族谱暨在台传下子孙世系谱》记载，胡家"来台祖"胡凯清公，娶妻陈氏，共生有八子，故今日胡家后代自称"八大房"，凯清公八子分别是长子麒然（娶妻徐氏）、次子麟然（娶妻沈氏）、三子献然（娶妻张久妹）、四子瑞然（娶妻黎氏）、五子泮然（娶妻吴氏）、六子增然（娶妻卢氏）、七子明然（娶妻吴氏）、八子智然（娶妻陈氏）。

依胡氏族人提供的诸族谱史料，可知胡家是很有心的与大陆原乡宗亲族谱对接过的，因为一般而言，台湾的祖先牌位都是从"来台祖"开始记载的，可是前引族谱中特别载明〈福建永定中川下洋[②]胡铁缘公宗祠传下台湾凯清公直系12代先祖〉的牌位，这是下洋中川原乡胡铁缘公宗祠原有的，如下图11—1：

---

① 不过十五间村胡氏家族他们的永定腔客家话是否会受到邻近的海陆、四县腔客家话乃至台湾闽南语的影响，而略与原乡永定中川腔的客家话有所不同，这是属语言学的范畴，非笔者这次所能调查与比较。

② 此处记载有误，应该是"下洋中川"，不是"中川下洋"，但此处忠于原资料不变动。

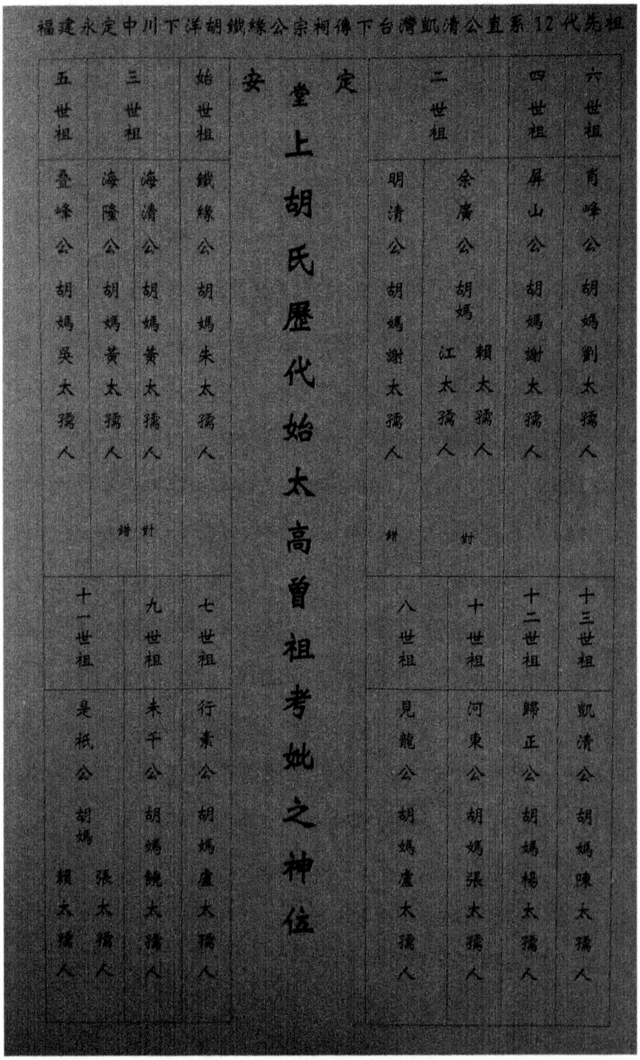

图 11-1：福建永定中川下洋胡铁缘公宗祠传下台湾凯清公直系
12 代先祖牌位图

图 11-1 中二世组与三世祖还特别标明"对""错"，表示原来牌位有误，经过他们族人考证的结果，证明十五间胡氏族人他们对祖先事务非常用心。

八大房子孙繁衍了两百多年下来，如今这个家族人口已经有数千人之巨。不过因为早在 20 世纪 60 至 70 年代起，台湾便已开始"城市化"，许多乡村人口都往较大城市城镇移居，胡氏族人也不例外，大多已从"十五间村"移居外地。根据胡家族人提供的《桃园县胡凯清公传下八大房管理委员会度祭祖手册

（2006年）》所载族人的"通信住址"资料来看，如今胡氏族人大部分都已移居到"南桃园客家区"中最热闹的城镇即是中坜区与平镇区，有些甚至移居到更远些的"大台北"生活，但是他们的"根"也就是"祭祀公业"以及"祭祖公厅"，还留在家族的"根"也就是十五间村。

此外，他们也借着到祖先所居地福建永定下洋镇的中川村寻根祭祖，来凝聚自己族人的向心力，在族人提供的《胡氏凯清公来台开基二一三年暨重建落成十五年纪念特刊》中，就刊有许多他们前来永定中川村祭祖活动的照片，殊是难得。

四、今日十五间胡家永定腔客家话可能面临的"语言危机"试析

今日十五间胡家永定腔客家话可能面临的"语言危机"，其实大同小异于今日整个台湾客家话所面临的"语言危机"，因为台湾客家话本身在台湾就是弱势语言，只是台湾永定腔客家话又更弱势，所以会多了下面（一）这一条，兹一一试析如下：

（一）受"四县"与"海陆"两优势客家腔的语言冲击

这一条，可参前述十五间村所处的地理位置，是正好被台湾海陆腔客家话所包围着，又邻近四县腔所在的中坜、平镇这些大城镇不远，所以十五间胡家的永定腔，两百多年来难免可能受到两种相对强势的客家话腔调影响，而略与原乡腔调有所小差异。不过，胡氏家族两百多年来仍本着"不忘祖宗言"的宗族强大向心力，"坚持永定情"，所以这一条对于十五间胡家人的语言冲击，似乎没下面两条来得大。

（二）受强势台湾闽南语的语言冲击

汉人移民台湾四百年来，台湾闽南语一直都是台湾汉人里面的强势语言，四百年来不断吞噬其他汉人方言群、与少数民族的语言使用空间，像台湾中部彰化县一带原本有许多广东饶平、大埔与福建永定的客家人，还有"大台北"一带的三芝、石门、新庄、泰山等地，现在那些客家后裔都已经变成了"福佬客"，只会讲闽南语不会讲客家话。

目前十五间村还在客家语言沃壤区的北台湾桃竹苗客家区里，他们的客家话暂时不会受到闽南语的冲击，可是随着20世纪60至70年代起，台湾便开始"城市化"，许多乡村人口都往较大城市城镇移居，胡氏族人也不例外，大多已

从"十五间村"移居外地。根据前引《桃园县胡凯清公传下八大房管理委员会度祭祖手册（2006年）》所载族人的"通信住址"资料来看，也有不少族人已移居大台北都会区，那些族人第一代可能还能口操流利的客家话，但经过一两代人后就难免受到闽南语或普通话的严重冲击。

另外胡氏族人也有相当多是移居到邻近的桃园市中坜、平镇两区大都会，这里表面上虽属客家区，但因为城市急速发展，现在单单两区人口合起来，实际上早已成为超过50万人的大城镇，外来人口很多，这里面就移居入不少台湾闽南人，也将原本就强势的台湾闽南语带入中坜与平镇。笔者廿多年前也就是20世纪80年代后期曾住过当地，就发现当时当地市镇上几乎改讲闽南语而不讲客家话了，这点不但对台湾永定腔、也对其他腔客家话冲击很大，也着实令人担心。

（三）受"国语"（普通话）的语言冲击

这一条自20世纪90年代后，自21世纪十多年来越来越严重，全台湾尤其在台湾北部特别明显。原本我们中国人学习讲普通话（台湾称为"国语"）是天经地义，可是学习过程中又没人说要忘记方言①，但是因为台湾普遍推行"国语"早，自1945年以来台湾光复后就从未间断，原本早年当局在推行"国语"阻力重重，特别是来自台湾中南部的台湾闽南人阻力甚大。但随着世代交替，自台湾光复以来七十余年间大概也有三代人了，在第二三代的方言母语能力越来越差的状况是越来越明显。如果笔者算是台湾光复后的第二代人，则我们这代尤其北部人，大概是方言母语与"国语"皆能十分流利，南部人则仍然"国语"能力普遍不佳，但到笔者的下一代人的方言母语能力就特别差而纷纷改讲普通话了，这在胡氏家族人也不例外，所以笔者调查时也发现胡氏族人中大概是笔者这代人以上还能讲永定腔客语，尤其老一辈的胡氏族人讲得更流利，但是到了年轻一代则改用普通话交谈了，这不光胡氏族人，而是北台湾都是如此。

---

① 张正田，《传统上中国各地都是双语甚至三语社会——客语、国语，可并行不悖》，《客家杂志》（台北），249，2011.03，第60—61页。

第三篇　台湾苗栗客家历史

第十二章 从"巴里"经"猫里"到"苗栗": 从"三汴圳"看苗栗市地区在清代的开发

一、前言

今台湾苗栗县城苗栗市,是苗栗县境的核心城市,在清代历史上大部分时间称为猫里或猫狸,都是从本地原有"熟番"①"道卡斯族"语的"巴里"(Pali或 Marri②,意思为广阔的平原)用闽语音译而来③,客家人沿用之,本章统用"猫里"称之。后来猫里一带在以客家人为主的汉人开发成城镇④"猫里街"后,曾为清中期⑤猫里名儒吴子光称誉为:"猫里……淡南一邨镇,人烟稠密,颇具城邑规模,四方骚人游屐至者,月无虚日"⑥。此语中所谓的"淡南"之地,泛指当

---

① "番"字有歧视意味,本章在论述上不得不用此字时,特别用""表示之,以表示对台湾少数民族之尊重。

② 鉴于今日"道卡斯语"已经是个死亡的语言,此处 Pali 之音,取自黄鼎松,《重修苗栗县志·卷四·人文地理志》,苗栗:苗栗县政府,2007,第 10 页;而 Marri 之音,取自胡家瑜主编,《道卡斯新社古文书》,台北:台湾大学人类学系,1999,第 20 页。不过笔者倾向用前者为宜,因为 Pali 其音更近闽语"猫里"之音。

③ 闽南语"猫"字音为 miao 或 mia,皆有 -i- 介音,而福州话"猫"音 ma(但实际音位接近 mba 或 ba),故疑是从当时台湾府所属福建省的省城所在福州话音译而来。但尤论是闽南语或福州话,虽然两者彼此不能相通,在方言学来讲皆是"闽方言"系统。故内文中说成是"用闽语音译而来"。

④ 本段论述古今苗栗市时,用了"城镇"与"城市"(city)两词,其中后者是指历经"现代化"后才从西方引进的概念,而今日苗栗市确实也已现代化与城市化,所以本章若涉及论述今日之苗栗市,则用"城市"称之,但论及清代苗栗或猫里时,还是以用历史学常用称呼苗栗这类中小型城镇用"城镇"称之。以下皆同。

⑤ 本章暂称"清前期"为施烺于康熙二十二年(1683)收复台湾后之康、雍、乾三朝之际,"清中期"为嘉庆、道光、咸丰三朝亦即到 1860 年左右台湾尚未"开港"之前,"清晚期"是台湾约 1860 年前后"开港"后的同治、光绪到 1895 年台湾被迫割日为止。以下皆同。

⑥ (清)吴子光,《台湾纪事》,台北:台湾银行经济研究室编。台湾文献丛刊第 36 种,1959,《附录一·直隶州知州衔赏戴蓝翎甲午科举人修堂刘公传》,第 60 页。

时淡水厅治竹堑城（即今新竹市中心）之南直至大甲溪以北之境，清代吴子光先贤认为当时猫里街之盛是淡水厅以南境的一大城镇，所以"四方骚人游屐至者，月无虚日"，可见今县城苗栗市的前身"猫里街一带"，在清代当时核心城镇"猫里街"①街景盛况。后来在清晚期的光绪十三至十五年（1887—1889年），朝廷考虑到猫里街一带各街庄之兴盛繁荣，需要从当时新竹县南境筹设新县份以分治，于是将猫里街改名为苗栗街②，并经过详细的重勘新县界后③，新县名即定名为苗栗县，沿用至今。

为何清中期亦即嘉道咸之际当时猫里街会成为"淡南一邨镇，人烟稠密"？要之，清中期当时台湾尚未历经1860年"开港"加入当时国际贸易体系，还尚未发生以"内山"樟脑为主要出口物资造成清晚期猫里街或苗栗街更加兴盛之事，则清中期猫里街的兴盛之要因，该还是以周边平原（苗栗平原）农业生产之兴盛为主要导向，才造成中心城镇猫里街之繁荣。本文初步认为其主要原因至少有二：

（一）本区与今日公馆乡、头屋乡同属苗栗平原，而从清前期开始整个北台

---

① 严格而言，清代狭义的"猫里街"仅指"今苗栗市地区"的中苗南境与南苗一带之中苗、青苗、玉苗、绿苗、新苗、高苗等诸里，以及大同里东半部与建功里西半部之地，其他外围地区，在清代则分属"六大庄"如下：

1. 维祥庄：又称围墙庄，其南境则又称内麻庄或内麻溪洲庄。
2. 嘉盛庄：即嘉志阁庄。
3. 南兴庄：即芒埔庄或梦花庄。约今清华、玉华、玉清等里。
4. 中兴庄：即今俗称社寮岗庄或称北苗之地。
5. 西山庄：约今文山、文圣、福丽里一带。
6. 大田庄：即田寮庄，约今福兴里、福安里一带。

乃至于今南势里、新英里、新川里等三里，清代当时又另外为一庄，称为南势坑庄。以上可参见黄鼎松，《重修苗栗县志·卷四·人文地理志》，第10-28页。

本章统称前述地区为清代"猫里街一带"以指"今苗栗市地区"，约等于清代"猫里街＋六大庄＋南势坑庄"之总和。若文中称"猫里街"，则指狭义的中苗、南苗一带前述诸里地区。

又本章会使用"今苗栗市地区"一词，系鉴于今苗栗市行政区域空间乃1920年后才确定，以前并没有之，清代苗栗街与六大庄加起来也不完全等同今苗栗市地区，故本章用此名词以显示古今的今苗栗市辖区空间。

② 本章在论述上，在未改名为苗栗街之前，尽量使用猫里街，改名前后，则使用苗栗街以区别之。

③ 张正田，《清光绪新竹苗栗两县划界时中港、苗栗两保保界厘清之空间关系》，《台湾师大历史学报》，48，2012年12月，第203—228页。

湾为汉人大开发后，乾隆十五年（1750）朝廷划定南台湾的"土牛红线"①，禁止汉人非法开垦土牛红线以东所谓的"熟番保留区"，十年后的乾隆二十五年，朝廷又划定北台湾的"土牛红线"，今县城苗栗市境内恰属于朝廷此年所定的所谓"汉人开垦区"，而所谓的"熟番保留区"概为今日苗栗县头屋、公馆、铜锣三乡之地，所以汉人至少在乾隆二十五年后，可以以今苗栗市地区为重要的"汉垦基地"，自由地在本区合法开垦后，并逐渐透过（1）相对"合法"地向"熟番"如"新港社"，或"嘉志阁"与"猫里"两社"合社"后的"猫阁社"，承租或承垦或买断今头屋、公馆、铜锣三乡之所谓"熟番保留区"加以开发更多的农业生产；乃至（2）直接从本区"非法"地越过土牛红线所在的今后龙溪、猫里山（泛指约今猫里山至大坪顶之山丘地），向前述三乡境内拓垦。依学界研究乃至从史料都可知，这类合法的非法的向前述三乡之地开垦的都有②，所以今苗栗市地区至少在乾隆二十五年后是重要的"汉垦基地"。

（二）既然乾隆二十五年后，今苗栗市地区成为了当时猫里一带重要的"汉垦基地"，那以客家人为主的汉人在自由合法地开垦本区时，大兴水利以灌溉这片广阔的"Pali"（广阔的平原）是很重要的。加之，早在乾隆十二年（1747），就有客家人谢雅仁等人向本地"熟番""猫阁社"买下今苗栗市地区的大部分土地所有权（详后），所以在乾隆朝初期，今苗栗市地区在汉人需要开垦的农业需求下，在乾隆二十年由乡贤谢雅仁等人捐资，以人力修筑三条水圳也就是"三汴圳"就应运而生（详后），清代本区"三汴圳"对本区开垦之历程，亦是为本章的探寻重点所在。

---

①　台湾中部到南台湾的土牛红线为乾隆十五年划定，中部到北台湾的土牛红线为二十五年划定。土牛红线原则上以自然山川为界，在汉人与山地少数民族之间交通要道上才有设"土牛堆"，不是交通要道上的皆以自然山川为界。在今县城苗栗市地区恰巧都天然山川为界，东以今后龙溪为界，猫里山也就是今日猫里山到大坪顶一带山丘地为界。

②　《清高宗实录选辑》有载：

贫民于近界处搭寮私垦，至越出（土牛）界外，零星偷种"番地"，猝遇"生番"，鲜不毙命。嗣后无论"界外"之三湖（按：今苗栗县西湖乡三湖一带）、蛤仔峙（按：即蛤仔市，今苗栗县公馆乡中心村处等各村）等处，不许私种，即逼近"番界"之荒埔，悉行严禁。

这是苗栗一带非法"越界侵垦"的史料例证，见台湾银行经济研究室编，《清高宗实录选辑》，台北：台湾银行经济研究室．台湾文献丛刊第 186 种，1964，第 147—148 页。又见张正田，《从"土牛线"到"紫线"：清乾隆年间苗栗客家地区汉人开发情况初探》，"第 20 届台湾地理国际学术研讨会暨潘朝阳教授荣退致敬学术研讨会"（台北），台湾师范大学地理学系．2016.05.22．"同名研讨会论文集电子版"，第 527—539 页，或张正田，《从"土牛线"到"紫线"：清乾隆年间苗栗堡汉人开发情况》，《清史论丛》（北京），2018.12，第 259—273 页。

又有关今苗栗市地区的文史相关研究成果极多，如黄鼎松《从古文书看苗栗市的早期拓殖》与《苗栗的开拓与史迹》①等，黄氏之相关本地区之著作极丰限于篇幅不能一一举例。此外又有潘朝阳《宗教、寺庙、后龙溪谷地通俗信仰的区域特色》、《苗栗嘉盛庄村庙的空间配置及其内涵》《台湾传统汉文化区域构成及其空间性：以猫里区域为例的文化历史地理诠释》②等，亦是相关著作，乃至苗栗市方面在1998年所修《苗栗市志》③，或黄尚煃、刘焕云、张民光之《苗栗三山国王信仰之研究》④，刘焕云《台湾苗栗城隍庙信仰研究》⑤，江权贵《苗栗市民间宗教之空间性》⑥等对苗栗市地方信仰的探讨等文章，总结起来学术界关于今苗栗市地区之研究成果极多，限于篇幅不能一一举例。

但关于苗栗市"三汴圳"之历史专文论述，则似较少，在前述1998年所修之《苗栗市志》，乃至2005年再修之《苗栗市志》⑦，乃至2007年洪东岳之《重修苗栗县志·卷廿一·水利志》⑧中，对"三汴圳"的描述则多重视台湾日据以来到现状的论述，对清代的相关叙述倒较少，故本章所欲探询之主旨，仍有一定程度的论述空间。

二、本地"熟番"与汉人土地权力卖断

值得注意的是，清廷所划定北台湾的"土牛红线"之时间是清乾隆二十五年，此年以后今苗栗市地区才是朝廷眼中汉人可以合法开垦之地。则在乾隆二十五年以前，今苗栗市地区以客家人为主的汉人是否可以合法开垦，似乎属于"司法模糊地带"，如此则清乾隆二十年的以客家人为主的汉人是否属于"越界

---

① 黄鼎松，《从古文书看苗栗市的早期拓殖》，《苗栗文献》，13，1998.11，第99—110页。黄鼎松，《苗栗的开拓与史迹》，台北：常民文化出版发行、吴氏总经销，1998。

② 潘朝阳，《宗教、寺庙、后龙溪谷地通俗信仰的区域特色》，《地理教育》（台北），6，第79—93页，1980。潘朝阳，《苗栗嘉盛庄村庙的空间配置及其内涵》，《台湾师范大学地理研究报告》，16，第247—275页，1990。潘朝阳，《台湾传统汉文化区域构成及其空间性：以猫里区域为例的文化历史地理诠释》，台湾师范大学地理研究所博士学位论文，1994。

③ 苗栗市志编纂委员会编. 黄鼎松总主笔，《苗栗市志（上）》，苗栗市：苗栗市公所，1998。

④ 黄尚煃·刘焕云·张民光，《苗栗三山国王信仰之研究》，《苗栗文献》，52，2013.11，第113—151页。

⑤ 刘焕云，《台湾苗栗城隍庙信仰研究》，《赣南师范大学学报》，2018.05，第42—47页。

⑥ 江权贵，《苗栗市民间宗教之空间性》，台北：台湾师范大学地理研究所在职进修班硕士学位论文，2005。

⑦ 苗栗市志编纂委员会编·黄鼎松总编辑，《苗栗市志》，苗栗市：苗栗市公所，2005。

⑧ 洪东岳，《重修苗栗县志·卷廿一·水利志》，苗栗：苗栗县政府，2007。

私垦"?似乎也非,因为:(一)乾隆十五年时朝廷已划定南台湾的土牛红线,接下来朝廷就准备要再在北台湾划之,可推论汉人似乎想在这时间空档中修筑三汴圳以图本地区"水田化"之后的农业利润,这时间点已在朝廷要在全台湾划"土牛红线"之后。与(二)早在乾隆十二年(1747),今苗栗市地区的"熟番",即嘉志阁社与猫里社"合社"后的"猫阁社",就以当时五千银元之巨资,卖断今苗栗市地区土地权给前述集资开凿三汴圳的谢雅仁之兄弟辈谢昌仁[①]等众汉人开垦。请详下史料:

目前可见今苗栗市地区最早汉人拓殖古文书为《乾隆十二年猫阁社总头目八系米那猫哟干等立杜卖尽根断契字》,兹载如下:

立杜卖尽根断契字人:猫阁社全族人代签总头目八系米那猫哟干,有承祖先遗下猫阁社土地,东至嘉志阁大墩脚为界,西至西面山岗为界,南至南势山岗为界,北至芒埔为界,四至界址分明。今同族人商议,有意迁让托,中保引与汉人谢昌仁、谢永江、张清九、罗开千、汤子桂等官出首承买,三面议定,时值番银伍仟大员正,其银即日全中交收足讫,其园埔、山岗、窝坑,任从银主前去垦辟、管掌,永为己业。哟干保有土地,是先祖所遗,与别社他番无干。如有来历交加不明,猫阁社俱一力出首抵挡,不干银主之事,日后猫阁社族人子孙不敢言贴。此系二比干愿,各无反悔,端口无凭,立卖契一纸巾,付执存照。即日全中收过番银伍仟大员正,完足再照。

又批明番族得在伍年内,全数迁离契内之地,不得拖延,声明批照。

又批明四址界内,立碑为记,互不欺犯。若有楚情,得归返契,执番银再照。

又批明猫阁社番,不得越界偷取牛只、杀人等情,若有此情,任汉人重罚,批照。

又批明此契内土地,得保有水流、灌溉,猫阁社不可断取水源,再照。

又批明汉、番两族,得合睦相处。若有外族来侵,两族得共同抵抗,不可旁观,再照。

代笔人谢芳昌

保认中人　　总通事葛甲

林武力　　　　佛抵

---

① 邓桢烨,《汀州客家再移民与认同变迁研究——以陈留堂谢姓族人为中心(1797—1952)》,桃园:台湾"中央"大学历史研究所硕士学位论文,2016,第62页。

娘巴蚋斯　　妈吻

屯丁首潘有为

在场见　彭祥瑶

何子造

欧米系那未盖（手摹）

巧立培技

立杜卖尽根断契人猫阁社全社族人代签总头目　八系米那吭干

什班尤加利

乾隆拾贰年拾月 ①

这份古文书契就是学界俗称的"红契"（以下亦简称"红契"），乃吭清乾隆十二年位于苗栗平原的"猫阁社""熟番"，将苗栗平原内的今苗栗市地区大部分土地（由契约中四至可知），让渡给以客家为主的汉人谢、罗、张、汤四姓五家拓殖势力之原始文件，其中"红契"文件内的谢昌仁是前述谢雅仁的兄弟辈。又依学者研究，此后这些客家人中的四姓五家，可能经过阄分后，分别拓殖今苗栗市境内地，各有自己势力范围。其中本契约中的谢永江拓垦当时社寮岗、嘉志阁、芒埔一带；谢昌仁则拓殖垦内麻、芒埔一带 ②。

由此份"红契"可知，以客家人为主的汉人，早在乾隆十二年即已获得"猫阁社熟番"首肯并买断今苗栗市大部分地区的土地权。或因此，朝廷在13年后的乾隆二十五年，历经地方官上报实际土地使用情形后，划定北台湾土牛红线时，会将今苗栗市大部分地区划入所谓的"汉垦区"，而将东、南面划入界外所谓的"熟番保留区"。

也因为在此时代背景下，谢雅仁等人在乾隆十二年获得"熟番"同意卖断土地使用权后，在乾隆二十年之际建筑了三汴圳，修竣后，也使原来的"Pali"或给"水田化"了，并逐渐在中间地区原"猫里社旧址"偏北处，形成了汉人街庄猫里街，并在清晚期改名为苗栗街。自此到今日约两百五六十年来，三汴圳河道更动不大，川流不息地灌溉着今苗栗市地区的水田。

---

① 台湾"中央研究院"民族学研究所藏古文书，原件编号：ET2807。

② 依陈水木．潘英海编，《绪论：关于后垄社群古文书．第一节．从猫阁社"红契"谈起》，收入陈水木．潘英海编，《道卡斯后垄社群古文书辑》，苗栗：苗栗县文化局，2002，第4—7页，第5页处；又可见苗栗市志编纂委员会编．黄鼎松总主笔，《苗栗市志（上）》，第136页。

三、从清末《苗栗县志》看"三汴圳"的兴建与发展

而清代关于苗栗"三汴圳"之论述记载，当以清末所修《苗栗县志·建置志·水利志》为最详，请见下论。

清晚期末年 [①] 所修《苗栗县志》里面，对"三汴圳"的开凿历程有翔实记载，值得全引如下：

猫里三汴圳：距县南三里。其水自龟头山溪引入，灌田八百余甲。

谨按：此圳，于龟头山下砌礐、留衔引水入圳。北行一里许，为内麻溪洲庄。以木板横拦圳水，分作三缺流下，名为三汴。共宽一丈三尺五寸，作为四百六十甲水，分灌维祥、嘉盛、南兴、中兴、西山、大田六庄等田八百余甲。中汴：计宽二尺六寸五分，有水七十二甲，专灌大田一庄。东汴：计宽四尺六寸五分，有水一百四十六甲，分灌维祥、南兴二庄。西汴：计宽六尺二寸九分，有水二百四十二甲，分灌中兴、西山、嘉盛三庄。其水额，均照筑礐需费摊分，各于契内载明。查是礐，计长八十丈，于乾隆二十年（1755）谢雅仁董理捐造。嘉庆十三年（1808），谢廷耀董理重修。道光元年（1821），刘献廷、谢魁光董理重修，并加造副礐一座，计长四十丈。十三年（1833），刘佳宙董理重修。二十五年（1845），吴德孚、谢方荣董理重修。咸丰二年（1852），刘翰、谢锡纶董理重修，共计费银二万余圆，按照水甲摊派。其汴面东西两边旱埔，向未均摊礐费，是以全无水额。光绪八年（1882），内麻溪洲庄民人张琼荣于汴面开圳，引水车行灌伊旱埔；经六庄民人汤文彬、徐进坤等赴新竹县控争，缠讼五年。经县五任、堂讯十数次，俱以张琼荣本无水额，断令将圳填塞。张琼荣反复抗断，十二年（1886）酿成命案，控府提讯；经台北府雷其达断令张琼荣将田卖归六庄人等，以杜后弊，价银四千两，并谕令刘育英向六庄人等鸠资合买，按照殷实派捐。乃刘育英心怀巨测，捏写伊名承买，据为己有，毫不分

---

① （清）沈茂荫，《苗栗县志》，台北：台湾银行经济研究室．台湾文献丛刊第159种，1962，〈弁言〉，第1页载：

本书纂辑的时间，按"赋役志"户口编查迄清光绪十八年暨"职官表"训导苏学海与大甲守备冯瑞凤均署于十九年，诚如方豪先生所说："编纂时期应为光绪十九年，甚至二十年"（引方著"代序"）。盖"时各府县厅奉令辑采访册，广征资料，以奠省'通志'之基。而沈茂荫先生生于邵友廉巡抚时知苗栗县事，在省修志局监督下，特扩采访册规模，修成'苗栗县志'十六卷。""惜书成而中日战争爆发，遂不及付梨枣"（均引赖著"校印序"。方著"代序"亦说："'苗栗志'校对尚未列名，可知此系稿本，尚未付梓"）。

可知清晚期《苗栗县志》修纂应该在光绪二十年（1894）左右，已经是清晚期末年台湾割台之际。

租。十七年（1891），汤树梅出首控争，并各捐户禀请充入英才书院作为膏伙；经代理知县林桂芬详奉上宪批准。按此田本无水额，因充入书院为培植人材之资，是以六庄民人不复计较，一体灌溉. 但此田下流旱埔不少，而彼处奸民得以从此乘间接引充田流下之水。灌伊旱埔。则充田所灌之水有限，而下流所灌之水无穷，是亦六庄民人之后福也。①

上引文是清晚期末年记述"三汴圳"的重要史料，前已注引说明清代《苗栗县志》应该是修纂到1894年前后尚未付梓的苗栗县地方志书，这等于是1895年台湾割日前的重要史料，值得译说如下：

前引史料中说，苗栗的三汴圳口，距离清晚期当时苗栗县城南方三华里，因当时官方暂订的县城所在地是梦花街，也就是今中苗偏北的建功小学附近，而非核心城镇苗栗街②，所以引文中说从建功小学往南算约三华里，在今龟山大桥附近，自龟头山溪也就是今后龙溪做水门与引水道，再做水圳即"三汴圳"引入今苗栗市地区以灌溉之，总共可灌溉今苗栗市地区水田八百余甲之巨。自后龙溪与三汴圳之交之水门往北水行的一华里间，为前述维祥庄即围墙庄南境的内麻溪洲庄，约今水源里与胜利里一带，然后再以水汴门分为三条圳水，这也是称为"三汴圳"的由来。三汴圳共灌溉不含猫里街或苗栗街在内的前述六大庄水田共八百余甲。这主要原因也是因为清代猫里街或苗栗街，本身就是个人烟稠密的城镇而较无水田分布，水田主要大多是分布在周围的六大庄中。

三汴圳的中汴圳，今俗称田寮圳，清代当时有水额七十二甲，除了是灌溉大田庄也就是田寮庄的主要水圳外，也是清代猫里街城镇饮用水的重要来源，当时有"挑水古道"从猫里街"街心"（约今县城苗栗市南苗三角公园经"坑子底"到妈祖庙前）直至今观音宫（和善堂）寺堂前的此水圳处，是清代猫里街人挑日常饮用水的主要交通道，今此古道几乎不存③。此圳，在今"田寮尾"一带注入今后龙溪道。

东汴圳，流经今苗栗市地区的东半部至清嘉盛庄一带汇入今后龙溪，清代当时有水额一百四十六甲，主要分灌溉当时的维祥与南兴也就是梦花等两个庄。

① （清）沈茂荫，《苗栗县志》，卷三，《建置志·水利志》，第51-52页。
② 但实际上在梦花街新县城未盖好前，苗栗县衙仍寄驻在苗栗街的文昌祠（英才书院）办公，所以"南苗"可谓是"老县城"。
③ 笔者老家后门前尚存有一小段此古道，乃清代乡人先贤用"石驳"结石筑之，实堪供留念。也因此，家父张耀桂先生告知笔者老家附近一带因之土名为"石冈子"，附近有"石伯公"福德正神庙在焉。

西汴圳，今俗称"社寮岗圳"，主要流经今苗栗市西山一带，亦为清代西山庄与今之南苗、中苗、北苗（清代称社寮岗庄或中兴庄）之界河，清当时有水额二百四十二甲，分灌清代的中兴、西山、嘉盛三庄。此圳在"西山尾"一带注入今后龙溪道，清代又称此段后龙溪道为"崩山河"。

以上的六大庄水额，都是按清代六大庄各自出资建筑龟头山水门与引水道所需的不同花费来分摊，当时各有契约文书载明六大庄各自的水额。至于龟头山之引水道共计八十丈长，早在清乾隆二十年（1755）年即由苗栗乡贤谢雅仁捐钱修筑。

至于三汴圳的水门引水道在乾隆二十年后，约每十几年到约三十年间都会重修一次，每次重修大致上都可以看到苗栗大姓的谢姓人士[1]之行影，如嘉庆十三年（1808）的谢廷耀、道光元年（1821）的谢魁光、道光二十五年（1845）的谢方荣、咸丰二年的谢锡纶等人皆是。又由重修之频繁，也可见苗栗先贤兴修水利之不易。

到了清晚期的光绪八年（1882），又有内麻溪洲庄的张琼荣，未经六庄人同意，私自在三汴圳另开圳水灌自己之田，这引起六庄人的不满，双方缠讼到光绪十七年才结束。这期间甚至酿生命案，又可见《淡新档案》中光绪十二年之《秉爵抚宪刘（铭传）》所记载：

> 猫里街内麻庄监生张琼荣，与生员刘少拔等□□□□水圳起衅，至六庄之徐进坤等，铳伤张阿松毙命……[2]

由引文知，六大庄与张琼荣双方在缠讼之际，又有六庄人徐进坤等开枪杀了张琼荣的人张阿松，终在前引清代《苗栗县志·水利志》史料中留下光绪十二年"酿成命案"出了人命的记述。

这场连续几达十年甚至闹出人命的水利争控案，在当时想必掀起极大风波，所以在数年后当时苗栗县府官修清代《苗栗县志》时，被记述到这段三汴圳的历史之中。但至今日已时隔百余年，倒不复于大部分苗栗乡人历史记忆之中。

---

[1] 谢姓是苗栗大姓，也以"虚拟血亲"而不以血缘只认同姓关系方式成立苗栗谢氏宗亲会，并在苗栗市建筑有"谢屋祠堂"以为同姓人公祭处。

[2] （清）光绪十二年，《秉爵抚宪刘（铭传）》，《淡新档案》，案号：15110-1 号。撷取自"台湾大学数位典藏资源中心"网站：网址：http://www.darc.ntu.edu.tw/newdarc/，撷取时间：2018/11/15。

四、结语

悠悠三汴圳水，从乾隆二十年修筑起，就见证了今苗栗市地区的发展历史，它的开凿，可谓代表了从"熟番"眼中的"Pali"，也就是一片野草菅芒遍布的广阔平原，转化到"水田化"稻浪四起遍布于六大庄的"猫里"。这中间经过了百余年的"猫里"岁月，包含了清中期转化到清晚期，猫里街也由农产集中地变迁到清晚期的樟脑集散地，到清晚期末年因为朝廷设苗栗县而改名为苗栗街的历史。

三汴圳水悠悠至今依旧常流，呵护与见证着苗栗人两百多年的历史。三汴圳，不但是个物质历史遗产，到了今日也是个可以大力发展"地方深度历史旅游"的大好商机，可以吸引台湾岛内外游客，驻足流连于三汴圳间，体会苗栗历史古今之变。

第十三章　福建漳州张廖家族移民台湾研究：
以台湾苗栗铜锣湾张姓为中心

一、前言

明清以来，福建省漳州府诏安县靠山区的客家"张廖同宗"家族，自明初洪武年间，始世祖张元子传承约七百年以来，海内外开支散叶人数众多，其中亦有与简姓合组为"张廖简"宗亲组织。在今日台湾，张廖同宗家族有些已演变成为"福佬客"，也就是虽为客家后裔，但已改讲闽南语的人，譬如今日台湾台中市西屯区张廖家族宗庙之族人即已几乎"福佬化"；又有些则分布在台湾云林、嘉义两县一带，但大多数同样也已"福佬化"，只剩云林县仑背、二仑等乡的一些小村落内部，还有能讲漳州诏安腔客家话的客家人，人数总共仅约一万人左右，但因其周围村落大多是台湾闽南人街庄，所以他们平常也能同时讲流利的台湾闽南语。

至于在今台湾桃园、新竹、苗栗等县市内"北台湾客家地区"，也有漳州诏安"张廖同宗"家族分布。其中有一支是在明万历年间西移粤东，再于清初移民台湾，自清代至今仍是台湾新竹、苗栗一带能维持客家本色讲客家话的，即清代台湾淡水厅"中港堡"[①]的"御赐六品顶戴、三湾垦户"张肇基家族后裔。关于"三湾垦户张肇基"家族，目前较为学界所知的是其"来台祖"张宗琦，其先祖即福建漳州诏安"张廖同宗"始祖张元子，而张宗琦为张廖家族第十一世，张肇基则为张宗琦之曾孙，为张廖第十四世。

但其实"张宗琦—张肇基家族"另有一房支，亦在清代时自"中港堡"再

---

① 清代"中港堡"，指今台湾苗栗县偏北境中港溪流域之竹南、头份、三湾、南庄等四乡镇市一带。

迁徙到当时台湾淡水厅"苗栗堡"①的铜锣湾一带②拓垦,其后裔概多居今台湾苗栗县后龙溪与西湖溪两溪流域(即清代苗栗堡地区),即今该县以县城苗栗市为中心的县核心区。

根据《铜锣湾张氏家谱》③记载,张宗琦先祖在张廖第六世张良达时即明朝万历年间已移居粤东。至张宗琦时已世居清代广东省惠州府陆丰县,再于清初雍正年间在台湾淡水厅"吞霄堡"④之吞霄港一带登陆台湾,张宗琦后裔在清代台湾中港堡内较有名者即前述"御赐六品顶戴、三湾垦户"之张肇基⑤。尔后学者多因对张宗琦、张肇基之研究,从地缘关系认为张宗琦派下的张廖同宗家族后裔,多居住清代台湾淡水厅"中港堡"与"吞霄堡"一带⑥。

二、何谓"张廖同宗"

"张廖同宗"传说,据前引陈运栋二文(以下称"陈氏二文")与《铜锣湾张氏家谱》,以及张元锦、廖汉奎等人研究⑦,概大同小异记述约在明代洪武年间,有原籍于今福建省漳州市云霄县境古称和尚塘之张元子(又称张愿子)⑧,入赘今漳州市诏安县境官陂廖三九郎之女,并生一子即张廖第二世张(廖)友

① 清代台湾淡水厅"苗栗堡",在清代前期多称为"后垄堡",晚期多称为"猫里堡"或"苗栗堡"(1887年以前称猫里,此年改今名苗栗),约当今台湾苗栗县境内后龙溪流域与西湖溪流域一带,亦约当今日台湾苗栗县之苗栗、造桥、后龙、头屋、公馆、狮潭、大湖、西湖、铜锣、三义等十个乡镇市(今台湾苗栗县共18乡镇市,故清代"苗栗堡"几约今苗栗县三分之二强)。又"苗栗堡"除今后龙镇外,皆为北台湾传统客家地区之一部。

② 即今台湾苗栗县铜锣乡。

③ 此为今日流传于铜锣湾张氏家族内之手抄本族谱,为该家族张廖第十七世已过世之张维镛,于"大岁丙辰年"即公元1916年所传抄。该手抄本族谱由张维镛之堂弟张耀桂、堂侄第十八世张松田、张绍锋、张盛凯等提供。

④ 清代"吞霄堡",指今台湾苗栗县西南境的通霄、苑里两镇,今日皆为以通行台湾闽南语为主。

⑤ 陈运栋,《三湾垦户张肇基考》,《苗栗文献》,1991年第6期;陈运栋,《三湾垦户张肇基》,《苗栗文献》,2003年第10卷24期。陈氏论张肇基为八品顶戴,但其实是六品顶戴,请详后述。

⑥ 王幼华,《清代早期苗栗县的移民模式》,收入王幼华,《考辩与诠说:清代台湾论述》,台北:文津出版社2008年版,第116页处,曾指出张宗琦派下后裔,多分布于今日台湾苗栗县通霄与头份一带。但通霄位在台湾苗栗县西南境,头份在同县北境,似忽略该县核心区县城一带即清代"苗栗堡",在清代时也有张宗琦派下后裔移居分布。

⑦ 张元锦,《两岸"张廖"同血脉》,《炎黄纵横》,2008年第1期。廖汉奎,《从"张廖"见证闽台"血缘"》,《政协天地》,2006年第9期。

⑧ 陈运栋,《三湾垦户张肇基》做张元子是"名元子,字再辉";但《铜锣湾张氏族谱》记载是"名再辉,字元子"。

来，理应继承廖姓。然廖三九郎恐元子、友来父子日后再改回张姓，便跟张元子说："得我业而承我廖姓者昌；得我业而不承我廖姓者不昌"，要张元子立誓。张元子亦立誓曰："生当姓廖，死当归张"，这便是有名的"生廖死张""张廖同宗"之由来。而《铜锣湾张氏族谱》亦载："是以世代相承，则户籍书廖，神主书张，盖不忘木本水源之意云。"

然随时代变迁，在海内外华人各地张廖家族"生廖死张"规则或有演变。如在台湾，有些改为姓"张廖"，有些如台湾云林县一带仍维持"生姓廖、死姓张"的风俗，至于台湾苗栗张宗琦派下这一支，已全都回复张姓[①]。陈运栋认为这可能系因张宗琦这一支，在第六世张良达于明万历年间自福建省漳州府诏安县往西迁入广东省惠州府海丰（当时尚未设陆丰县），又再经约百年后"来台祖"第十一世张宗琦才迁台，因史上数次迁徙使风俗变异有关[②]。至于苗栗铜锣湾家族这房支亦然。

三、张宗琦派下移民台湾简史：并述张肇基几品顶戴问题

虽《铜锣湾张氏族谱》未详载张宗琦生卒年，不过据陈运栋依苗栗县头份、三湾等乡镇市（皆位于清代"中港堡"境）张氏家族所传族谱之研究，张宗琦生于清康熙二十六年（1687），卒于清乾隆十八年（1753），可知头份、三湾之张宗琦派下之张肇基后裔所传族谱有记载，否则陈氏无依据可写。张宗琦娶胡、徐等二氏，生永富、永能、永金、永广、永鹏等五子，依前引陈氏研究，只有永富与永广定居在台湾且有后裔，而清代史上三湾垦户张肇基，即张永广之孙，本名张宏兴；而台湾苗栗铜锣湾张廖家族乃张宗琦长子张永富后裔。又依陈运栋所考，张永富一系主要住在今苗栗县通霄镇与头份市后庄一带[③]，换言之仍与张永广一系分布地大同小异。然其实张永富后裔尚有一房支移居清代台湾苗栗堡铜锣湾，即今苗栗县铜锣乡，今日多住在清代苗栗堡境即今苗栗县城附近数乡镇。

张肇基与其派下在清代到台湾日据时代开拓头份、三湾等地之史，"陈氏二文"已载之详细，兹不累叙，谨再补述若干相关于张肇基史料与简史如后：

---

① 陈运栋，《三湾垦户张肇基》，第22页处。
② 陈运栋，《三湾垦户张肇基》，第22—23页处。
③ 陈运栋，《三湾垦户张肇基》，第23页处。又因台湾苗栗县张宗琦后裔的"张廖"皆已改为张姓，所以此处称其"张廖性质"时会加引号为"张廖"，以下皆同。

张肇基本名张宏兴，为苗栗张廖家族第十四世"宏字辈"（详后"表一"）。又依据《淡水厅筑城案卷．淡水同知造送捐赏殷户绅民三代履历清册底》史料所载：

监生张肇基：年三十二岁，淡水厅民籍。道光五年（1825）由俊秀遵常例捐纳监生，于道光五年八月十七日奉部颁给执照。道光六年建筑（竹堑）城垣，该监生自捐番银七百元，一四折银五百两以上，理合登明。三代：曾祖父宗琦，祖父永广，父裕孝[①]。

又同书《淡水厅筑城案卷．福建布政使司札淡水厅》则载：

监生简朝阳、游于艺、张肇基……民人杜廷瀚、廖锦麟……等，各给予八品顶戴……具题于道光十四年三月二十六日奉旨："依议，钦此"[②]。

由此二段史料，可知张肇基因为纳捐、助筑竹堑城等功，逐渐得到御赐八品顶戴，此已见述于前引"陈氏二文"。而当时捐纳须报三代清白，张肇基还曾上报到"来台祖"张宗琦。

然又依《台案汇录己集．台湾总兵武攀凤等奏折》所载：

道光二十七（1848）年六月二十日，内阁奉上谕：武攀凤等奏遵旨查明台湾漳、泉民人械斗案内，捐输抚恤及获犯出力之官绅、义民人等，据实保奏一折，并分别开单呈览。前年漳、泉匪徒乘机滋事……悉数就擒。所有在事出力及捐输之文武员弁、绅士、义民人等，自应量予恩施，以昭激劝……徐英超、张肇基、周德芳、林廷纲，均着赏给六品顶戴[③]。

故上引史料可知三湾垦户张肇基，并不仅止于因捐献竹堑城筑城等功而被御赐八品顶戴，又在道光二十七年的一次"台湾漳泉械斗"中有所贡献，再为朝廷赏给六品顶戴。这在当时福建省台湾府淡水厅境内亦算是地方军功型显赫人物，亦可藉此凝聚家族向心力，此可见后之"表一"与前引"陈氏二文"，可见中港堡张肇基家族历代世系"字辈"严谨亦可证，以上为张肇基家族史迹之考补。

四、苗栗堡铜锣湾"张廖"家族史探析

依据《铜锣湾张氏族谱》记载"来台祖"张宗琦之长子张永富生六子，而

① 台湾银行经济研究室编，《淡水厅筑城案卷》，台北：台湾银行经济研究室，台湾文献丛刊第171种，1963年版，第103—104页。

② 台湾银行经济研究室编，《淡水厅筑城案卷》，第116—117页。

③ 台湾银行经济研究室编，《台案汇录己集》，台北：台湾银行经济研究室，台湾文献丛刊第191种，1964年版，第402—404页。

依苗栗堡铜锣湾"张廖"家族人"历史集体记忆"为其三子张裕宽之后，且亦为裕宽之三子，"张廖"第十四世张宏全之后。但张裕宽其余二子之后裔，今日苗栗堡铜锣湾"张廖"家族中已无人熟识（依该家族十七世耆老张耀桂口述），故推估真正移居苗栗堡之"张廖"家族始祖可能不是张裕宽而是张宏全，加上张宏全有四子，综合演变下来，今日苗栗堡铜锣湾"张廖"家族"历史集体记忆"自称是"裕宽公派下四大房"后裔。此处先将苗栗堡铜锣湾"张廖"家族，并参前引"陈氏二文"所整理中港堡张肇基家族略作下表 13–1：

表 13–1：张宗琦派下苗栗张廖家族简表（第一世张元子、第二世张友来）

11世	12世	13世	14世	15世	16世	17世	18世	19世
宗琦	永富	裕宽	宏杨					
			宏禄					
			宏全	展任	金松	维镛①	绍珍	森田
				裕明②				
				琳传	福智③	耀锦	宫田	文峰
							金田	文焕
							松田	文谦
						耀桂	正田	品翰
								品仁
				源清				
	永广	裕孝	宏兴（即张肇基）	展魁	玉韫	子标	奕祥	世贤
								世龙
								世明
			宏安	展佑	玉创	子炳	奕星	世居
		裕宁	宏龙	展文	玉振	子垣	奕俊	

上表概显出"来台祖""张廖"十一世张宗琦派下若干房支子孙：（一）中

---

① 张维镛为《铜锣湾张氏族谱》手抄本之抄者。

② 依《铜锣湾张氏族谱》载，张裕明又名张李登。

③ 据耆老张耀桂口述，其父张福智之生文本是张源清，因张源清之三哥张琳传之子嗣薄弱，所以过继给张琳传为继子。

129

港堡的张肇基这一房；与（二）苗栗堡铜锣湾一带"张廖"家族等两房支概况，由客家庄"排字辈"风俗来看，可见留在中港堡的"张廖"房支，历代字辈大抵多严谨，依序是"永、裕、宏、展、玉、子、奕、世"等字辈。时至今苗栗县的头份、三湾、南庄等地之该房后裔，概是在"奕、世"两字辈，若由前引"陈氏二文"所排世系表，与实际田野调研查访来看，此两字辈众人名字大抵仍是字辈排序并然。（三）所谓"张裕宽派下四大房"的历史记忆，其实是裕宽之子张宏全的"张宏全派下四大房"之"记忆变化"，因为张裕宽只有三子，且铜锣湾"张廖"族人也无人知道张裕宽另外二子宏杨、宏禄后裔在何处，但张宏全却有四个儿子。

但苗栗堡铜锣湾张裕宽、宏全父子派下家族，就没照中港堡那边诸房支如此排字辈，甚至族规中也没有并然有序的字辈。依前述耆老张耀桂口述，苗栗铜锣湾张廖家族中早已"自行排字辈"，其第十七世理应是排为"丰字辈"、十八世则是"盛字辈"，但其实据实际田野调查，张宏全派下各房支并非都如此并然有序按此排字辈。如耆老张耀桂之父张福智在年轻时自铜锣湾搬到今县城苗栗市经商后便另行"排字辈"，以其子为"耀字辈"、孙为"田字辈"、曾孙为"文字辈"，但仍回铜锣湾与族人共同扫墓（客家话称为"挂纸"）。

由此参酌上表，可再推估铜锣湾这支"张廖"可能在历史过程中，与中港堡那几房曾有过类似"分家分房"之举，故张宏全除长子张展任外的三个儿子，都不再遵守中港堡那边字辈，是故苗栗堡铜锣湾"张廖"家族风俗又再变易。且据实际田野调研，今苗栗堡铜锣湾"张廖"家族后裔扫墓时亦只到今苗栗县铜锣乡祭拜张宏全派下历代先祖，从未往中港堡那边"挂纸"。如此则苗栗堡铜锣湾"张廖"家族概是在哪几世代时与中港堡那边分家？

首先由《铜锣湾张氏族谱》记载的各世祖葬处显示，第十纨裤子弟张永富葬处尚在"新竹县地名吊神牌三河埧唇"，"吊神牌"此地虽今属苗栗县头份市境，在清代则属中港堡所辖，而清代中港堡却属新竹县管辖，故如此书写乃遵古，推知张永富仍居住在并葬在中港堡。加之由前引"陈氏二文"来看，张永富后裔仍多数居住在今苗栗县头份市的后庄一带，故无误载。但是《铜锣湾张氏族谱》记载，从十三世张裕宽与其妻彭氏以及十四世祖张宏全等三人开始，皆改葬在"苗栗堡铜锣湾庄土名上苄蕉湾"之处，由此可见若非是十三世张裕宽时由中港堡再次移民至苗栗堡，就是十四世祖张宏全迁居至苗栗堡后，再将父母迁葬至此等两种可能性。

　　清代苎蕉湾庄是今苗栗县铜锣乡一带颇具历史知名度之自然村，曾与中心埔、七十份、石围墙、老鸡笼、新鸡笼等庄共组"苎中七石隆兴联庄"，学界也有专文研究之①。苎蕉湾庄又再可分为上、中、下等三个小自然村，无论是上苎蕉湾庄还是中或下苎蕉湾，都位于今苗栗县铜锣乡朝阳村至铜锣村的正东侧，土名"崩岗下"或"红崩岗"（客家话"悬崖下""红悬崖"之意）靠近后龙溪的左岸。但这三小自然村皆毁于台湾光复后一次台风大水灾，后龙溪河道西移，整个苎蕉湾庄全毁，如今已变成后龙溪的河床地。故《铜锣湾张氏族谱》记载张裕宽与其妻彭氏以及子张宏全等三人之旧坟皆在 1961 年迁葬"铜锣庄②背墓地"。又由前述然由张裕宽、宏全的旧葬地似可推估始移居苗栗堡之居地，可能是先居在邻近不远的"上苎蕉湾庄"而不是一开始直接住在较热闹的铜锣湾庄。

　　又再由《铜锣湾张氏族谱》记载，张裕宽有三子，长子宏杨、次子宏禄，然《铜锣湾张氏族谱》非但都未详载其生卒年，且今日铜锣湾张廖家族数百人记忆中皆不知其后裔在何处，加之实际调研亦见每年"挂纸"扫墓的该家族数百人皆是张宏全派下后裔，而不见张宏杨、张宏禄之后裔。由此可推估，宏杨、宏禄等二房支，在清代很可能并没有迁至苗栗堡。故可推论首次迁徙至苗栗堡铜锣湾附近的是十四世祖张宏全。或许在张宏全于苗栗堡铜锣湾一带发展事业有成并与中港堡家族的族房、兄弟谈妥后，再将父母张裕宽夫妻迁葬至苗栗堡铜锣湾旁的上苎蕉湾庄，也在铜锣湾一带繁衍苗栗堡铜锣湾张氏家族。

　　又据耆老张耀桂口述："我幼时为台湾日据时代（1895—1945），即听说头份、三湾这些地方，也有一支我们'张姓人'，也是我们'张廖'的人，但当时到头份、三湾交通不便，所以没什么来往也不太认识"。这代表了苗栗铜锣湾这支张廖家族对头份、三湾那几房，在清代晚期后就彼此来往虽已不热络，但仍认知是"我们张廖"的历史记忆。

　　在前已述中港堡那儿房的"张廖"家族，历代以来的字辈都井然有序，且祭祀公业至今亦尚在，亦可知中港堡那几房支家族向心力，两百余年以来还算强。但这也并非表示苗栗堡这支"张廖"家族凝聚力并不强，而是演变成另种"不需藉彰显'排字辈'的集体行为"的方式，来显示"我族"之家族凝聚力新

----

　　① 施添福，《清代台湾北部内山的地域社会及其地域化：以苗栗内山的鸡隆溪流域为例》，《台湾文献》（台湾），2005 年第 56 卷 3 期。罗茵榛，《台湾苗栗地域社会之构成：以"苎中七石隆兴"为例》，台湾交通大学客家社会与文化硕士在职专班学位论文，2000 年。

　　② 台湾日据时期 1931 年，铜锣湾庄被日本殖民者改名铜锣庄，故此处应是张维铺于 1961 年后补载。

模式。

五、铜锣湾"张廖"家族曾参与"1895乙未抗日战争"蛛迹

公元1895年，台湾在"马关条约"签订后被迫割日，出身铜锣湾南邻樟树林庄的苗栗县秀才吴汤兴，曾奉师丘逢甲之命，统领今台湾桃竹苗一带的北台湾客家抗日义军抵抗日军侵略，史称"1895乙未抗日战争"。当时苗栗一带客家人从军抗日者不少，故日军在击败北台湾抗日义军后为了报复，便在今桃竹苗一带展开"无差别扫荡"，不分老弱妇孺对台湾人"种族屠杀"。日本对台五十年实行恐怖军政殖民统治，所以日据初期台湾抗日事情，在台湾各家族中竟成某种隐晦，大多不敢与家族中年轻一辈说以免再被日人整肃，以致造成一定程度地历史记忆断裂。这也造成台湾日据五十年中，较后期的台湾人世代，竟多数已不知父祖辈曾在1895年后十余年间的英勇抗日事迹。

由《铜锣湾张氏族谱》可发现，铜锣湾张廖家族的十五世中，竟有张展任与其妻罗氏与弟张琳传等三人，都不约而同逝世于1895年。但遍询该家族人已不知缘由。然依着老张耀桂口述："听说我们铜锣张家曾经整家族'反日本'过，当时先父张福智尚年幼，故由我张家女性等带领下一起都躲到深山里面躲日本人，但当时详细状况我也不清楚。"由这点来看铜锣湾张家在1895年间，可能有不少人曾追随吴汤兴一起抗日，或保乡战死或被日本人整肃死。但今日除着老张耀桂外仍知这一小段"蛛丝马迹传说"外，其余族中着老已不记得此历史记忆。

兹将《铜锣湾张氏族谱》相关1895乙未抗日的"文字蛛丝马迹"记载分述如下：

《铜锣湾张氏族谱》载："十五世祖展任，生于壬寅年正月初二子时（清道光二十二年，公元1842年），卒于光绪乙未年六月初一日子时（光绪二十一年，1895）。阳寿五十四岁"。按1895年6月时，铜锣湾吴汤兴所统领北台湾客家抗日义军正与侵台日军战争激烈，当时位于铜锣湾的张展任很可能是追随同乡的吴汤兴一起抗日而战死、或被日本人整肃死。

《铜锣湾张氏族谱》又记载张展任之妻罗氏："生于甲辰年二月初一日子时（清道光二十四年，公元1844年），卒于光绪乙未年八月十二日戌时，阳寿五十二岁"。到1895年八月时日军已占领苗栗，由此处或可推估罗氏可能是随夫展任殉死、或是被日本人整肃死，所以才52岁过世。

　　《铜锣湾张氏族谱》未记载张展任之二弟张裕明之生卒年。而张展任之三弟张琳传则是记载："生于甲寅年八月十一日辰时（清咸丰四年，公元1854年），卒于光绪乙未年七月廿一日子时，阳寿四十二岁"。张琳传在虚岁四十二岁时就壮年逝世，该年七月二十一日，北台湾客家抗日义军正与日军战争激烈，推估张琳传也可能是因乙未抗日战争战死或被日本人整肃死，则张琳传也可谓是当时台湾抗日先烈。又因张琳传英年早逝只有一亲生子张福麟，所以张展任之四弟张源清，会将其四子张福智过继给张琳传为后，其前述者老张耀桂之父。

　　又《铜锣湾张氏族谱》又记载张琳传之妻吴氏"生于丙辰年（清咸丰六年，公元1856年，所以小夫琳传二岁），卒于（日本年号）大正十二年（1923年），阳寿六十八岁"。终吴氏之世，尚是清末日初时代，可能是吴氏在张琳传于公元1895年不幸逝世后，尚因为须照料家族子女如福麟、福智等，继续活了二十八、九年。又"四大房"众兄弟中，除未载生卒年的张裕明外，唯有张源清一人活到1925年的日据中期才过世，享寿六十岁，所以子嗣繁昌，生育含过继给张琳传为后的张福智等八子。

　　若由以上三位张家先辈，都是在1985年过世的蛛丝马迹，或可知苗栗铜锣湾"张廖"家族，曾在当时为保家卫国做过牺牲奉献。可惜今日该家族中已无人知晓其中抗日过程之细节详情，这应该是1895年日据时期以后，还苟活下来的铜锣湾张家后裔，在当时恐于日本人恐怖高压殖民统治，不敢向当时张家新一代子孙述说这段抗日事迹！所以连该家族中张维铺于日据时期的1916年传抄《铜锣湾张氏族谱》，也隐晦未书，而徒在生辰与逝世年月留下蛛丝马迹供后人探询。故至今苗栗铜锣湾"张廖"家族"四大房"之展任、裕明、琳传、源清派下的各个子孙，大家虽仍相互有联络凝聚力亦强，却也无几人详细知晓其先祖是否曾参与抗日历史过程。

　　六、结论

　　综论以上，大致可得以下几点：

　　1. 清代台湾苗栗张宗琦派下，在苗栗中港堡三湾开垦的张肇基，其功绩已有学术专论并称其"八品顶戴"，但此处补述清廷最终是赏给张肇基到"六品顶戴"。又中港堡这支"张廖"家族，仍是在台湾内部能讲流利客家话之客家"张廖"家族。且此支家族仍延续客家"排字辈"方式以示向心力强，历代至今仍然字辈井然有序。

2. 苗栗"张廖"家族"来台祖"第十一世祖张宗琦后裔，并不只如学界目前所知仅分布在台湾苗栗县的头份、三湾与通霄一带。在清代苗栗县城的县核心区"苗栗堡"，亦有张宗琦曾孙张宏全派下后裔分布，即苗栗铜锣湾的客家"张廖"家族，亦是台湾尚能讲流利客家话之客家"张廖"家族。且也同于中港堡"张廖"房支般，姓氏习俗上是"生死皆张"不再"生廖死张"。而苗栗堡这支"张廖"家族凝聚力，已经演变成不须靠严谨的"排字辈"方式来展现。

3. 虽然由中港堡再迁徙到苗栗堡铜锣湾的"张廖"家族有上述演变，但仍是闽台客家历史文化一脉相连下的小区域历史演变，大致上"来台祖"张宗琦派下在这两堡地区的两房支"张廖"，仍是不改客家本色能讲流利客家话，而未演变成"台湾福佬客"。苗栗堡铜锣湾家族耆老仍记得自己是"张廖"后代，且《铜锣湾张氏族谱》中仍大篇幅记载张元子入赘廖家的"张廖同宗"历史亦可证。

4. 苗栗铜锣湾"张廖"家族的张宏全众子、媳中，至少有三位是逝世于1895乙未年，或因地缘关系使当时张家加入同乡吴汤兴乙未抗日战争保家卫国义举，或之后日军在桃竹苗一带的"无差别扫荡"，对台湾人"种族屠杀"。可惜，因日后存活下来之张家人，恐于日本人殖民统治高压威严下，不能再向新一代张家子孙提及这段往事，故铜锣湾"张廖"家族今人对约一百二十年前该段历史记忆已经模糊，呈现了某种"历史失忆"，甚至于日据时期1916年传抄《铜锣湾张氏族谱》，也隐晦未书而徒留蛛丝马迹供后人探寻。

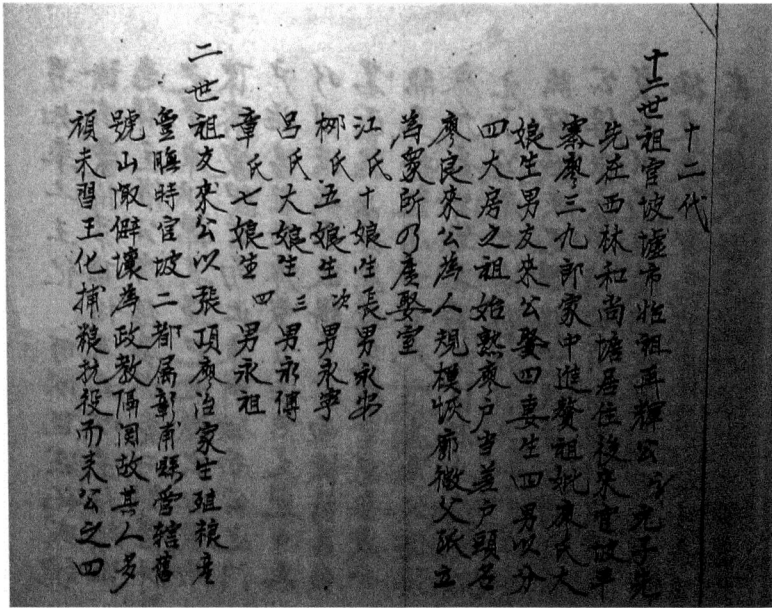

图 13－2:《铜锣湾张氏族谱》关于"张廖同宗历史记忆"的记载（一）

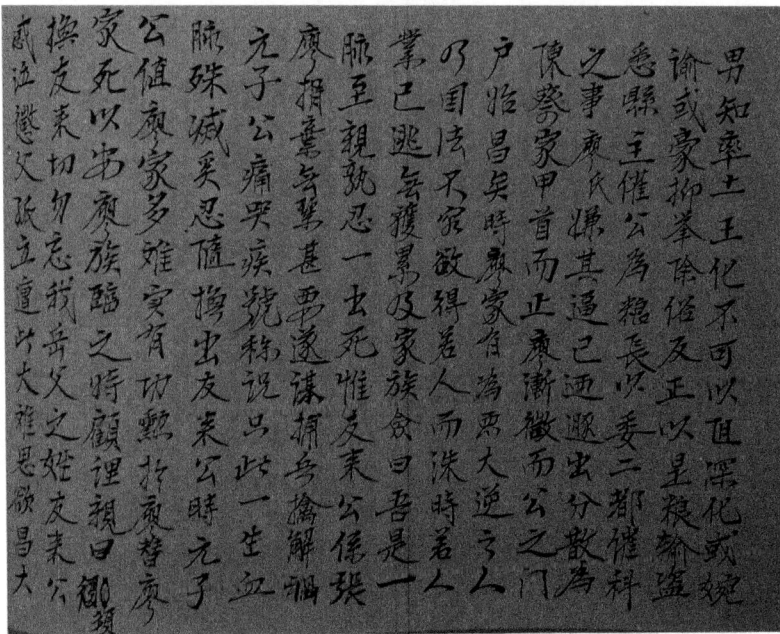

图 13－3:《铜锣湾张氏族谱》关于"张廖同宗历史记忆"的记载（二）

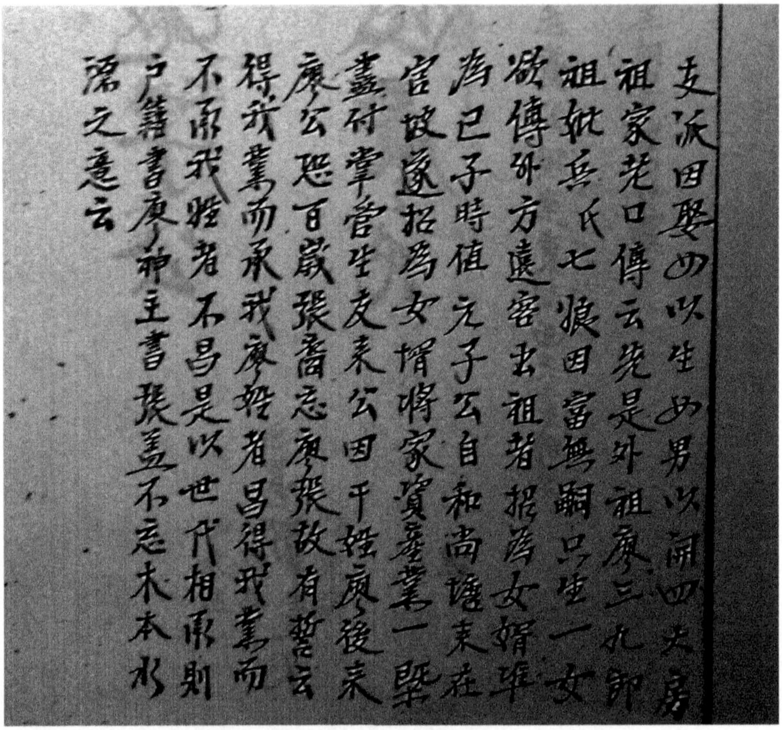

支派田畧如以生如男以開四大房
祖家老口傳云先是外祖廖三九郎
祖妣岳氏七娘因富無嗣只生一女
擬傳外方遠客去祖者招為女婿華
為己子時值元子公自和尚塘來莊
宮故遂招為女婿將家資產業一槩
盡付掌管生友來公因干姪廖後來
廖公恐百歲張裔忘廖張故有誓云
得我業而承我廖姓者昌得我業而
不承我姓者不昌是以世代相承則
户籍書廖神主書張蓋不忘木本水
源之意云

图 13－4:《铜锣湾张氏族谱》关于“张廖同宗历史记忆”的记载(三)

第十四章　台湾苗栗县客家地区"土牛红线"与"紫线"的历史空间比较

一、前言

清代台湾时期（1683—1895），台湾汉人的先祖从大陆源源不断到台湾开垦，朝廷为避免汉人与台湾少数民族发生争执，曾数次划下汉人与少数民族之间的"人为政治界线"，以禁止汉人"越界扰番"，计有康熙末年的"石牌界线"（康熙六十一年，1722 划）；乾隆前半期的"土牛红线""蓝线"，这是分别划于乾隆十五与二十五年（1740—1750），原先"土牛红线"主要划于台湾中南部、"蓝线"主要是十年后补划于台湾中北部，所以仍可将"蓝线"视为原来"红线"的补充，亦即可视"蓝线"为广义"土牛红线"的一部分；以及乾隆后半期的"紫线"与"绿线"，这又是分别划于乾隆四十九年、与五十三年平定"林爽文事变"后。

虽然这些屡次画的"人为界线"，事实上对汉人开发的进程是成效不彰，因为台湾汉人仍不断"越界私垦"，但多少也代表了官方对汉人开垦空间的事实认知，且界线不断改变，也代表了官方不得不承认汉人在台湾"越界私垦"的事实。而在北台湾"桃竹苗客家区"，这也反映了客家人开垦的历史进程。

"土牛红线"的相关研究，最有名的以台湾施添福为主[①]，该文当时也制作了地图可令读者一目了然。但该文当时所论述的空间范围也仅到文中所界定的

---

① 施添福，《清代台湾的地域社会：竹堑地区的历史地理研究》，新竹县：新竹县文化局，2001。

"竹堑地区"①，施氏对今日台湾苗栗县境内较少着墨②，而"土牛线"精细现代地图，要等到十数年前 2001 年柯志明《番头家》③一书出版（以下简称《柯书》），其中所附全台湾"土牛线"地图（《柯书》名之为《台湾番界图》，以下简称"柯图"），此书之出版对研究台湾各地土牛线位置者都有帮助，对研究者提供了便利性。

土牛线的划定是以什么地貌为标准？原则上是以自然的山川为准，以天然山川之形势来画一条从台湾南部到北部的人为政治界线。但若到平原无明显地标或道路通衢之地，则挖土做土堆为标志，外围环之以土沟，这些土堆远远看过去像一只牛背趴在地上，这也就是"土牛"或"土牛沟"名称的由来。不过在今苗栗县至少在苗栗县城所在的苗栗市附近，就是用天然山川为土牛界，其以苗栗县成西侧的今后龙溪，与南侧的猫狸山系为土牛界。

至于"紫线"，自从清乾隆四十九年（1784）官方所拟画的《台湾田园分别垦禁图说》（以下称《台湾紫线舆图》），在近年为北京故宫博物院研究馆员金卫东（畏冬）等人发现出土后，台湾汉人开垦历史，从原先"土牛线"④的研究成果又更迈进一大步，学界亦开始着手对《台湾紫线舆图》进行研究。又近来台湾"中研院"方面同样以前引《柯书》、"柯图"之法，对"紫线'番界'"出版了现代性的地图描绘与考述专书⑤，亦对研究者提了便利性。

所以基于以上，笔者曾有一论文，初步探讨台湾苗栗县北至造桥乡南至三义乡的清代"苗栗堡地区"⑥之"土牛红线"与"紫线"变迁，与该地区客家汉人

---

① 施添福前引文中指"竹堑地区"上至清代桃涧堡与竹北一、二堡；下至竹南一堡又称中港堡等地，约当今台湾的桃园与新竹两县市，与苗栗县北境。故对整个苗栗县而言，这段历史论述尚属空白，是为本章可论述之处。

② 但台湾苗栗客家籍学者潘朝阳则例外，有潘朝阳，《台湾传统汉文化区域构成及其空间性：以猫里区域为例的文化历史地理诠释》，台北：台湾师范大学地理研究所博士论文，1993；潘朝阳：《大湖地方性的构成：历史向度的地理诠释》，《台湾师范大学地理研究报告》，25，1996 页 1—42 等文。但潘师较少从"土牛红线"角度观察研究苗栗县地区，是为本章可论述之处。

③ 柯志明，《番头家：清代台湾族群政治与熟番地权》，台北："中央研究院"社会学研究所，2001）

④ 乾隆十五年所画定者多在台湾中南部且以红线在当时朝廷舆图上标示之，故一习惯称为"土牛红线"；到乾隆二十五年所划定者则多在台湾中北部且以蓝线在舆图上表之，而本章所写的苗栗地区治在蓝线地区，但学界一般很少称之为"土牛蓝线"，故本章称之为"土牛线"。

⑤ 林玉茹、詹素娟、陈志豪，《紫线"番界"：台湾田园分别垦禁图说解读》，台北："中央研究院"台湾史研究所，2015。以下皆简称为《紫线书、图》。

⑥ "苗栗堡地区"指今苗栗县 18 乡镇中的造桥、后龙、头屋、县城苗栗市、公馆、西湖、铜锣、三义、大湖、狮潭等 10 乡镇，位于苗栗县的中、南部。

"越界私垦情形"（以下称《清苗栗文》）[1]，但目前仍对今苗栗县北部的"中港溪流域地区"[2]尚未有类似的探讨。基于以上，学界对整个台湾苗栗县客家乡镇地区的"土牛红线"与"紫线"空间变迁，还有一定的论述空间，故为此文。

二、"土牛线"到"紫线"：汉人争越界私垦

按台湾部分学者看法，在乾隆十五至二十五年清廷划定土牛线后，在朝廷眼中，此线以东是"'熟番'保留区"，是保留给平地少数民族也就是"熟番"耕作之地区，也是作为汉人和高山区的山地少数民族（"生番"）的"族群隔离"的"人为政治空间"。朝廷也希望逐渐汉化中的"熟番"，能在土牛线以西的"保留区"自耕，并帮助朝廷协防高山区的"生番"，以及在汉人和"生番"间当个汉原关系的"守护者"。但事实演变却是在清前中期就已逐渐汉化的"熟番"，也渐能知道汉人社会的农耕机制所能得到的生产利润远比以往狩猎社会还多，则"熟番"更会倾向将"保留区"土地租给或汉人耕种，坐收地租利润当个"'番仔'头家"；甚至直接卖土地给汉人赚取利润，于是汉人移民潮其实仍将不断越过土牛线以西继续开垦，使朝廷禁不胜禁，只好又在乾隆四十九年再画"紫线"的汉原界线，希望能再禁止汉人继续往"内山"开垦与侵扰"生番"现象。

在乾隆二十五至四十九年间，全台湾越过土牛红线"越界私垦"的现象，史籍载之浩繁，兹举在今苗栗县境的一条乾隆三十一年史料为例：

"贫民"于近界处搭寮私垦，至越出（土牛）界外，零星偷种"番地"，猝遇"生番"，鲜不毙命。嗣后无论"界外"之三湖（按：今苗栗县西湖乡三湖一带）、蛤仔峙（按：即蛤仔市，今苗栗县公馆乡中心村处等各行及村）等处，不许私种，即逼近"番界"之荒埔，悉行严禁。[3]

引文即可见此类"越界私垦""侵扰生番"，或藉由"熟番"来承垦、买卖土牛线以东的土地现象，全台皆然，不独苗栗。又今苗栗县公馆乡境内有地方名望的"尖山刘屋"家族，即是台湾史上曾产生唯一"父子双举人"的刘献廷（父，道光十四年举人）、刘祯（子，道光二十年举人）家族。若依同样也是清

---

① 张正田，《从"土牛线"到"紫线"：清乾隆年间台湾苗栗堡汉人开发情况》，《清史论丛》，2018.12，第259—273页。

② 指今苗栗县北部的竹南、头份、三湾、南庄等四乡镇，清代又称为"中港堡地区"。

③ 台湾银行经济研究室编，《清高宗实录选辑》，台北：台湾银行经济研究室. 台湾文献丛刊第186种，1964，《乾隆三十一年》，第147—148页。

代当时的苗栗客家先贤吴子光、与今日尖山刘屋后人说法,"尖山刘屋"刘献廷的祖先, 也很可能是在乾隆四十九年画紫线以前, 就越过后龙溪的"土牛界"去今日公馆乡境, 开垦清代的尖山庄了①。

这里先说明土牛线在苗栗县客家地区是怎么走, 依《柯书》所考绘"柯图", 土牛线经苗栗县头份市区的今名土牛之地, 再下来是造桥与后龙两乡镇界, 再向东南转进苗栗市东界与头屋、公馆两乡之交界也就是今日的后龙溪, 再经苗栗市南侧的猫狸山系, 往西到西湖乡二湖庄之今名土牛之地, 再进入苗栗县沿海的通霄、苑里两个乡镇。换言之至少在今苗栗县苗栗平原上(分布在县城苗栗市与头屋、公馆两乡), 也只有县城苗栗市平地区是土牛线以西的"汉人开垦区", 今头屋、公馆与铜锣三乡, 几乎皆是土牛线以东的"'熟番'保留地"。

对乾隆前半期的"熟番"而言, 他们在逐渐懂得土牛线以东的"'熟番'保留区"土地拥有农业经济的庞大利润后, 他们也将乐意将土地租给或卖给汉人越过土牛界来耕种, 于是汉人还是会如潮水般越过土牛线, 违背原来朝廷划定土牛线的意旨。至少在今日公馆、铜锣等乡之地, 一方面仍吸引大批苗栗客家汉人想"越界开垦", 他们或是变相"相对合法地"如前引公馆乡尖山刘屋史料般, 向"熟番社"承租、买地来耕; 或也出现干脆直接"越界私垦", 如前引台湾银行经济研究室编的《清高宗实录选辑》史料, 就是苗栗客家汉人中的贫民, 因无钱财向"番头家"承租, 就直接越界私垦了。

所以清廷官方打算在乾隆四十九年画"紫线"新界, 其实也是变相承认当时今苗栗县境内汉人, 约二十年来不断往东侵垦事实而做的现实妥协。这现象当然不仅于今苗栗县境, 而是全台皆然, 但是今苗栗县境上汉人的开垦, 却至少在今苗栗县境上逐渐奠定以客家籍汉人为主的客庄分布, 使今苗栗县境日后也成为北台湾桃竹苗客家优势区的一部分。

---

① (清)吴子光,《台湾纪事》, 台北: 台湾银行经济研究室编. 台湾文献丛刊第36种, 1959《附录一. 直隶州知州衔赏戴蓝翎甲午科举人修堂刘公传》, 第60页:

公姓刘氏, 讳献廷, 号修堂, 原籍广东平远人。祖某公, 移居台湾淡南蛤仔市尖山庄。至赠公兰斯太学善治生, 累累集赀数万金, 门庭焕然, 而刘氏遂为此间望族。

按此说法, 应该是刘献廷的祖父或曾祖辈即已搬到尖山庄, 尔后到其父辈刘兰斯, 致富。而刘献廷是道光年间举人, 往前推其祖父辈, 至少也已经乾隆时期了。

又根据该家族刘家后人今日说法略有小差异, 并非是刘献廷之"祖"而是在刘献廷的父亲刘兰斯时, 于乾隆四十五年搬居到尖山庄。刘兰斯当时是向苗栗"熟番社"猫阁社(原猫里社与嘉志阁社之合并社)头目承让尖山庄一带土地, 不数年就垦成致富。详见刘泰森,《苗栗县狮潭乡竹木村志》, 苗栗: 苗栗县文化局, 2005, 第122页。而若按此叙述, 时间点在乾隆四十九年朝廷再次画"紫线"之前、与乾隆二十五年画"土牛线"之后。

三、苗栗堡"西潭"（外狮潭）的禁地禁垦问题

到了乾隆四十九年朝廷在台湾画紫线时代，笔者曾在《清苗栗文》中初步注意到"苗栗堡"境内有个地方，即今苗栗县头屋乡内一处俗称外狮潭之地，画紫线时称为"西潭"，此处虽然是在画紫线时，仍被朝廷规定为禁垦或禁地区，不准汉人再越界开垦，但实际上颇有疑窦的问题，兹再述如下：

在苗栗堡的苗栗平原周围，明白在图上标示"请禁"者至少有一个，即前述的"西潭"亦即头屋乡的外狮潭，可是若依台湾目前所收集的史料，显示这里早在未画紫线之前，即有汉人来开发，请详下两史料：

立杜卖田菌根契人张廷夫，有承父自置水田菌壹所，带灌荫坡圳，坐落土名狮潭等处，年载番租粟柒拾伍石正，东至山脚为界，西至河为界，南至水汴头直至东山坜为界，北至山脚为界，四至界址分明。今欲出卖，先问房亲叔侄兄弟人等，俱各不就，托中转送与陈特贤出首承买，当日凭中，三面言定言断，时值足价银贰佰员。其银即日色现，全中交夫兄弟收讫。其田踏过，四至分明，中间并无债货准折短少等情，任贤前去耕作，永远管业，并无重张典卖他人。立卖以后，一卖千休，永无取赎亦无增贴等情，异日有叔侄兄弟人等，亦不得异言生端，如有此情，系卖人一力抵当。此系二家甘愿，两无抑勒反悔。今欲有凭，立杜卖田菌根契一纸，并原佃批一纸，共贰纸，付永远执照。

即日收过契内银贰佰员足色，再照。

作中人：杨丰卿、张意叔

代书人：蔡尚贤

乾隆参拾年乙酉岁捌月　日　立杜卖田菌根契人　张廷夫 [1]

第二件是：

立卖山埔契人张盛，先年向番给出山埔牛场壹处，土名狮潭东片。东至狮潭面横岗为界，西至本处田尾山面倒水为界，南至本处田面倒水为界，北至青山岗顶为界。四至界址分明，今欲出卖，先问房亲人等不能承领，外托中送与陈特贤前来出首承买。当日凭中，三面言断，时值价银参拾陆大员正。即日银契，当中两交明白，中间并无债货准折短少等情。其山埔牛场自卖之后，交与

---

① 《苗栗一堡外狮潭庄五〇二番之一立杜卖契》，《台湾总督府档案抄录契约文书·永久保存公文类纂》（国家文化数据库，http：//nrch.cca.gov.tw/ccahome/index.jsp），编号 ta_01822_000586-0001；撷取自："THDL 台湾历史数位图书馆网站"，网址：

http：//thdl.ntu.edu.tw/THDL/RetrieveDocs.php，档名：

cca100003-od-ta_01822_000586-0001-u.xml，撷取时间：2016/3/10。

贤过手掌管，永远为业，盛日后子孙人等，不得言增言赎，一卖千休，永断葛藤，此系二比甘愿，两无反悔。今欲有凭，立卖山埔契壹纸，又带山批壹纸，共贰纸，付执为照。

即日批明：实收到契内银参拾陆员正足讫照。

又批明：契内改处字二字批的。

作中人：杨丰卿、张意叔

在场见人：朱正发

代笔人 ：黄相义

乾隆三十三年八月 日立卖山埔契人　　　张盛 [①]

以上两件史料分别是乾隆三十年与三十三年的土地买卖契，地点皆是在"西潭"亦即"狮潭"也就是日后的"外狮潭庄"，时间点皆是在乾隆二十五年画土牛线后、乾隆四十九年画紫线之前。由此可见至少在乾隆三十年，此地已经有土地买卖。而且由前引第一件古文书来看，文中已有"年载番租粟柒拾伍石正"一语，可见在第一件古文书之前，应还有向"熟番社"且很可能即邻近的"新港社"承租此笔土地的"上手契"所以才会附带"番租"，但目前未能见到此份"上手契"；又前引第二件史料中也可见"先年向番给出山埔牛场壹处"一语，亦可知第二件之前应还有此笔土地向"熟番社"而且很可能即新港社取得土地使用权的"上手契"，但目前同样未能见之，然皆可知外狮潭之开发，至少应早于乾隆三十年以前。那为何约 20 年以后官方在画紫线时，地方官员仍要注明此地需"请禁"？

在无进一步史料出土前，目前只能往较合理方面推论，即是外狮潭这一带邻近新港社的土地租买情况，可能在当时是被新港社"熟番"或汉人方面的"番佃垦户"势力藏匿起来逃税了，依柯志明研究这类情形在当时台湾这类情形颇普遍 [②]。到了约 20 年后清廷官方拟画紫线时，这些苗栗地方势力又不知用了什么方法，让相关地方官员向朝廷呈画《台湾紫线舆图》时，又将外狮潭列为"请禁"之地，如果日后紫线真为国家正式采纳，为朝廷认定之新"汉原界线"

①《苗栗一堡外狮潭庄六四五番之一立卖山埔契》，《台湾总督府档案抄录契约文书·永久保存公文类纂》（国家文化数据库，http：//nrch.cca.gov.tw/ccahome/index.jsp），编号 ta_01822_000588-0001；撷取自："THDL 台湾历史数位图书馆网站"，网址：

http：//thdl.ntu.edu.tw/THDL/RetrieveDocs.php，檔名：

cca100003-od-ta_01822_000588-0001-u.xml，撷取时间：2016/3/10。

② 柯志明，《番头家：清代台湾族群政治与熟番地权》，页 92-103。

的话，则国家更课不到这里的税，虽然此地就在新港社邻近不远处。

四、画紫线时中港溪流域汉人开垦状况的观察

今苗栗县北境的中港溪流域，有没有同上一小节般，汉人原本越过土牛线开垦土地，在画紫线时（1784）仍被画为禁地禁垦呢？查《紫线书、图》载《台湾紫线舆图》此处文如下：

中港贰湾、叁湾：现丈垦园贰甲捌分零玖毫陆丝；未垦荒埔柒甲柒分肆厘肆毫。该处虽与头湾接连，但渐次透入内山，应请画出界外，即于头湾山脚为界。①

由此引文知紫线只允许开"头湾"之处，不允许开今苗栗县三湾乡的二湾与三湾。笔者由台湾大学"台湾历史数位图书馆网站"亦即俗称"THDL"网站搜寻，目前没有发现在画紫线以前的年代（1784）有汉人去二湾、三湾一带开垦的纪录，但若有新的民间古文书"出土"，则此论也当修正。然由该网站搜寻结果，也发现画紫线后的才16年后之嘉庆五年（1800）时，就已有汉人在二湾、三湾乃至四湾之处买卖土地耕种，这是目前得知最早之纪录，可见紫线所禁，似乎同样效果有限。兹引如下：

立阄分田埔字林义扬、梁友毅、徐德来、张可达十股人等，前于嘉庆五年间备价承买得头、二、三、四湾并平潭等处，印契载明，四至俱以天水为界。兹因头湾振兴庄壹处，田埔已经垦辟成熟，义等十分前来酌议，眼同踏定丈甲匀配照分，阄分所有武庙香灯礼生工食社租屯租隘谷等租，照分供纳，自阄以后，各照本分，永远耕管为业，不得争多减少，致伤和气。日后如有要典卖者，不得私退漳、泉人等，俱各允愿，立阄分十纸。

批明：半天寮营盘埔二湾仔及承买罗嘉福、林干芳对换坪田埔未曾阄分，仍归十股众收。批的。

又批明：三湾肚兜角南埔北埔平潭九芎林等处，所有续渐招垦田埔，日后租税仍归十股众收，另行酌议。

计阄分自水头起为第一分，接次算下明列：

一、林洪祖阄第壹分，搭小分第二分，又搭第五分阴沟壹半，又搭中心埔第十分十丈。

---

① 林玉茹、詹素娟、陈志豪，《紫线"番界"：台湾田园分别垦禁图说解读》，第184页。

一、张可达、邱寿华阄第贰分，搭小分第壹分，又搭第五分阴沟壹半，又搭中心埔第九分十丈。

一、林义扬、古汉三阄得第参分，搭小分坑尾第拾分，又搭第一分阴沟壹半，又搭中心埔第四分九丈。

一、温碧龙、廖双龙阄得第肆分，搭小分第柒分，又搭第四分阴沟壹半，又搭中心埔第八分十丈。

一、吴忠祖、吴允孟阄得第五分，搭小分第捌分，又搭第四分阴沟壹半，又搭中心埔第陆分十丈。

一、林敏盛、林干芳阄得第陆分，搭小分第肆分，又搭第陆分阴沟参分，又搭第参分阴沟壹半，又搭中心埔第柒分十贰丈。

一、陈荐祖阄得第柒分，搭小分第陆分，又搭第参分阴沟壹半，又搭中心埔第五分十丈。

一、梁友义、梁敦毅阄得第捌分，搭小分第参分，又搭第七分阴沟贰分，又搭伯公田壹分捌厘玖毫柒丝，又搭第二分阴沟壹半，又搭中心埔第一分十一丈五尺。

一、徐义合阄得第玖分，搭小分第五分，又搭伯公田壹分捌厘玖毫柒丝，又搭第二分阴沟壹半，又搭中心埔第二分十丈。

一、徐宜干、徐德来、徐昌缵、吴有浩阄得第拾分，搭小分第玖分，又搭伯公田壹分八厘玖毫柒丝，又搭第壹分阴沟壹半，又搭中心埔第参分九丈。

批明：印契一纸，在陈荐祖分聪徽收存。

共字第陆号

嘉庆拾参年八月 日立阄分字十股人（以下略）①

由引文中"不得私退漳、泉人等"一语可知，这是一份由客家人集资承买垦成后再阄分之民间古文书，此文书时间点在嘉庆十三年，但当初承买二、三、四湾这片庞大土地时，时间是早在 1800 年即嘉庆五年，距画紫线年代才过 16 年，可见紫线之禁仍同土牛线般效果不彰。不过由此引文也知，当时仍只有头湾处于已开发状态才被十股阄分，二、三湾仍待开发。

_____

① 《嘉庆 13 年立阄分田埔字林义扬十股人等分管阄书》，《台湾总督府档案抄录契约文书·永久保存公文类纂》（国家文化数据库，http://nrch.cca.gov.tw/ccahome/index.jsp），编号 ta_01841_000266-0001,；撷取自："THDL 台湾历史数位图书馆网站"，网址：http://thdl.ntu.edu.tw/THDL/RetrieveDocs.php，档名：

cca100003-od-ta_01841_000266-0001-u.xml，撷取时间：2017/10/25。

五、结论

今台湾苗栗县境内，在清代以客家汉人为主的开发时期往东面"内山"拓垦的情况，本章分为"苗栗堡地区"与中港溪流域两区域分述如上。大抵可观之，画紫线时带官方对往东方内山之处考虑"开禁""允垦"，是考虑到有无"生番"的"番害"也就是山地少数民族会不会入侵汉人新垦之处为主，如果有"番害"之虞，朝廷是会予以禁止。

但在新港社附近的溪潭也就是今头屋乡外狮潭之处，官方表面上理由虽仍是考虑到"番害"，实际上此处非常接近"熟番"社的新港社，为新港社群的势力范围，这一部分仍行"禁垦"，可能只是台湾苗栗汉人与"熟番"等民间势力，不知用了什么方法，使乾隆四十九年当时相关地方官员仍将之列为"请禁"之地，故《台湾紫线舆图》确实充满清代官方的台湾边区"想象"与某种程度的不准确性，但也因之，仍期待尚未出土的"台湾绿线舆图"能尽早发现，则能替乾嘉之际华夏文化在台湾传播历史过程做更进一步的研究。

第十五章　清代苗栗"历史族际冲突"与今日"融和"①

一、前言

清康熙派施琅收复台湾使两岸一统后，清代台湾两百多年间，以客家和闽南为主的汉人移民台湾。这波长达两百多年的汉人移民潮，压迫到岛内原有少数民族②的生存空间，使当时汉人与少数民族间充满紧张矛盾。清代，汉人统称台湾少数民族为"番"，且如宋代对女真族有"生女真""熟女真"之分别般，清代汉人亦将台湾少数民族分为"生番""熟番"。"番"字到了台湾日据时代又被日本人改用"蕃"字，然这两字都是当时汉人、日本殖民者对台湾少数民族的蔑称，今人多已不用，以示两民族彼此间之尊重。而现今台湾汉人与少数民族之间关系也不像以往紧张，懂得互相包容尊重了解对方。又若加上"荷兰据台 39 年"与"明郑时期 22 年"，则台湾汉人与少数民族间，曾有近三百年的历史隔膜与战争不断。但其后百年来演变至今，双方已情感融和，此或可从中引以为历史良例以古鉴今。

此处以台湾苗栗县城苗栗市东侧的"后龙溪－苗栗市段"，即历史上"土牛红线－苗栗段"为空间角度，透过清末光绪年间所编《苗栗县志》对当时"苗栗八景"之一"三台迭翠"古今空间观感之变，观察四百年来苗栗县"山线客家地区"等十余客家乡镇之客家人与山地少数民族间"民族冲突与今日融和"的变化为文史思谈，以求古今对话或应用之例。

---

① 本章标题取"融和"而不用一般较常见之"融合"二字，本处标题与内文改用"融和"，指族际之间的两"群"文化接触后，彼此感情能相互交融和平共处，共求和谐未来之意。

② 即大陆官方所称"高山族"，以下皆称"台湾山地少数民族"或"台湾少数民族"，即以往之"生番"。但"生番"为歧视蔑称，为避免民族歧视。若本章行文非不得已要用到"番"字时会加引号以示尊重台湾少数民族。

二、清代台湾的"汉番界碑"与"土牛红线"

（一）康熙末期"汉番界碑"

康熙二十二年（1683）清廷派施琅收复台湾使海峡两岸一统，也使福建省闽南族群为主，与广东东部潮、惠两府[①]的客家与潮州人等汉人族群一批批移民来台。他们或合法申请移民、或非法偷渡迁徙至台开垦，并常与台湾少数民族产生摩擦。尤其汉人更常与山地少数民族（"生番"）发生激烈冲突。因为汉人来台在土地开垦的"利多"自会形成人口拉力，使汉人继续往东入垦接近中央山脉的"内山"山地少数民族传统领域，这也会造成山地少数民族"出草"报复。清廷为解决此类民族冲突，曾于康熙六十一年（1722 年）起，在当时民族地域间重要交通孔道，以立石碑为界方式规范汉人生活区域，严禁汉人超越这些石碑骚扰少数民族[②]。此类石碑从台湾南北便可拉成一线，今日通称为"汉番界碑"，如今日台北市北投区繁华的石牌地区，其地名即源自康熙末期在当地所立的"汉番界碑"。

然康熙末期所立这些"人为政治界线"之"汉番界碑"，实际上不可能挡住汉人对少数民族传统领域的持续侵垦。因为当时少数民族所居的"内山"充满原始森林、矿产等庞大利益，汉人若能入垦成功，砍伐森林变卖获得第一次利润后，又可继续将土地再"水田化"，这在当时都是庞大利润。且由历史可知凡"时势所趋"，其实任何政权用任何政治手段，都不可能挡得住人口拉力下之时代潮流。也因此从康熙后到台湾日据（1895—1945）时期初期约两百多年间，汉人与少数民族间便难免有民族矛盾。譬如清晚期在台湾苗栗县"山线客家地区"，即有客家人黄南球常率隘勇争战山地少数民族，亦造成后来"痫屎吓番"等苗栗客家人家喻户晓故事，此即清代汉人不断往东面"内山"地区侵垦时与山地少数民族发生武力冲突之例。

[①]　后到雍正朝，潮、惠两府间，又另设置嘉应直隶州，即今梅州市一带。但清嘉应州不含丰顺、大埔两县。

[②]　（清）黄叔璥著，台湾银行经济研究室编，《台海使槎录》，台北：台湾银行经济研究室. 台湾文献丛刊第 4 种，1957，卷 8，《番俗杂记. 番界》，第 167 页："康熙六十一年，官斯土者议.'凡逼近生番处所相去数十里或十余里，竖石以限之，越入者有禁'"。又（清）范咸. 六十七纂修，《重修台湾府志》，台北：台湾银行经济研究室. 台湾文献丛刊第 105 种，1961，卷 16，《风俗志四. 番社通考》，第 479—480 页载："内山生番野性难驯，焚庐杀人，视为故常。其实启衅，多由汉人，如业主、管事辈，利在开垦，不论生番、熟番，越界侵占，不夺不餍，复勾引伙党入山搭寮，见番弋取鹿麂，往往窃为己有，以故多遭杀戮。又小民深入内山抽藤锯板，为其所害者亦有之……（官遂议）凡逼近生番处所，相去数十里或十余里，竖石以限之，越入者有禁。"

（二）乾隆前期"土牛红线"

从康熙六十一年再经过数十年后之乾隆朝初期，汉人早已越过"汉番界碑"继续往东边"内山"侵垦，也迫使乾隆朝廷屈就现实状态，分别在乾隆十五年与二十五年，两次往更东边重画一条"土牛红线"，并再次严令汉人不许"越界私垦"[①]。其中乾隆十五年所画的为"红线"、二十五年所画的为"蓝线"[②]，前者位在台湾中南部，后者在中北部，先后串为南北向之一线。但今日学界通常仍用"土牛红线"泛称这十年间之两次划界。在今苗栗县境者，其实属"蓝线"，但惯例上仍称"土牛红线"。

"土牛红线"原则上以天然山脉、溪流为"天然民族界线"；但若遇到平原而没有明显地标时，则以挖沟推土成土堆方式，构成"人为民族界线标志"。这些土堆远望之若匍匐在地之牛背，故民间俗称"土牛"，而土牛外又会加上壕沟防御措施以防民族之间争战，故又可称为"土牛沟"。如此整个台湾岛从南到北几百里，便依官方所划之天然山川与人为"土牛沟"，形成一条新的"民族界线"。同时朝廷也在官方舆图，以红、蓝色线条标出这条长线，此为乾隆朝前期所划这条"民族界线"被称为"土牛红线"之故。

"土牛红线"理论上为当时官方眼中不可再移动的"人为界线"，但事实上"土牛红线"仍旧同康熙朝"汉番界碑"般形同具文。因为"土牛红线"东边的"内山"地区仍富藏庞大利润，仍会吸引汉人想办法变相合法化，甚至非法继

---

① 台湾银行经济研究室编，《清高宗实录选辑》，台北：台湾银行经济研究室．台湾文献丛刊第186种，1964，卷1，《乾隆25年8月23日条》，第126—127页。"闽浙总督杨廷璋条奏：清厘台属边界，酌定章程：一、台郡彰化县沿山'番界'，年来侵垦，渐近内地，'生番'逸出为害。今据该镇、道勘明，于车路旱沟之外，各有溪沟、水圳及外山山根，堪以久远划界。其与溪圳不相接处，挑挖深沟，堆筑土牛为界。至淡防厅一带，从前原定火焰山等界，仅于'生番'出没之隘口立石为表，余亦未经划清。今酌量地处险要，即以山溪为界；其无山溪处，亦一律挑沟堆土，以分界限。"

② 乾隆朝时官方不仅只有画这次"土牛红线"，到了乾隆朝后期的乾隆四十九年，朝廷又再次因汉人续往东边"内山"拓殖现状，又再画一条"紫线"为新的"民族界线"；后在"林爽文事变"后，清廷发现台湾汉人实际上已更往东扩，又往更东方再画一条"绿线"。其中"台湾紫线图"，即北京故宫博物馆藏《台湾田园分别垦禁图说》，近年已为人发现并有学者进行研究。所以乾隆朝总共在台湾画了4次的"民族界线"，故本章称"土牛红线"是"乾隆朝前期"时所画之"民族界线"。而"乾隆朝前期"最晚时间点，概可落在乾隆四十九年朝廷在台湾划"紫线"之前。又可见林玉茹．畏冬，《"林爽文事件"前的台湾边区图像：以乾隆四十九年的台湾番界紫线图为中心》，收入华林甫主编，《清代地理志书研究》，北京：中国人民大学出版社，2014，第177—230页。金卫东，《北京故宫博物院藏两幅清代台湾地图考》，收入华林甫主编，《清代地理志书研究》，第116—176页。

续"越界私垦"侵扰山地少数民族。又当乾隆朝时，台湾也只设了六个县级政区，即本岛的台湾、凤山、诸罗、彰化等四县与淡水厅，以及离岛的澎湖厅。在本岛的五个县级衙门内，离此五个县衙或其他巡检、县丞分司等官职驻地较远点，国家力量就往往鞭长莫及。所以到乾隆后期发生"林爽文事件"时，福康安还曾上奏说："近山地方，良田弥望，村落相联，多在舆图定界之外。旧设'土牛'，并无遗址可寻"①。换言之乾隆前期划"土牛红线"，汉人理论上须在此线以西开垦才算合法，越界往东垦就是违法"越界私垦"。但事实上清代台湾汉人，不分客、闽，仍越界不断、禁不胜禁，故乾隆朝后期福康安至台湾平乱兼视察时，竟已寻无"土牛"之迹。

三、苗栗山线客家地区之"土牛红线"、新港社、猫阁社

所以当乾隆初，在"土牛红线"以西，才是大清化内之土，从"唐山"移民来台汉人，可在此线之西的大清国土内合法开垦。但汉人若想越过"土牛红线"之"化外"开垦，理论上虽属非法，但事实上在当时却有法律模糊地带，即汉人若透过当地平地少数民族部落（"熟番社"）书面同意后再向官府申请垦照，似乎就"相对合法"。当然，汉人若想径自"越界私垦"，虽属非法，倒也成当时另种社会常态。

在今日苗栗县城苗栗市这段"土牛红线"，即以今"后龙溪"为天然界线，以下称为"后龙溪—苗栗市段"。随时代变迁，今日这段后龙溪上，早已盖有龟山、新东、玉清、头屋等大桥来往溪之两岸，交通非常便利。但当乾隆朝前期划定土牛红线后，汉人若想跨过后龙溪，越界去开垦今县城苗栗市东面的今苗栗县公馆乡、头屋乡境，理论上就属非法。而汉人若想"相对合法"，就会透过今苗栗县、台中市一带的平地少数民族（"熟番"），取得"熟番"的同意开垦契约，才能相对地合法越过溪去开垦。这种"透过取得'熟番'书面允诺契约，承租或承买开垦'熟番'在'土牛红线'外的土地，甚至藉此来入侵'山地少数民族'（'生番'）土地"之模式，便是清代汉人继续"越界"往东拓垦的手

---

① 台湾银行经济研究室编，《钦定平定台湾纪略》，台北：台湾银行经济研究室. 台湾文献丛刊第102种，1961，卷62，《（乾隆53年）六月初三日至初六日》，第989—990页："各处'番地'，不特嘉义以南多有侵越，即淡水等处绕设土牛之界，亦成虚设。臣福康安追剿（林爽文党羽）贼匪时，周历全郡，所过近山地方，良田弥望，村落相联，多在舆图定界之外。旧设'土牛'，并无遗址可寻。"这句话中"多在舆图定界之外"一句，可能是指乾隆四十九年所新画的"紫线"，也可能指乾隆十五至二十五年所画"土牛红线"，史料原文中并没说清楚。

段，而"熟番"往往就是汉人常要"相互合作"的对象。这现象不仅发生于当时苗栗山线客家地区，而是全台湾皆然。

在苗栗"山线客家地区"，客家人常"相互合作"的"熟番"对象，多选择位于今台湾高铁苗栗站附近的"新港社"，或是猫里社与嘉志阁社合并后的"猫阁社"，乃至今台中市神冈、丰原一带的"岸里社"等"熟番社"。特别是苗栗县新港社与猫阁社，在历史上就成了这个替代性中间角色，也成了所谓的"番头家"。

但当年想相对合法或甚至想非法径自越过后龙溪拓殖的人，都可能有之。也一定有某些汉人是不管有无"熟番"书面契约，就直接过了"后龙溪—苗栗市段"去开垦，这是移民社会中常见王法甚难伸张的特色之一。故在乾隆三十一年，仍可见苗栗当地较贫穷者往东越过"后龙溪—苗栗市段"私垦，使官府得再次申明不许越界私垦①。

又如今日苗栗县公馆乡尖山村境内具有地方名望，曾产生台湾历史上"父子双举人"的"尖山刘屋"家族，若依清代苗栗客家仕绅吴子光之言，"尖山刘屋"第一代举人刘献廷之父祖辈也极能在乾隆年间，就越过"后龙溪—苗栗市段"，去今日公馆乡境开垦清代的尖山庄了。此可见《台湾纪事》载：

公姓刘氏，讳献廷，号修堂，原籍广东平远人。祖某公，移居台湾淡南蛤仔市尖山庄。至赠公兰斯太学善治生，累累集赀数万金，门庭焕然，而刘氏遂为此间望族。②

按此说法，应该是刘献廷的祖父或曾祖辈即已搬到尖山庄，尔后到其父辈刘兰斯致富。而刘献廷是道光年间举人，往前推估其祖父辈，至少也已经乾隆时期。又据同家族后人有另种略小异说法，指出是刘献廷之父刘兰斯于乾隆四十五年搬居到尖山庄。刘兰斯当时是向苗栗"熟番社"猫阁社头目承让尖山庄一带土地，不数年就垦成致富③。若按此说，时间点还仍在乾隆四十九年朝廷再次画"紫线"之前。

---

① 台湾银行经济研究室编，《清高宗实录选辑》，《乾隆三十一年冬十月十五日条》，第147—148页："贫民于近界处，搭寮私垦，至越出界外，零星偷种'番地'，猝遇'生番'，鲜不毙命。嗣后无论界外之三湖（按：今苗栗县西湖乡三湖一带）、蛤仔峙（按：今苗栗县公馆乡公所一带）等处，不许私种，即逼近'番界'之荒埔，悉行严禁"。

② （清）吴子光，《台湾纪事》，台北：台湾银行经济研究室编．台湾文献丛刊第36种，1959，《附录一·直隶州知州衔赏戴蓝翎甲午科举人修堂刘公传》，第60页。。

③ 刘泰森，《苗栗县狮潭乡竹木村志》，苗栗：苗栗县文化局，2005，第122页。

传统中国毕竟不是拥有"现代国家机器"的现代化国家，当清乾隆时的皇权施展，虽有一定程度的严谨性，但事实上也只能透过传统中国各级地方衙门，并辅以各地乡绅社会结构。若在当时台湾、云贵等边疆之地，乡绅社会结构尚未健全时，那朝廷与各级衙门之力就不如内地中原般有效。

所以当汉人面对"只要敢越过土牛红线，打赢'生番'，就可拥有一大片未开发土地"的庞大利益诱因，任何"人为政治界线"都拦不住追求利润的人潮与时势所趋。且换作"熟番"亦会认为：只要汉人利益不违反"熟番"既有利益，那"熟番"更乐得做"番头家"坐收汉人往"内山"拓殖时的中间租金或买卖利润，那又何必拦阻汉人侵扰山地少数民族？

故虽这段"后龙溪—苗栗市段"的"土牛红线"，就是乾隆朝前期所颁布的。可是同样在乾隆朝，后龙溪对岸的今苗栗县公馆乡或铜锣乡境，除前述"刘屋父子双举人"的"尖山庄"外，亦渐出现"蛤仔市""芎蕉湾"等汉人街庄地名[①]。汉人甚至更越过离"后龙溪—苗栗市段"不太远处的"蛤仔市"，也就是今公苗栗县公馆乡中心一带，设了"防番"的关隘"蛤仔市隘"[②]。而"蛤仔市"地名演变到今日，客家话俗名已改称为"隘寮下"，已几乎不再用"蛤仔市"为当地地名。"隘寮下"这地名，即源自清代这个"防番隘口"。

清代中期乾、嘉、道年间，今公馆乡乃至头屋乡一带，便因此渐垦成以客家人为主的汉人街庄。尔后到了清晚期，更有黄南球、吴定新等人，再继续深入往更"内山"拓垦出今苗栗县狮潭乡、大湖乡等地区。此二乡离乾隆朝前期所划定的"后龙溪—苗栗市段"土牛界，乃至乾隆朝后期所画"紫线""绿线"，不但更往东十几里或几十里之远，中间还隔了座地势极其高耸的"八角栋—关刀山山脉"。但苗栗县山线客家地区的客家人，仍因清晚期当时国际上庞大的

---

①　（清）潘士万，《乾隆46年岸里社监生潘十万为禀明存案以免贻累事》[EB/OL]，撷取自："THDL 台湾历史数位图书馆网站"，网址：http：//thdl.ntu.edu.tw/THDL/RetrieveDocs.php，档名：cca110001-od-al00958_016_01-u.txt，撷取时间：2014/10/11。载：

缘蛤仔峙毗连之芎蕉湾等处埔地。原系岸里社众"番"捕鹿之处。历奉　列宪，严禁不许汉奸越垦。兹途闻有汉奸聚集多人，在彼越垦。未知有无向速土社"番"主赎，抑或系汉奸自行强占该地。

依此记载至少在乾隆四十六年朝廷尚未划"紫线"前，汉人就已"越'后龙溪—苗栗市段'界私垦"。

②　（清）兵部武选司，《乾隆55年11月23日兵部咨武选司案呈军机大臣会同兵部等为遵旨定议具》[EB/OL]，撷取自："THDL 台湾历史数位图书馆网站"，网址：

http：//thdl.ntu.edu.tw/THDL/RetrieveDocs.php，档名：

cca100067-od-c1_10001_0539-0001_Page_2.txt，撷取时间：2014/5/30。

"樟脑利益",越界也越过高耸大山,继续跟山地少数民族争战。所以至清晚期时本地汉人与山地少数民族的关系仍然紧张。

这种情形直到台湾日据初期仍未解决。当日据前期日本台湾殖民政府大致平定完台湾平地上客、闽等汉人之抗日行动后,便开始往"内山"征剿山地少数民族。但在今苗栗县境处于深山的泰雅、赛夏两少数民族,仍极其勇敢继续奋勇抗日。然抗日战事所及,仍难免牵连邻近汉人。史料可见日据初期明治天皇时代乃木希典在担任台湾总督时,便曾在今苗栗县大湖乡境巡视日军攻剿泰雅少数民族战事时,发觉大湖乡客家百姓仍惊恐"'蕃害'恐怖""常常'出草'杀害'人民'",这些"人民"即指苗栗县大湖乡、狮潭乡一带客家人[①]。可见直到台湾日据初期,苗栗山线客家地区的民族矛盾仍颇紧张。

故清康雍之际官府用"汉番界碑"至清乾隆前期用"土牛红线",乃至后期的"紫线""绿线",屡次规范了全台汉人不准"越界私垦"。但至少在今台湾苗栗县境,汉人经过一百多年不断往东拓垦,到清末光绪朝与日据时代,苗栗县山地少数民族势力已经萎缩到只剩今日苗栗县泰安乡一地。

也因清末,汉人大已往东拓殖了如此大片之地,故清光绪朝编《苗栗县志》时,以当时苗栗本地文人雅士角度,由苗栗县城往东而看尽"汉地",此即该《志》中"苗栗八景"之一"三台迭翠"。

四、"三台迭翠"在不同时间下之空间观

"三台迭翠"系指由台湾苗栗县城往东看的三座山系所呈现的翠绿山河之景,其中"第一台"距县城苗栗市最近,苗栗人俗称"矮山仔"或"尖山仔",海拔并不高,山的西侧不远处即"后龙溪",亦即乾隆初期御定"后龙溪—苗栗市段"的"土牛红线"。

再往东为"第二台",即今"八角栋—关刀山山脉",地势险峻陡峭,从清中期到后期,苗栗县山线地区以客家人为主的汉人,以此山脉和山地少数民族武力对峙了约一百年。直到清晚期才为黄南球、吴定新等人分别率众越过这座山脉往东拓垦,在此山脉东侧建立了今苗栗县狮潭乡、大湖乡等客家庄。其中苗栗县狮潭乡为清后期黄南球率众往东拓殖的结果,连横亦曾于《台湾通史》书中,将黄南球名列"台湾三大货殖家"之一,载述其新垦地内"纵横数十里,

---

① [日]台湾经世新报社,《台湾大年表》,台北:南天出版社,1994,第18页。又见[日]台湾日日新报,《大湖街附近の蕃害详报》,《台湾日日新报》(台北),1899年1月14日,2版。

启田树艺,至者千家,已复伐木熬脑,售之海外,产乃日殖"①,此概指该乡当时新兴之貌,与当时黄氏事业之新盛。

"第三台"为今日台湾中央山脉分系的"加里山脉",概是苗栗县城目力能及的第三座山,山势颇高,向为清代山地少数民族之地,当时汉人尚不太能及之,遂泛称之为"雪山"或"玉山"。然而随日后百余年来"地名再精细化",这"第三台"加里山脉距今日定义的"雪山山脉"的大、小雪山主峰或今日"玉山",仍相差非常遥远。

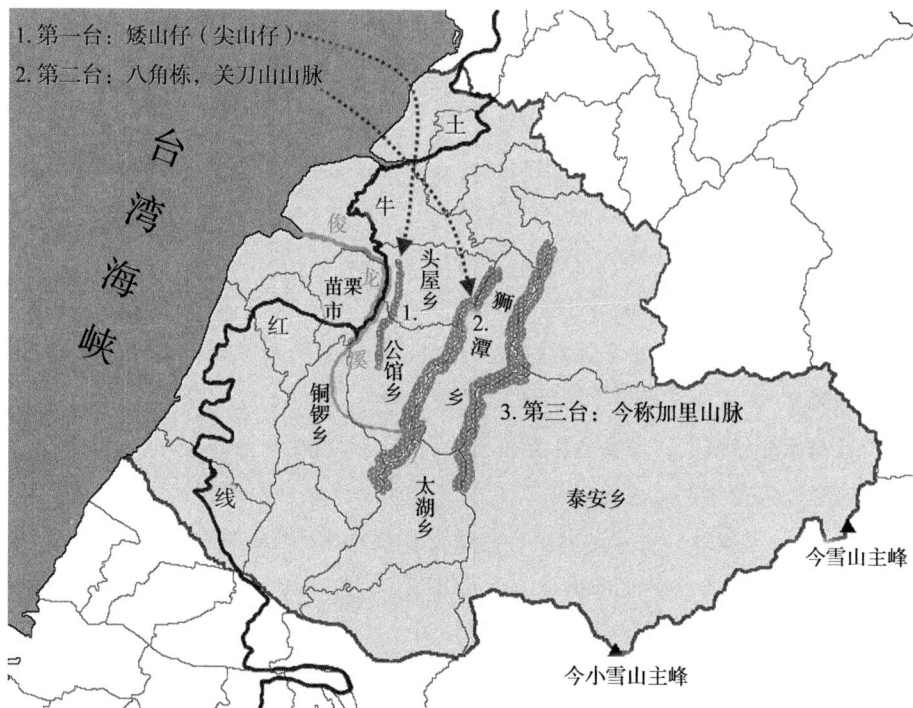

图114-1 苗栗县"三台迭翠"三座山系、与后龙溪之实际地理位置概图

然由前述苗栗汉人往东开垦历史,是否可观察出雍、乾以降两三百年间,不同时期的台湾苗栗汉人对这片"三台迭翠"风景的"历史空间想象"有何转变?

清中期时的汉人要入侵当时尚处狩猎文明阶段的山地少数民族是充满优势,所以汉人很快越过地势很矮的"第一台"亦即"矮山仔",将山后的南、北河一带据为己有,并设了前述"蛤仔市隘"。是故早在二百多年前的乾、嘉时代,

① 连横,《台湾通史》,台湾南投:台湾省文献委员会,1994再版,卷35,《货殖列传·黄南球列传》,第767页。

汉人是隔着地势高耸险峻"第二台"，与赛夏、泰雅两山地少数民族相互武力对峙，其间也不时以武力互相侵扰。而这武力对峙状态，竟长达约一百年。这清中期武力对峙的约百年间，汉人暂时越不了地势高耸的"第二台"；而泰雅、赛夏等山地少数民族暂保留了今狮潭乡与大湖乡等地。

这约百年隔着"第二台"的民族对峙史，直到清晚期因国际樟脑价格大涨浪潮下，又驱使苗栗县山线地区客家人中出现了"黄南球拓殖集团"等好几股拓殖势力而改变。渠等觊觎当时台湾深山尚有大量樟树，起初是用私有优势军事武力"隘垦"；后来又在1874年日本侵台的"牡丹社事件"后结合朝廷"开山抚番"政策，越过"第二台"高山往"第三台"拓殖，迫使山地少数民族势力萎缩到今日苗栗县泰安乡一乡之地。

"三台迭翠"这名称，即是出现在清光绪《苗栗县志》并列为当时苗县八景之一，该志《文艺志》更载当时苗栗客家仕绅谢锡光、谢维岳、刘少拔、曾肇桢等四人所赋《三台迭翠》四首诗。分别录如后：

谢锡光，《三台迭翠》

层峦突兀列三台，深翠鲜明万迭堆；最爱山光新雨后，嫣然如画笑颜开。

谢维岳，《三台迭翠》

巍巍高耸镇城东，入目悠然泰岱同。斜倚阑干闲眺望，满山苍翠夕阳中。

遥望三台势不齐，重重迭迭翠云迷。北连五指探骊手（新竹五指山在三台山之北），南挂双峰步月梯（双峰山在三台山之南）。笔大如椽频握管，砚平似砥等悬璃（笔架山、墨砚山俱在三台山下）。从兹人物三公贵，生色名山未许跻！

刘少拔，《三台迭翠》

势成三袭耸奇观，二水交流带砺安。天遣名山来作镇，地开荒岛此维翰。非常风雨神灵宅，不尽浓阴海日寒。闲到三台峰顶望，星躔正应大微端。

曾肇桢，《三台迭翠》

嵯峨直欲接天关，势压城头拥翠鬟。万道岚光通北极，三台精气毓东山。浑疑泰岱移方外，误认沧溟在陆间。知是百峦烟瘴地，几时携杖得云攀？ [①]

以上四首《三台迭翠》都是清光绪苗栗客家儒绅对"三台迭翠"的咏诗。

---

① （清）沈茂荫，《苗栗县志》，台北：台湾银行经济研究室. 台湾文献丛刊第159种，1962。，卷15，《文艺志》，第213—247页。其中第二首即谢维岳《三台迭翠》，诗中本有小字为注，本章从之。

其中第一首谢锡光的"最爱山光新雨后，嫣然如画笑颜开"二句，也将"三台迭翠"的风景壮丽山水含笑意境勾勒出。其余诸首中如"斜倚阑干闲眺望，满山苍翠夕阳中"之句概也如此。而第四首曾肇桢在诗末之"知是百峦烟瘴地，几时携杖得云攀"二句，似暗喻当时"第三台"东侧尚是山地少数民族世居地，因当时彼此民族关系仍紧张，自叹不知何时他才能到该地"携杖得云攀"。

清光绪苗栗儒绅歌咏"三台迭翠"的历史背后意涵，其实代表了当时苗栗客家人势力已能控制住三座"台"，所以才能有闲情雅致悠然欣赏其"迭翠"。

但若在清中期时苗栗的汉族与少数民族，彼此还隔着"第二台"武力对峙的那百年间，苗栗平原上以农业文明为主的客家人，是否会在农闲之余往东遥望第二、三"台"高山时，心中会不会有股类似像当年曹操遥望蜀山时所出现的之莫名恐惧感？

这情景或可由清中晚期苗栗客家仕绅吴子光书中所谓："'生番'常溜出为民害，岁所杀不下数十百人，且有全家殄灭无遗育者"[1]可间接看出；或吴子光又曾述："全台郡县所治，南北二千里有奇……缘山岭崎岖，林木丛杂，无处非'生番'渊薮。'番'……性顽劣，依岩穴为居，伺人于险僻处毙之，必截取首级以去"[2]；或"吴子曰：四裔多'番族'，尤莫顽且劣于台地之'生番'，岁杀人如麻，深为台民之害"[3]等当时民族间尚存在极大矛盾时之叙述亦可感受出。

如此，在清中期时的第二、三"台"两座巨山，给苗栗平原客家人的空间感，恐怕也无法如清晚期时般安然地"迭翠"起来。

五、结语

所幸以上这些台湾的不同民族、族群间的械斗史，都是过去的历史了。

才经过不到一百年后，今日苗栗县境内，客家人与泰雅、赛夏等山地少数民族，尤其台湾光复后这七十多年来，双方经过现代化的教育，都早已懂得理性思考，互相尊重对方文化，包容与尊重族际间的不同，共达和谐社会。或许，在两个民族的老辈长者间，难免仍有些情感隔膜，但今日苗栗县中青世代，无论哪个民族，大家都是经过现代化校园与社会教育的人，平常都在校园里、社会上和平相处互相尊重。苗栗县本地客家籍汉人与少数民族间，已学会放下原

---

① （清）吴子光，《台湾纪事》，卷1，《纪诸山形胜》，第4页。
② （清）吴子光，《台湾纪事》，附录二，《呈诸当事书》，第77页。
③ （清）吴子光，《台湾纪事》，卷1，《台事纪略》，第20页。

有三百年来历史情仇，相互婚嫁者也大有人在。又今日苗栗县唯一山地少数民族乡苗栗县泰安乡，其实距离邻近客家乡镇的同县大湖乡并不远，只有十几分钟车程，现在彼此经常互通有无。而今日泰安乡治所在的清安村内，客家人与少数民族也已彼此混居，该村也以"洗水坑豆腐老街"闻名全台，每逢假日，各地来此村游客纷纷不断。在这老街内可见苗栗客家人与山地少数民族互相叫卖，竞争中也有合作，以吸引外地游客共尝"洗水坑老街"美味百变豆腐料理。所以苗栗县汉族与少数民族之间，彼此已学会文化交融互相尊重。

才不过约一百年的时间，就可把原先长达三百年的民族隔膜放下，以古鉴今，还有什么族群仇恨或民族隔膜不可解？

第十六章 被遗忘的大清与苗栗"英雄"：程峻、寿同春、钟瑞生、与苗栗义民军

一、前言

苗栗县城苗栗市北苗之苗栗义民庙，主祀清代乾隆末年时的林爽文事变时之苗栗义民军，[①] 还有当时淡水厅同知[②] 程峻，与当时号召北台湾各籍贯义民军的寿同春等先贤之牌位。

图 16-1 苗栗义民庙主祀褒忠义士诸公，与清代淡水厅同知程峻神位图

[①] 就史实而言，当时苗栗尚称为"猫狸"或"猫里"，但以下为行文使读者便于阅读，统用今地名。

[②] 清代"淡水厅"管辖范围，南至今台中市大甲，北至基隆，可谓泛及今日整个北台湾。"厅同知"也就是该厅首长。所以"淡水厅同知"，也就是当时整个北台湾的地方父母官。又，本章之内文、引文或注脚中，以下会将笔者认为比较重要之文句，以粗体底线字表之，此皆乃笔者所加者，以便读者阅读。又，笔者在文中用括号小字楷书体（小字）表之，为笔者所加注者，并非史料原文即有此括号；若有括号而无小字楷体，表示是史料原文之文中注。本章以下内文与引文以及注脚中，皆同。

该庙方后面仍有义冢，亦是当年林爽文事变时，苗栗"英雄"钟瑞生所率领苗栗义民军之遗骸。① 但两百多年历史演变下，今日却因为苗栗义民庙祭祀圈仅止于今苗栗市内北苗、上苗、清华等三里，可谓是一个小"街庙"。② 所以钟瑞生其实是苗栗史上的一代"英雄"，今日却甚少为当地人所知，其历史知名度，远不如同时期，号称是"新竹客家义民军领袖"的"义民首"戴元玖、林先坤等人，甚为可惜。③ 而程峻在林爽文事变初始时即为国战死，寿同春也在林爽文事变时，亲率竹苗一带义民军往南攻打林爽文势力，在清代彰化县二十张犁庄为林爽文势力所杀，"壮烈成仁"。④ 然则今日香火鼎盛的新竹枋寮义民庙，却没有祭祀程峻、寿同春，而使之逐渐为今日台湾人祭祀该事变所有"英雄人物"时，为世人所淡忘。所以本章称程峻、寿同春，是被遗忘的大清"英雄"；钟瑞生，则是被遗忘的苗栗"英雄"；甚至苗栗义民冢内所埋的诸位无名的苗栗"先烈"与遗骸，竟也逐渐将被苗栗人遗忘。故本文将详细考论，尝试唤起苗栗人的历史意识，并代为叙述两百多年前的这些"英雄"，为新竹、苗栗保乡卫土的"英雄叙事"。

---

① 理论上史学考论，当以客观中立立场为主，并尽量避免使用"英雄"等这类褒贬性字眼。但本章不得不同时兼杂以"后现代文本诠释"之法，以纪念这些曾为地方贡献过的清代历史人物，故难免仍用"英雄"等字眼，但已加上""引号，以表示本章采取"代叙事"之立场。以下皆同。

② 林本炫，《义民爷信仰再思考——以苗栗县七座义民庙为主》，收入胡愈宁主编，《文化与产经的对话——恋恋后龙溪论文集》，台北：华立出版社，2008，第41—52页。林氏文中并没说明是哪三个里，本章指出是北苗、上苗、清华等三个里，乃笔者田野调查所得。

③ 因为日后新竹枋寮义民庙香火扩及桃、竹两县市"十五大联庄"，香火鼎盛。所以当时的新竹义民军首领，至今仍是当地重要的历史记忆。

④ 清代彰化县二十张犁庄为今台中市北屯区。

图 16‑2 苗栗义民庙主祀褒忠义士诸公，清代淡水厅幕僚寿同春神位图

在有关台湾客家义民信仰的研究成果颇多，如林光华主编之《义民心，乡土情——褒忠义民庙文史专辑》；庄吉发等人所著之《义民心、乡土情：义民庙贰百壹拾周年文史专辑》；新竹县立文化中心主编之《义魄千秋：义民客家文史系列研讨会》；赖泽涵主编之《义民信仰与客家社会》等专书论文集，不胜枚举；乃至博硕士论文也有罗烈师、林桂玲、赖玉玲、张正田等人之论著。但针对林爽文事变当时，淡水厅境内三位相关的"英雄人物"——淡水厅同知程峻、"幕僚"寿同春，与苗栗义民首钟瑞生之专篇研究文章却极少，[①] 故本章

---

① 林光华主编，《义民心，乡土情——褒忠义民庙文史专辑》，新竹县：新竹县文化局，2001；庄吉发等，《义民心、乡土情：义民庙贰百壹拾周年文史专辑》，新竹县：新竹县文化局，2006；新竹县立文化中心，《义魄千秋：义民客家文史系列研讨会》，新竹县：新竹县文化中心，1998；赖泽涵主编，《义民信仰与客家社会》，台北：南天书局，2005；黄卓权，《义民庙早期历史的原貌、传说与记载——历史文本与历史叙事的探讨》，《台湾文献》59，3（2008）：第89—128页；罗烈师讲，陈欣慧整理，《历史、记忆与族群：1786年冬季究竟发生什么事？》，《客家文化研究通讯》7（2005）：第211—229页；林桂玲，《家族与寺庙——以竹北林家与枋寮义民庙为例（1749—1895）》，新竹：台湾清华大学历史所硕士学位论文，留著：朽合敏感 2001 赖玉玲，《新埔枋寮义民爷信仰与地方社会的发展——以杨梅地区为例》，桃园：台湾中央大学历史研究所硕士学位论文，2001；罗烈师，《台湾客家之形成——以竹堑地区为核心的观察》，新竹：台湾清华大学人类学研究所博士学位论文，2006。张正田，《被遗忘的大清"忠魂"：清代苗栗堡客家义民信仰研究（上）、（下）》，台北：花木兰出版社，2013。

特为文撰之。

二、史实中的淡水厅"程峻"与"寿同春"事迹

清乾隆五十一年（1786 年）冬天，当时彰化县大里杙，亦即今台中市雾峰一带的台湾漳州人林爽文，藉所谓天地会势力率众起事，一时之间泛及全台湾，自然也冲击到当时管辖北台湾的福建省台湾府淡水厅。

（一）淡水厅同知程峻兵败身亡"柯子坑"事迹考

当时淡水厅同知程峻，[①] 闻林爽文兵变之讯息后，先率兵出淡水厅治所竹堑城，也就是今日新竹市市中心，并南下越过中港溪，在溪南岸的今苗栗县造桥与后龙一带抵御，却兵败负伤而亡。《淡水厅志稿》载：

乾隆五十一年，彰化县逆首林爽文倡乱，蔓延淡水（厅），<u>程同知渡过中港</u>（溪），与贼鏖战，众寡不敌，带伤奔驰至<u>柯仔坑</u>，连呼："无力杀贼，臣罪当诛！"大恸而绝。[②]

这就是程峻与林爽文势力中的大将王作等人的"中港溪南侧战役"，因寡不敌众，所以王作等变军，[③] 遂顺利北上占据淡水厅治所竹堑城，此为林爽文势力拿下淡水厅的历史背景。

至于上引文史料所言程峻负伤阵亡之"柯子坑"，是在今日何处？依战略原则分析，程峻之军队往南越过中港溪征讨林爽文变军，已遇兵败，理当往北撤退返回其厅城，也就是竹堑城一带。故依地望而言，程峻兵败身亡之地"柯仔坑"，理应是在中港溪流域或竹堑城周边才对。而查考历代台湾方志史料，在这些区域内，目前仅发现有一个地名是此者，即在今新竹市与新竹县竹东镇交界处，有俗名"柯子湖"或"柯子坜"之地，应就是《淡水厅志稿》所载柯子坑，

---

① （清）陈寿祺，《职官表. 台湾县知县》，收入台湾银行经济研究室编，《福建通志台湾府》，台北：台湾银行，1960，卷一一七，第 579 页："程峻，江西六安州举人。"，按此处出错，清六安州在安徽，不在江西，详后。又程峻，台湾民间俗称"程公"或"程公峻"。

② （清）郑用锡，《军功列传. 寿同春列传》，收入氏著，《淡水厅志稿》，南投：台湾省文献委员会，1998，卷一，第 67 页。又，本章之内文、引文或注脚中，以下会将笔者认为<u>比较重要</u>之文句，以粗体底线字表之，此皆乃笔者所加者，以便读者阅读。

③ 林爽文与其发动之事变，对清代台湾漳州籍特别是天地会党人而言，可能是位领导台湾漳州福佬人起义之"漳州英雄"，但对当时身其害的台湾泉州福佬人与客家人而言，却是位为害泉庄、客庄乡土的"大祸害"。故林爽文事变对台湾历史，似仍功过难断。本章也不会径称林爽文事变为"林爽文之乱"，他们的势力与军队，本章也以较客观之"变军"而非"乱军"称之。以下同。

请详后考。首先按《新竹县采访册.竹堑堡山》载：

柯子坜山（一名鸟屿）：在县东南十二里，其山自南方吴宝廊分支而来，高五、六丈……又北行为柴梳山。柴梳山：在县东南十里，其山自南方柯子坜山而来。①

又依《新竹县采访册.竹堑堡庄》："柯子坜庄：在县东南十四里。②"以及另见《树杞林志.建置志.街里》也载：

树杞林堡辖内四街、一百七十三庄：树杞林街（距署北十二里）、……柯仔湖（距署北二十五里）、坭桥庄（距署北十八里）、以上设一街长。③

由上引诸史料可知，在竹堑东南十余里，树杞林（今新竹县竹东镇市区）北二十五里处，有地名曰"柯子坜"或"柯仔湖"之处，除此外，中港溪到竹堑城周边，暂爬梳不到其他类似地名之街庄。若依"台湾历史文化地图网站"，与"台湾百年历史地图网站"所示《台湾堡图》，④则在新竹的金山面南方，清末时代确实有柯子湖庄，即今日新竹县竹东镇柯湖里。又按客家话之义，"坑"可指低洼小盆地，也可指该盆地内切割地形的溪流；"湖"则可指低洼小盆地；"坜"则可以指溪流、水圳。所以清代乾隆末年时的柯子坑，就是日后柯子坜亦即柯子湖，今日，柯子坜又称柯坜坑或柯坜坑溪，即今日新竹市与新竹县之界河，前述的新竹县竹东镇柯湖里，当然也在这溪附近。

是故，淡水厅同知程峻在中港溪南撤兵败后，又在越过溪往北后撤，直奔到竹堑城东南方十二至十四华里左右之此处阵亡。⑤而此地，恰离日后号称是新竹义民军首领林先坤、戴元玖等粤庄人士所居处不远。

---

① （清）陈朝龙，《山川志.竹堑堡山》，收入台湾银行经济研究室编，《新竹县采访册》，台北：台湾银行经济研究室，1962，卷一，第20页。

② （清）陈朝龙，《庄社志　竹堑堡庄》，收入台湾银行经济研究室编，《新竹县采访册》，卷二，第77页。

③ （清）林百川等，《树杞林志》，台北：台湾银行经济研究室，1960，第23—24页。

④ "台湾历史文化地图"，"中央研究院"，《台湾历史文化地图系统》第一版，网址：http：//thcts.ascc.net/kernel_ch.htm。（点阅日期：2012年6月2日）与"台湾百年历史地图网站"，网址：http：//gissrv4.sinica.edu.tw/gis/twhgis.aspx#。（点阅日期：2012年6月2日）

⑤ 至于程峻在中港溪南侧战役战败后，理应先回竹堑城守住厅城，但为何他会身死在竹堑城东南郊外，距客家庄不远处之柯子坑一带？是否程峻在中港溪南侧战役战败后，曾北退返回竹堑城，但仍不敌林爽文势力之王作部队攻势，让渠等攻陷竹堑城后，逼使程峻再往东南撤退并向附近客家庄求援，但却在柯子坑一带负伤"壮烈成仁"？还是程峻在中港溪南侧战役后根本来不及回堑城，城已先陷入王作等人之控制，逼使程峻往东北向的柯子坑一带撤退，却死于中途？可惜史料难征，无法再作进一步推论，暂将这问题注于此，以供参考。

二、寿同春号召泉、客籍义民军攻打漳籍林爽文势力功绩考

当时，原籍浙江省绍兴府诸暨县人的寿同春，年已七十余岁，[①] 本就是淡水厅同知程峻的"幕僚"，也就是俗称的"绍兴师爷"。按清代官场习惯，朝廷地方官多喜欢聘用浙江省绍兴府出身的人，作为师爷"幕僚"，而这种职务，类于地方官聘请的私人机要秘书般，虽跟官场十分接近，却完全不具任何官方身份，在清代当时的法律地位上，仍是平民布衣。寿同春正是在这历史背景下，被淡水厅同知程峻聘用为自己的"绍兴师爷"，而久居于台湾。[②] 寿同春这位"绍兴师爷"，因程峻兵败身亡后，也被林爽文党羽王作等人捉住，桎梏于竹堑城中，但尚称礼遇，寿同春也佯装投降归顺。[③]

不久，寿同春便乘着王作等人的不察，用计让王作等人自相猜疑，又暗中与竹堑城内外的泉州籍、客家籍各街庄人士通信。[④] 果然竹堑城内、外，到苗栗一带，泉州福佬人与客家人纷纷响应寿同春之号召，起义兵襄助朝廷。

当时的台湾各族群纷纷发起义民军抵抗林爽文势力（一开始主要以台湾泉州福佬人为主、后再有台湾客家人发起）的这个历史背景原因，其实也不难理

---

① 寿同春籍贯与年纪，可见台湾银行经济研究室编，《流寓（本朝）列传》，收入台湾银行经济研究室编，《清一统志台湾府》，台北：台湾银行，1960，第 41 页；或（清）郑用锡，《军功列传．寿同春列传》，收入郑用锡，《淡水厅志稿》，卷一，第 67 页；或赵尔巽等，《忠义列传．寿同春列传》，《清史稿》，台北：台湾商务印书馆，1999，卷四八九，第 13502 页。又，寿同春，台湾民间俗称"寿公"或"寿公同春"。

② 台湾银行经济研究室编，《（乾隆五十三年）六月初三日至初六日》，收入台湾银行经济研究室编，《钦定平定台湾纪略》，台北：台湾银行，1961，卷六二，第 998 页："淡水厅幕友寿同春，系浙江诸暨县监生，年已七十余岁。在台湾作幕年久，熟悉民情、地势。"又见（清）陈寿祺，《职官表．台湾县知县》，收入台湾银行经济研究室编，《福建通志台湾府》，卷一一七，第 579 页："程峻，江西六安州举人，（乾隆）四十七年任（台湾县知县）"。又（清末日初）郑鹏云、曾逢辰辑修，《职官表．淡水厅同知》，收入台湾银行经济研究室编，《新竹县志初稿》，台北：台湾银行，1959，卷四，页 135："程峻：安徽六安人，举人，（乾隆）四十八护（淡水厅同知）。潘凯：江苏吴县人，举人，四十九年任（淡水厅同知）。程峻：五十一年再护（淡水厅同知），殉难。"可知概在乾隆四十七至四十八年始，程峻以台湾县知县身份护理过淡水厅同知一职，至四十九年才改由潘凯担任淡水厅同知，到了乾隆五十一年程峻又再次护理淡水厅同知。程峻这些年两任淡水厅同知，寿同春都可能担任程峻之幕僚，故前引《钦定平定台湾纪略》史料才会说寿同春"在台湾作幕年久"。又，六安州为今安徽省六安市，《新竹县志初稿》为对。

③ （清）周玺主修，《官秩志．政绩殉难附志》，收入台湾银行经济研究室编，《彰化县志》，台北：台湾银行，1962，卷三，第 110 页："（林爽文大将王作）又陷淡水厅，程峻及竹堑巡检张芝馨死之，同春亦被贼掳。贼闻同春名，优礼劝降，愿受计策，同春佯许之，欲相机而动，以图复仇也。"；又见赵尔巽等纂，《忠义列传．寿同春列传》，《清史稿》，卷四八九，第 13502 页。

④ 当时客家一词，尚未完全成为台湾客家人之自称，而多自称是"粤籍人""粤人"，但本章为行文便，也为今日之人阅读方便，故以今称称之。

解。在清代，泉州籍福佬人向来忌恨漳州籍福佬人，"漳泉械斗"在清代台湾史上向来史不绝书，林爽文势力既然是漳州人势力，而今日新竹市，或再往南到苗栗县竹南、后龙两镇之境，在清代也是泉州人多而漳州人少，尤其在竹堑城内，更是泉州人集居地。所以当时竹堑到中港、后垄一带泉州籍"海线"福佬人，自然乐意帮着官府，去攻打这些多半居住在中、南台湾"山线"地区的漳州福佬人林爽文带头之事变。

此外又对于当时台湾客家人而言，之所以也会响应寿同春号召义助朝廷，原因亦有二：第一，林爽文势力往北攻打竹堑城时，至少也曾祸及苗栗一带的客家人，使苗栗客家人人心难安。此可见《平台纪事本末》记载：

（林爽文势力之大将）王作之陷竹堑也，留贼目李同、黄阿宁、林日光等率众千人守后垄，以为声援。粤人谢尚纪、钟瑞（生。原文就衍字）等自嘉志阁（今苗栗市嘉盛里）招集义民数千人攻之，杀贼目黄阿宁、林日光，余贼遁去。[①]

"后垄"，在乾隆年间当时，不仅指今天的苗栗县后龙镇这个以泉州籍闽人为主的城镇，而是泛指当时淡水厅辖下的行政区"后垄堡"，也就是清代末叶的"苗栗堡"。[②]当乾隆末年时，这个堡的行政范围，大抵为今日苗栗县后龙、苗栗市、造桥、头屋、公馆、西湖、铜锣、三义等八乡镇一带大范围地区，其中除后龙镇外，大多是以今苗栗县客家人为主之地。林爽文党羽王作等人，既然留下以漳州人为主的兵马，镇压"后垄堡"这一带，自然是威胁骚扰到苗栗一带客家人的安全。所以当时苗栗一带，便有钟瑞生等人挺身而出，率数千名苗栗义民军，攻打留驻在"后垄堡"的林爽文势力李同、黄阿宁、林日光等人。此之后续，请详后一节有关钟瑞生的考论。

此外客家人也会伙同当时泉州福佬人般，响应寿同春号召的第二个原因，就是相对客家人而言，无论漳泉，都是属福佬人之类。以清代台湾社会上的族群氛围，无论在漳州人泉州人眼中，客家人都是"外族群人"，所以客家人自然也"相敬如'冰'"地，视"漳泉人"都是"外人""闽人"。故漳州人林爽文带头为乱，既然有寿同春愿意挺身而出以朝廷名义，号召竹堑城内外的泉州人与客家人一同平定漳州福佬人所发动的事变，别说泉州福佬人乐意相随，客家人

<hr />

① 台湾银行经济研究室编，《平台纪事本末》，台北：台湾银行，1958，第13页。

② 本章所称清代，指清代台湾两百多年间至公元1895年台湾割日以前。又本章指清代前期，系指清代康雍乾三朝，此时期北台湾尚属草莱开发阶段；清代中期，指嘉道咸三朝，此际台湾族群分类械斗最为频仍；清代末期或清后期，则指同光两朝到1895年台湾割日为止。

当然也乐意为之。

寿同春号召淡水厅境内的泉、客等籍贯义民平定林爽文事变成功之后，史载"擒王作、许律、陈觉，械送（竹）堑城，戮于市"。并上书朝廷曰：

> （我寿）同春年近七十，操笔从事，遭此离乱，仇不共戴。何敢借辞衰老，任亿万生灵琐尾流离，颠连无告？故独肩其任，不费朝廷之饷，不烦一旅之师，三日以内，全城恢复。惟是以布衣而擅生杀之权，以幕客而掌军旅之事，实骇听闻。故敢待罪以请，惟望选贤能之吏，勇敢之将，筹办善后事宜，赈恤被难之户，收回逃亡之民，剔除弊陋之规，严禁无名之费，抚绥安辑，培植元气，保此一方民命，地方实为幸甚。①

上引文大意是：我寿同春虽已年近七十岁，但在面对这次林爽文事变的人间祸事，何敢言老？只能暂时挺身而出，替朝廷、替百姓请命，镇压"乱党"。我不敢劳费朝廷一兵一饷，仅是号召竹堑城附近义民军，在三日之内收复竹堑城。但是我寿同春毕竟不是朝廷命官，只是一名百姓，却擅自号召地方义民军，对"乱党"专擅生杀大权，实大大地违背朝廷制度。所以我以待罪之身，希望朝廷更派贤吏良将来接替我，以安抚淡水厅一带民心，则淡水厅民实为大幸。

此外寿同春又陆续上书，其中曰：

> 时际戡乱，应重事权；会当从戎，似宜通变。是以拟用暂理淡防军务之衔，以重弹压而任指挥。藉防淡之名，行军旅之事。不僭不妄，于事克济。②

这段引文大意是：此时当戡乱时代，理应以权宜轻重，便宜行事，所以请容我一介草民寿同春，暂时以平民之身，代理淡水厅同知这官衔，来弹压乱党、指挥义民。

也就是在寿同春的挺身而出下，指挥今日大台北到桃竹苗一带的各籍贯义民军，驱逐危害北台湾亦即淡水厅的林爽文势力，北台湾的局势才迅速告平定。所以史载寿同春"淡水官民推重之"，"北与艋舺义民联络声势，而南委义民钟尚纪等守大甲。③淡水略平。"④

但是寿同春处理淡水厅境内这场乱事，也不因林爽文等势力是漳州人，所以就特别偏祖淡水厅内泉州人与客家人在事后"公报私仇"地去报复漳州人。⑤

---

① 台湾银行经济研究室编，《平台纪事本末》，第14页。
② 台湾银行经济研究室编，《平台纪事本末》，第14页。
③ 此处"钟尚纪"应是"钟瑞生"，或是"钟瑞生、谢尚纪二人"之误。
④ 台湾银行经济研究室编，《平台纪事本末》，第14页。
⑤ 这种"公报私仇"的族群械斗事情，在清代台湾，乃是常见之事。

相反地，当竹堑城收复后，淡水厅境内部分泉州人与客家人，确实"见猎心喜"，想谋夺攻抢其他无辜的漳州籍庄民的性命家产，却为寿同春无私且有效阻止了一场族群报复性屠杀。见清代所编的《彰化县志》载：

> 初，淡水自同春克复之后，民心颇定……而白石湖、金包里等处闽、粤各庄，互杀漳人，半屯白石湖山上。（新任淡水厅同知徐）梦麟驰檄晓谕，就抚者仅数十。（寿）同春将人挈回安置，越五日再，众皆就抚，淡属悉安。①

由是可知寿同春久为程峻之师爷，亦颇知当时台湾长年以来漳、泉、客等族群械斗之民情恩怨，②竟在短短数日内，就替新任长官淡水厅同知徐梦麟，有效处理了今日大台北地区之内湖到金山、万里一带的泉州人伙同客家人，向当地漳州人"公报私仇"之事情。所以整个淡水厅也就"境内平安"，也替淡水厅境内其他无辜的漳州人，维持了生存权益。

不仅如此，当泉州籍与客家籍两类义民军各拥武力之后，自然也可能互相猜忌对方，是否也可能挟武力，来攻打自己族群的街庄家园。但这种"未爆弹"似乎也在寿同春意料之中，而化解了一场可能的"泉客械斗"。此可见《淡水厅志稿》载：

> （寿同春收复竹堑城后）……适有泉、粤民人，听奸造谣离间，互相猜疑，逸匪乘间出扰，民情震怖。同春，以外患未除，内祸又作，更难收拾，随即各处劝谕，奖励多方闽粤之民，咸遵约束，同具保证，互相保护，不敢听谣分类，人民归庄安堵。③

这很可能是讲今竹苗一带的局势，在清代此区的住民，多半非客即泉，而漳州人分布相对较少，一旦客、泉两籍义民军也互相猜忌进而反目，那居于其中的竹堑城又危矣。然这种未发之政治与族群风暴，在寿同春庙算之内，纷纷予以抚平，化解危机于无形。

三、寿同春在今台中市北屯区一带"壮烈成仁"

寿同春率领淡水厅各籍义民军，稳定淡水厅局势后，便想发官军与义民兵，

---

① （清）周玺主修，《官秩志．政绩殉难附志》，收入台湾银行经济研究室编，《彰化县志》，卷三，第110—111页。

② 台湾银行经济研究室编，《（乾隆五十三年）六月初三日至初六日》，收入台湾银行经济研究室编，《钦定平定台湾纪略》，卷六二，第998页："淡水厅幕友寿同春，系浙江诸暨县监生，年已七十余岁。在台湾作幕年久，熟悉民情、地势。"

③ （清）郑用锡，《军功列传．寿同春列传》，收入郑用锡，《淡水厅志稿》，卷一，第68页。

南往中台湾林爽文的大本营大里杙一带，攻打林爽文势力。清代所编《彰化县志》记载：

> 初，淡水自同春克复之后，民心颇定。……（乾隆）五十二年十月初十日，同春率义民剿贼，注乌牛栏，抵三十张犁，遇贼与战，同春首先冲锋，贼皆披靡；适以马蹶，为贼所掳。同春义愤激烈，厉声骂贼。贼怒，寸磔之。同春骂不绝口而死。事闻，赐同春知县衔，予恤其家，荫一子以知县用，祀昭忠祠。[①]

而修纂较早的清代《彰化县志稿》则载之较详：

> 续因逆首林爽文深踞大里杙，负嵎自固，（寿同春）又同前淡厅徐梦麟会议，请兵移驻大甲，约鹿港官军克期并进，上下夹攻，直捣贼巢。因（鹿）港师迁延未至，身入重地，马蹙，被贼挐获，攒刃支解，兵民悲泣，哀声震地。事闻，蒙旨赐赠知县衔，现祀入昭忠祠。[②]

这场寿同春发兵征讨林爽文势力之战役，是发生在林爽文发兵起事后约快一年后的乾隆五十二年十月。寿同春自竹堑城，南下驻扎到位于今日台中市丰原区的清代彰化县乌牛栏社。这其间可能路径应有以下二者：1. 是经过苗栗、台中两县市的"山线"地区，即沿着今日"台十三甲省道"一线之当时古道，才会驻扎乌牛栏社。若如此，寿同春则会经过苗栗，也很可能跟当地义民首钟瑞生照过面；2. 或是：走当时较常走的"海线"官道，再转到今台中市"山线"的清代乌牛栏社。若由《彰化县志稿》来看，后者的可能性最高，因为寿同春军曾"请兵移驻大甲"，而大甲正是位于今日"海线"。[③]

寿同春驻扎位于今丰原区之乌牛栏社后，理应沿今台中"山线"交通道，直取林爽文大本营大里杙一带，不料在途中的今台中市北屯区一带之清代彰化县三十张犁庄，与林爽文势力发生遭遇战。若依上引诸史料记载，寿同春在战锋初接之时，尚颇有"英雄之风"，故谓"首先冲锋，贼皆披靡"，但战略上却因鹿港官军未能及时互相支持，意外犯了"孤军深入"大忌，加之因战马失蹄，而被生擒。林爽文势力生擒寿同春后，竟给他"寸磔"或"支解"而死，也就是一寸寸的生割其皮肤肌肉或支解其四肢，折磨至死。一代年迈七旬老"英雄"，

---

① （清）周玺主修，《官秩志. 政绩殉难附志》，收入台湾银行经济研究室编，《彰化县志》，卷三，第110—111页。

② （清）郑用锡，《军功列传. 寿同春列传》，收入氏著，《淡水厅志稿》，卷一，第68—69页。

③ 不过，若寿同春行军是走这条路，一样也会经过后垄堡的后垄街，则寿同春也可能于此，与钟瑞生照过面。但目前暂缺进一步史料证明，姑注于此以明读者。

因之"壮烈"战死沙场。

这场战役，让朝廷闻之，颁旨赏赐寿同春与其家人，追拜他拥有知县之官衔，并入祀清代彰化县昭忠祠，以示"忠烈"。

四、苗栗地区祭祀"寿公同春"状况的相对不兴盛

寿同春在220多年前，有功于竹、苗一带，但却未见被祭祀于客家义民信仰祭祀圈最大的新竹枋寮义民庙。今日全桃竹苗义民庙方面，有祭祀寿同春牌位者，仅有今日苗栗县境的苗栗义民庙，与通霄镇寿公祠等两间。值得玩味的是，寿同春同样有功于竹堑地区，然新竹枋寮义民庙却未祭祀之，反而较注意当地历代有力家族等大施主的牌位祭祀秩序。

然而有祭祀寿同春的苗栗县城苗栗义民庙，与同县的通霄镇寿公祠两庙之现今祭祀圈的大小，都分别不过两三里之局面，对于历史记忆的影响力亦甚微。所以在今日，"寿公同春"似乎已经是被竹苗一带人所逐渐遗忘的历史"英雄人物"，甚为可惜。略述如下：

（一）苗栗义民庙香火相对不盛与"寿公同春"渐被历史遗忘

首先论述苗栗义民庙，这是全台湾原创性义民庙中，唯一仅见主祀寿同春者，可惜苗栗义民庙香火，之于同样是原创性而非分香性义民庙的新竹枋寮义民庙，是相对不兴盛的。亦即，两间原创性义民庙，在两百多年历史演变下，今日苗栗义民庙祭祀圈仅止于今苗栗市内北苗、上苗、清华等三里，这三里仅占全苗栗市二十八里的10.71%，可谓是一个小"街庙"。又依前引张正田《被遗忘的大清"忠魂"：清代苗栗堡客家义民信仰研究》一书的考论，苗栗义民庙之所以香火未曾如新竹枋寮义民庙般，被苗栗客家人所重视，主要原因在于在两百多年族群关系上的历史演变下，苗栗义民庙并不需要被苗栗客家人，刻意凸显为共同的区域族群认同符号使然。所以该庙香火不如新竹义民庙般鼎盛。也因之，主祀寿同春的苗栗义民庙，因香火相对不盛，使"寿公同春"这位大清"英雄人物"，也逐渐被竹苗一带的人民给历史遗忘了。

（二）通霄寿公祠香火相对不盛与"闽南庄化"

依修纂年代较早的《淡水厅志稿》记载，寿公祠的历史创建于道光六年（1826）：

> 寿公祠，在吞霄街北虎头山边，内祀死难幕友寿同春。道光六年，提督许

167

松年建，有碑记。①

又依较晚修纂的清代所编《苗栗县志》则载之较详，亦载该祠庙之祀田，在今苗栗县"山线"客家乡镇的公馆乡五谷冈一带：

寿公祠：在（苗栗）二堡（即吞霄堡，今通霄苑里两镇）吞霄街，距城三十里。祀殉难幕宾寿同春。道光六年，水师提督许松年建；立碑纪之。共四间。祀田在五谷冈，年收谷二十石。②

这个记载很重要，因为今日通霄镇往往被认为是台湾闽南人较多之城镇，则通霄寿公祠可能会被人直觉地认为是"福佬庙"，然这项史料似间接证明，寿公祠之创建，可能也与苗栗"山线"客家庄有关，因为他的祀田竟然不在"海线"的今通霄镇内，而远在一山之外的"山线"客家乡镇公馆乡境的五谷冈一带。

此外又据台湾日据时代初期蔡振丰所编之《苑里志·下·文征·寿公祠碑文》内，曾记录了道光六年水师提督许松年建此祠时的碑文，但其所载内容与笔者前往该庙时所拍摄记录到的匾文略有差异。兹引《苑里志.寿公祠碑文》原文，③并加注笔者所记录到匾文差异如下：

寿公祠碑文

许松年

先生名同春，浙之诸暨人也。少入大学，④磊落多奇计，薄游闽、粤间。年逾七十矣，与淡水同知程峻善。

乾隆丙午林爽文之乱，其党王作攻淡水。十二月八日，程峻率师渡中港御贼，死之；堑城陷。越十余日，先生阴结义勇，收复堑城，捕斩王作，驱除群盗，绥辑流民。至于丁未之秋，淡水南北尽平矣；是时贼据彰化，⑤凶焰方炽。先生矢志歼巨魁，数从军；闻贼，⑥十月十日进逼三十张犁，遇伏突击。先生马蹶被擒，胁降不屈；贼支解之。事闻，天子嘉叹，赠知县，并官其子聪。

---

① （清）郑用锡，《祠庙志. 厅治南》，收入郑用锡，《淡水厅志稿》，南投：台湾省文献委员会，1998，卷一，第55页。

② （清）沈茂荫，《典礼志. 祠庙》，《苗栗县志》，台北：台湾银行济研究室，1962，卷十，第161页。

③ （清）蔡振丰，《文征. 寿公祠碑文》，收入台湾银行经济研究室编，《苑里志》，台北：台湾银行济研究室，1959，下卷，第100—101页。

④ 笔者所记录的匾文，此处作"少入太学"。

⑤ 笔者所记录的匾文，此处作"是时林贼据彰化"。

⑥ 笔者所记录的匾文，此处作"先生矢志歼渠，数从军门；破贼"。

呜呼！先生不偕尺寸之柄，乃能于仓皇攘乱中为国敌忾、[①]为友复雠、为百姓除大患，其猷岂不壮哉？齿既暮矣，马革裹尸，卒遂其志；又何烈也！

土人又言："通霄涧中，为公死节之所，每着灵异。"传闻虽异辞，而忠臣烈士之精魂不泯没于天壤也，明矣！[②]

时于道光丙戌年，水师提督许松年捌祠以祀。[③]

上引文虽与笔者所拍摄记录到的该庙匾文略有差异，但有关道光年间许松年记录到"土人又言：'通霄涧中，为公死节之所，每着灵异。'"此句，却反映出林爽文事变约四十年之后道光六年，通霄一带当地人的历史记忆是："寿公同春是在我们通霄被林爽文势力杀死的，他的英灵往往还显灵而且有灵异传说。"虽然许松年知道这历史记忆之传说，与约四十年前寿同春是战死于今台中市北屯区一带之历史纪录不符，故接下来说"传闻虽异辞，而忠臣烈士之精魂不泯没于天壤也"。但由此也可知，到道光年间，"寿公同春"对通霄当地人而言，尚是"忠烈可范"的"英雄人物"，其"忠魂"还在当地"每着灵异"。

又再根据台湾日据时代 1926 年的汉籍人口调查来看，当时全通霄的客家人口有超过 65% 之强，[④]再加上从史料来看，寿公祠的祠田，是坐落于苗栗山线客家庄五谷冈一带，所以寿公祠非常可能是清代的吞霄当地客家人，[⑤]结合苗栗山线客家人，一起酝酿而生的历史产物。但概因清代整个吞霄堡之闽客械斗太过激烈，史不绝书；不械斗时，闽与客也非常不和谐，[⑥]再加上整个今日苗栗海线四乡镇之"闽人氛围"太强，客家人势力相对弱势很多，所以至今日，通霄客家后裔已经大多数被福佬化，这在 2004 年台湾"客委会"的客家人口调

①　笔者所记录的匾文，此处作"先生不阶尺寸之柄，乃能于仓皇扰乱中为国敌忾"。

②　笔者所记录的匾文，此处作"决矣"。

③　笔者所记录的匾文，此处作"道光丙戌年，余干办公事，往来彰、淡，景行止止，乃捌祠以祀，并媵其大略，俾好义者有所观感而兴起焉，是为 先生之志也夫。鸥东　许松年　谨书"。

④　［日］台湾总督官房调查课编，《台湾在籍汉民族乡贯别调查》，台北：台湾时报，1928；陈汉光，《日据时期台湾汉族祖籍调查》，《台湾文献》23，1（1972），第85—104页；张正田，《从 1926 年台湾汉人籍贯调查资料看"台湾客家传统地域"》，《客家研究》（台湾）3，2（2009）：第 165—210 页。

⑤　理应即是许松年碑文中所谓之"土人"。

⑥　林玉茹，《闽粤关系与街庄组织的变迁——以清代吞霄街为中心的讨论》，收入曹永和先生八十寿庆论文集编辑委员会编，《曹永和先生八十寿庆论文集》，台北：乐学出版社，2001，第 81—101 页。

查中，通霄当地的单一客家自我认同度仅剩下 21% 左右的人口比例就可知悉，[①]该镇几乎已经被"福佬化"。所以依笔者田调所得，今日寿公祠大致上已被通霄人视之为闽人庙，也几乎遗忘了它原先与苗栗"山线"客家庄的历史关系，甚至也不是太清楚"寿公"之典故为何。且该祠祭祀圈目前仅剩有平元里、通东里等二三里之小。如此，则"寿公同春"的历史功绩，更加被苗栗县通霄镇当地人"历史遗忘"。

五、史籍中钟瑞生事迹与苗栗义民军战功

有关清代苗栗义民军首领钟瑞生记载，除前引《平台纪事本末》误作为"钟瑞"之该条；以及前引《同书》误作为"南委义民钟尚纪"等两条之外，较详者当见清代所编《淡水厅志稿·军功列传·钟瑞生列传》与《淡水厅志·义民列传·钟瑞生列传》，首先引前条如下：

钟瑞生，后垄七十分庄人，籍镇平，与刘维纪、谢尚杞里居相近。乾隆五十一年，林逆倡乱，瑞生会同维纪、尚杞，招集后垄一十八庄鸠货，招集义民二千五百人，在地设堆起义。瑞生带领义民在南北河、西山等处打仗，杀散贼匪，捡杀贼伙邱圭、黄宁等。又连日统带义勇沿途截杀，踏山搜缉，破大甲贼巢，荡平堑南一带，随即分卡堵御，以待王师。五十二年，又选义民一百八十五名，调往鹿港，随军助守埔心庄。是年六月，闽安协镇徐统领官军按临大甲，仍赴大甲及进攻彰属猪哥庄、龙目井等处，直抵前驱。事闻，蒙恩赏钟瑞生八品，以府经历实缺补用；刘维纪九品，以杂职实缺补用；谢尚杞六品顶戴，以千总实缺补用。[②]

《淡水厅志·义民列传·钟瑞生列传》则删节前稿而载之较简：

钟瑞生，后垄七十分庄人，籍镇平，与刘维纪、谢尚杞里居相近。林爽文乱，瑞生同维纪，尚杞，招集后垄一十八庄义民二千五百人，在地设堆于南北河、西山等处，擒杀贼党邱圭、黄宁等，复带勇，截途搜缉，破大甲贼巢，平堑南，分卡堵御。越年，选义民赴鹿港助守埔心庄。适闽安副将徐鼎士按临大甲，仍带勇随军进攻彰化猪哥庄、龙目井等处。事平，奉旨赏瑞生府经历，维

---

① 全国意向顾问股份有限公司著，《"行政院"客家委员会委托研究报告——全国客家人口基础资料调查研究》，台北："行政院"客家委员会委托研究，2004，附录 A-1 页。

② （清）郑用锡，《军功列传. 钟瑞生列传》，收入郑用锡，《淡水厅志稿》，卷一，第 70 页。

纪九品职衔，尚杞千总。①

　　由上两引文，再配合上前引《平台纪事本末》两条史料可综知，钟瑞生是当时行政区"后垄堡"的七十分庄人。清代七十分庄，在今苗栗县"山线"客家的公馆乡与铜锣乡交界处中平村附近，今俗地名仍如此称呼。钟瑞生是原籍广东省嘉应直隶州镇平县，即今该省梅州地级市蕉岭县，所以是客家人无疑。而文中所提的刘维纪、谢尚杞，当时也是住"七十分庄"这附近的人，当林爽文事变时，王作部队北上沿"海线"官道攻打竹堑城，淡水厅同知程峻南下中港溪一带迎兵而战，兵败身亡，王作部队遂进占竹堑城中，留下李同、黄阿宁、林日光，与邱圭等人镇压后垄堡境内，造成后垄堡内客、漳、泉各族群人心惶惶。钟瑞生于是发起苗栗义民军，而筹措军饷之重责该委由刘维纪、谢尚杞负责，他们共纠合了后垄堡境内十八个街庄的物资，并招集了苗栗义民军2500人。由《平台纪事本末》来看，苗栗义民军可能是在嘉志阁（今苗栗市嘉盛、嘉新2里）集结完毕，然后分别在：一、东面的南、北河（今公馆乡南、北河两村）布一阵地，在这里布阵，主要用意该是防范山地少数民族（"生番"）借机入侵，因为当时过了关刀山脉以东的今狮潭乡与大湖乡之地，仍是山地少数民族的传统领域；此外，二、钟瑞生之苗栗义民军也在西面的西山（今苗栗市文山、文圣里一带）布阵，这用意是在防止林爽文势力越过"西山"攻打苗栗盆地。他们在苗栗盆地的东西两侧山境设"堆"布防，如此便是"口袋型阵地"，这即是利用苗栗盆地的天然地形地势所做的灵巧布防，易守难攻，"海线"的林爽文兵即难攻入苗栗盆地。如此，也在这次战役中，突显出西山之于苗栗盆地的地理重要性。

　　也因此，他们顺利拿获了后垄堡境内林爽文势力，并"跐山搜缉"。这座"山"，理应就是纵贯今苗栗与台中两县市的"北大肚山系"，如此才可能往南向顺利拿下整个"堑南"，亦即淡水厅南境内的吞霄堡与大甲堡。

　　期间，又有苗栗"海线"吞霄堡苑里街的漳州籍陈士珍的苗栗"海线"义民军加入（请详《淡水厅志稿·义民列传·陈士珍列传》）。吞霄堡辖区中的今苑里镇境内，向来是漳、泉、客三籍人混居，这批苗栗"海线"义民军，领头的陈士珍，竟跟林爽文是同个漳州籍贯。可见林爽文打着"反清复明"旗号，实际上却在全台湾到处屠杀泉州福佬人的行径，非但迫使泉州福佬人纷纷组织义

_____

① （清）陈培桂等，《义民列传.钟瑞生列传》，收入台湾银行经济研究室编，《淡水厅志》，台北：台湾银行，1963，卷九（下），第275页。

民军自卫，连漳州人如陈士珍亦响应朝廷方面的号召，自组地方义民军，反击林爽文势力。

也因之，在钟瑞生的苗栗"山线"义民军、与陈士珍的苗栗"海线"义民军分向合作下，反攻收复林爽文势力盘据的大甲堡，也解救了此处向来泉州人居多，正畏惧会被林爽人势力蹂躏的大甲人。于是"堑南"底定，整个淡水厅南境也安定下来。

第二年，钟瑞生又选了一百八十五名苗栗义民军，调往鹿港，这里在当时是徐鼎士的大清官军阵营所在，钟瑞生前往之，理应是为协防。接下来钟瑞生的苗栗义民军又与官军共同驻守在彰化县埔心庄（今彰化县埔心乡、永靖乡一带）。在当时，"埔心庄"一带是中台湾客家人的大本营之一，今日则已成了"福佬客"集中区之一。当时钟瑞生概本着"我们都是客家人（粤人）"的同胞心态，才率领苗栗义民军，协助官军在埔心庄的防守，而这一带也正是林爽文势力与"清军＋泉州街庄"厮杀最凶之处之一，可见钟瑞生与苗栗义民军之"忠义保乡卫土"之精神。同年，钟瑞生继续又率领苗栗义民军，进攻位于今台中市的西屯与南屯区的猪哥庄、龙井区的龙目井庄，扫荡林爽文在此处的残余势力，这些，都是苗栗义民军在当时的战功。

依上述史籍所考论，钟瑞生是有功于苗栗，也是苗栗历史上的"大英雄人物"，而在战争中死去的苗栗义民军，其骨骸就埋在今日的苗栗义民庙的义冢中，凭后人垂悼，虽然今日苗栗后人可能已逐渐遗忘了他们当年伟业，而将与草木同朽。

六、代结论

综合以上，本章概可归纳以下几点：

1. 史籍上对林爽文事变时淡水厅同知程峻着墨甚少，但本章已尽量就现有史料作历史考论，发现程峻在林爽文事变之际，仍勇于出竹堑城应战，并在中港溪南侧战役奋力抗敌，可惜寡不敌众而败，并受重伤，竹堑城也为敌方的王作部队所占领。最后，程峻负伤阵亡之处，位于当时的"柯子坑"，也就是现在新竹县市交界的"柯子湖""柯子圻"或"柯圻坑"一带，因为在客语中，坑、湖、圻之义，大致相同，所以地名日后略变，但本质仍一。由此也可知程峻阵亡之地，离六张犁等客家庄并不远。

2. 林爽文事变之际，浙江绍兴人寿同春，当时乃七十几岁的老耄师爷，仍忠心朝廷，在竹堑城沦陷之际，先佯装投降，但内则以计谋分化了王作等人，外则成功号召了竹苗一带的漳、泉、客家等各籍义民军一同平定林爽文事变，最后竟在短时间内，成功收复整个淡水厅境，也就是当时的整个北台湾。而且寿同春在台湾做幕僚师爷已久，深知台情，沉着应变，在收复北台湾后，又成功了化解了几场可能发生的"公报私仇"性质之族群械斗，确实有其贡献之处。可惜日后寿同春欲往林爽文大本营的大里杙一带攻击时，在今台中市北屯区一带遇遭遇战，不幸阵亡。

3. 依史籍所载，苗栗义民军与义军首领钟瑞生，其功勋甚大，基本上从竹堑城以南的苗栗山线地区，南到大甲堡一带的"堑南"，都是这支义民军的功勋。而钟瑞生日后又转战于当时中台湾客家庄大本营埔心一带，并帮官军协防，实对台湾对乡土有着实贡献。而钟瑞生要远距离协防彰化埔心，必须避开林爽文大本营的台中山线地区，如此也必须和清代淡水厅、彰化县的海线泉州、漳州人人之义民军多加合作，才可能通过海线以泉人为主之境，入驻防守彰化埔心。这些，都是苗栗义民军与钟瑞生在当时经营不易的战功。

4. 林爽文虽打着"反清复明"旗号，实际上却在全台湾到处屠杀泉州福佬人的行为，非但迫使台湾泉州福佬人纷纷组织义民军自卫，连台湾漳州人中如陈士珍亦自组地方义民军，响应朝廷号召反击林爽文势力。

5. 寿同春有功于竹苗乃至整个淡水厅，是大清的"边疆英雄"；钟瑞生有战功于苗栗，出兵自卫只是为保乡卫土，是一位苗栗史上的"英雄"；苗栗义民军，更是转战于北、中台湾，抵御入侵家园的敌人，事迹显赫，其战死骨骸则常埋于苗栗义民冢，以供后人凭吊。这些有名或无名之"英雄"事迹，本章已按公开史料，详细考论。也愿今日竹苗后人，能记得这些历史人物对地方史上的功绩伟业，莫计他们当年保乡卫土的伟业，为世俗所逐渐遗忘。虽然，对今日的苗栗人而言，他们事实上已是被遗忘的"大清英雄"与"苗栗英雄"。然则试问，今日的我们，可以为他们再做些什么呢?

第十七章　从台湾客家庙宇栋对楹联看台湾客家汉人华夏文化认同：以台湾苗栗义民庙为例

我国庙宇、家祠乃至客家土楼，大多数都有栋对楹联，上面篆载的通常都是我国儒教文化教忠、教孝、求规范仁义道德之言行准则，使国人都能随时随地耳濡目染我国传统儒教文化，而传统儒家思想最重视忠孝、仁爱、义节、修身齐家报国等核心精神。在我国汉民族中，客家系汉人同样也有"崇尚中原华夏儒教"之美德，并以为立身处世的格言良行，以忠孝仁义来修身，在客家街庄村镇中不时出现这些栋对楹联，一样可使客家人自小耳濡目染这些传统忠孝儒风[①]。这在台湾客家庄也不会例外，此处则以台湾苗栗县城苗栗市的苗栗义民庙栋对楹联为中心，探究台湾客家庄内客家汉人对我国传统华夏儒风忠义精神之认同。

一、我国两千年华夏儒教下的大传统、小传统表征

两千多年来中国文化崇尚儒家思想，尤其汉武时采田蚡、董仲舒[②]等人之见倡"尊儒"思想以来，儒家忠孝仁爱信义精神，更是华夏传统文化思想根本。其中特别重视慎终追远、忠孝仁义，与晴耕雨读等传家精神的汉族客家族群更

---

① 张佑周，《楹联家训，客家人立身处世的格言》，撷取自中共中央纪律检查委员会网站。并感谢张佑周院长相赠该文大作之网站版。或邱春美，《台湾客家栋对的文化认同与创新发展》，《赣南师范学院学报》，2015.5，第6—12页等文。

② 汉武帝一朝，为何一改以往崇尚黄老之道而以儒家思想治国，至少有二说：一是认为汉武帝采纳了丞相田蚡之见，此可见（西汉）司马迁，《史记》，北京：中华书局，1959，卷一百二十一，《儒林列传》，第3118页之《太史公曰》："（汉武帝初年）及窦太后崩，武安侯田蚡为丞相，绌黄老、刑名、百家之言，延文学儒者数百人。而公孙弘以春秋白衣为天子三公，封以平津侯，天下之学士靡然乡风矣。"；二是认为汉武帝采纳了董仲舒之见，此可见（东汉）班固，《汉书》，北京：中华书局，1962，卷五十六，《董仲舒列传》，第2525页之《班固赞》："自武帝初立，魏其、武安侯为相而隆儒矣。及仲舒对册，推明孔氏，抑黜百家。立学校之官，州郡举茂材孝廉，皆自仲舒发之。"兹二说并存。

174

特别重视华夏儒家思想。

儒家思想倡忠孝精神。子曰："君使臣以礼，臣事君以忠。"（《论语·八佾》），又曰："其为人也孝弟，而好犯上者，鲜矣。"（《论语·学而》），显示孔子认为忠孝合一的本质道德。儒家也特别重视仁义精神，子曰："弟子入则孝，出则弟，谨而信，泛爱众，而亲仁。行有余力，则以学文。"（《论语·学而》）；亦曰："志士仁人，无求生以害仁，有杀身以成仁。"（《论语·灵公》）；又曰："君子义以为上。"（《论语·阳货》）、"君子喻于义，小人喻于利。"（《论语·里仁》）。

继而孟子曰："壮者以暇日修其孝悌忠信，入以事其父兄，出以事其长上。"（《孟子·梁惠王》）；或"仕则慕君，不得于君则热中；大孝，终身慕父母。"（《孟子·万章》），表明孔孟儒家思想认为君子仁人者，在家若能以孝道事其父兄，则在职事上亦会忠于上级的忠孝合一观。在行之仁义方面，孟子又曰："仁义忠信，乐善不倦。"（《孟子·告子》）；"士…尚志…仁义而已矣。"（《孟子·尽心》）。故自汉武以降两千多年以来，儒家忠孝仁义思想，实为华人基本道德观之一。这种以儒家文化思想为人处事，与修身齐家报国之道德观，在汉武帝以后两千多年来，已内化于中华文化中。无论在中华文化乃至传承华夏中原文化的客家文化中之"大传统"与"小传统"两方面，皆俱备之[①]。

在客家文化的华夏儒家文化小传统方面，台湾客家地区宗教庙宇特别在道教方面，常有许多"教忠、教孝、教义"之栋对匾额，不时教育客家子弟当"思忠、思孝、思义"，即是常例。如台湾客家义民爷信仰中，常见"忠""义"等民间信仰思想符号即是。譬如台湾客家人县份新竹县的新埔镇之"枋寮义民庙"栋对中，即有"摩义渐仁以凿井耕田为事，捐躯殉国报食毛践土之恩""义从血性流来丹心报国，民舍生躯归去青史留名"等栋对语。而客家汉人有俗谚"一等人忠臣孝子，两件事耕田读书"等俗谚，这些即是劝勉客家子弟为人当忠孝两全，处事勤奋耕读为业，也都是华夏儒家文化精神寓于台湾客家信仰文化中"小传统"之例。

此处则以台湾苗栗县城苗栗市的苗栗义民庙栋对楹联为例以观前述的问题，首先讨论何谓台湾道教系统的客家义民爷信仰由来。

---

① 潘朝阳，《台湾儒学的传统与现代》，台北：台湾大学出版中心，2008。

二、台湾客家义民爷信仰的由来

台湾客家义民爷信仰源自清乾隆"十全武功"中的"平定台湾林爽文"事件。一般而言对"林爽文事件",有以传统农民起义角度解释的[①],也有以移民社会下官方刺激下引起民乱角度解释的[②③],但其实对此事件仍须回归历史史料解析。在当时乾隆末年的台湾是个移民社会,台湾汉人内部不免分帮分派抢夺移民利益与资源,就如同清晚期到民国时期的"走西口"之内蒙地区与"闯关东"的东北,乃至美国西部开发时期,也都是移民社会有"崇武尚斗"风习,林爽文事变其实是汉人内部在移民社会下"分类械斗"的一环。当时台湾汉人可分为福建闽南的漳州、泉州、以及客家,为最大的三派势力,彼此间常械斗抢资源而有世仇,"漳泉械斗""闽客械斗"在清代台湾时期(1683—1895)史上不绝而书,同样是闽南人的漳州人与泉州人,在当时台湾也成了世仇。林爽文是漳州人,自然不免俗地仇视泉州人。事实上在他于乾隆五十一年(1786)"起事"的四年前,全台湾尚上演过一次泛及当时全台湾汉人地区的"漳泉大械斗",所以林爽民虽自称是"天地会"的人、也号称自己政治态度是"反清复明",但他起事之后除了攻打台湾各县厅官衙外,首先就是先屠杀台湾泉州人与其城镇,以报四年前台湾漳泉械斗的旧仇。史称林爽文事变当时"漳、泉久分气类,现在逆匪林爽文等俱系漳籍,是以台地漳人多为贼所诱胁,惟泉民闻召募入(清军)伍,尚俱踊跃。"[④];又说漳州人林爽文民变军队所过,"凡泉人庄舍,(林爽文)贼亦尽焚之。泉人皆携老幼至(彰化县鹿)港避难。难民几万人,无所归"[⑤];所以"林爽文破城戕官,所过漳人响应,泉人心不自安……彰化(县)城中泉民闻之,亦自拔赴鹿港,络绎不绝,贼不能禁。"[⑥] 所以,当时台湾泉州系闽南人纷纷响应清廷官军组成泉州籍义民军自卫反击,以免被漳州系的林爽文势力屠戮。

① 如王良志,《林爽文起义》,《历史教学》,1962.11,第2—7页等传统看法之文章。

② 如刘平,《天地会与林爽文起义之关系辨正》,《南京大学学报(哲学人文科学社会科学版)》,2000.04,第61—70页。

③ 甚至在台湾岛内偏向"台独"的,还有人刻意曲解历史,认为林爽文事变是搞"台独"的"历史先锋"之奇特看法的。

④ 台湾银行经济研究室编,《台案汇录·庚集》,台北:台湾银行经济研究室. 台湾文献丛刊第200种,1964,卷2,《闽浙总督觉罗伍拉纳题本》,第266页。

⑤ 台湾银行经济研究室编,《平台纪事本末》,台北:台湾银行经济研究室. 台湾文献丛刊第16种,1947,第21页。

⑥ 台湾银行经济研究室编,《平台纪事本末》,第21页。

在当时这乱象中，台湾汉人三大势力中的客家人也不能幸免，成为林爽文势力想征剿对象，在当时南、北台湾的客家人见状也只好纷纷响应朝廷号召，组成客家籍义民军自卫反击，抵御台湾漳州人借机入侵家园。譬如在北台湾的今日"桃竹苗客家地区"[①]，当时竹堑地区（今新竹县、市、南桃园）有戴元玖、林先坤等人组成当地的客家义民军；苗栗地区则有钟瑞生等人组成苗栗客家义民军[②]。南台湾客家也组成各"堆"（堆者，队也）客家义民军联合抵抗林爽文军势，今日南台湾客家人又称"六堆客家人"即源于此。

清廷在平定林爽文事变后论功行赏，对台湾泉州系义民军颁发"旌义"匾额以奖励其忠义，对台湾客家的则颁发"褒忠"匾额。[③]

朝廷颁发奖励匾额与形成台湾客家民间宗教信仰有何关系？这又与后来的清代嘉道咸时期（1796—1861）台湾"闽客械斗"越加激烈的氛围有关，不过闽客械斗在清代南北台湾都有，但在清代到台湾日据时期（1895—1945），南台湾客家地区并没有形成客家义民爷信仰，倒是在北台湾桃竹苗客家地区形成了。在北台湾客家地区，在乾隆朝"与闽南人打过仗""忠义于朝廷"的历史记忆，与代表这历史记忆的御赐"褒忠"匾，在嘉道咸时期就成为了当地客家人在"闽客械斗"激烈氛围下，凝聚团结"我族"向心力的最佳符号，并转化为当地客家的民间宗教信仰。[④]

三、苗栗义民庙栋对楹联文字寓涵的华夏文化认同

就目前所知，苗栗义民庙与新竹枋寮义民庙是北台湾桃竹苗客家地区唯二的，自林爽文事件后原创性客家义民庙，至今皆已两百廿多年历史，虽然两庙的信仰圈祭祀圈颇有差异，但苗栗义民庙的栋对楹联文字，仍一定程度显示出台湾苗栗当地客家庙宇中的华夏文化中忠、义之寓涵。

---

① 指今日台湾的桃园市（该市偏西南境才是客家乡镇、俗称"南桃园"）与新竹县、苗栗县的客家乡镇，合称之。

② 张正田，《被遗忘的大清与苗栗"英雄"：程峻、寿同春、钟瑞生、与苗栗义民军》，《思与言》（台湾），51：3，2013.09，第1—34页。或前章。

③ 台湾银行经济研究室编，《台案汇录.庚集》，卷2，《户部为内阁抄出钦奉汉字上谕　道移会》，第82页："此次台湾剿捕逆匪，该处义民随同官军打仗杀贼，其为出力，业经降旨将广东、泉州等庄，赏给'褒忠'、'旌义'里名，用示奖励。"；《同书》，卷2，《兵部为内阁抄出将军公福康安等奏移会》，第167页："前奉谕旨，赏给广东泉州等庄褒忠、旌义里名，臣等已恭摹御书匾额，遍行颁发。"

④ 张正田，《被遗忘的大清"忠魂"：清代苗栗堡客家义民信仰研究（下）》，台北：花木兰出版社，2013.9，第183—235页。

首先见苗栗义民庙的大门书写：

义气长存苗胜地

民心齐养汉忠魂①

图 17－1：苗栗义民庙大门楹联照

这幅大门楹联首字以"义""民"相对，是一般台湾庙宇常见的"以首字相对见庙名"之方式，来显示此庙是义民庙。而"义气长存苗胜地""民心齐养汉忠魂"意思系指期望在台湾苗栗县这个形胜之地，能长存以往苗栗义民军的忠义之气，也期望这里的人民能一齐供养往昔苗栗义民军的忠魂英灵。其中它用"汉忠魂"三字，也表示苗栗义民军英灵类似汉人传统"忠""义"文化，间接表达了对汉人与华夏汉文化忠义气节精神之孺慕精神，也似乎隐含关公效忠刘备之忠魂千古佳话。

再进去该庙，又可见一方形左右两石柱上面向庙大门方向的一幅栋对楹联，

① 以下苗栗义民庙栋对楹联，在刘焕云，《台湾客家义民爷崇祀之文化意涵研究：以苗栗县为例》，收入刘凤锦等编，《台湾义民爷信仰与文化观光》，苗栗：台湾联合大学，2013，10，第35—72页，也有详实记录，但本章所记录的是笔者自己在苗栗义民庙采访所得。

如下：

义胆忠肝血洒山河匡社稷

民强国富魂安庙宇佑家邦

这一幅栋对的文字中也是充满忠义之色，上联说明以往苗栗义民军报国护土精神是忠肝义胆，曾经为国为土而热血洒河山，匡复了国家社稷的安危；下联则是说今时今日已经是国强民富的盛世，不再是林爽文事件那个乱世即将开始的时代，所以期望往昔保家卫土过的苗栗义民军英灵，能安魂于这间义民庙中继续保佑家邦。

又再往庙内，则又有一对左右两圆柱，上书有两幅栋对楹联，其中面向庙的大门方向的一幅，如下：

义激苍天列魄英魂佑民护国

民流碧血生忠死节仗义诛奸

上幅栋对楹联暂称"圆柱一"其次两圆柱上另幅面向庙的中轴线，彼此左右侧互望的栋对楹联如下，暂称"圆柱二"：

义士成仁御敌忠心昭庙宇

民军尚勇捐躯义魄壮山河

由"圆柱一"和"圆柱二"两栋对楹联，可见强调苗栗义民军的"忠义魂魄"英灵保卫国家山河，替国家诛除奸邪之色彩。其中"圆柱一"的文字也强调当年抵御林爽文事件的苗栗义民军，是生而为精忠报国，死而为志节犹存；"圆柱二"也强调苗栗义民军是壮烈义士，曾经勇敢地为国为民杀敌御敌而牺牲成仁，其忠心昭昭于此庙中，其忠义之气，气壮山河。这里也显示了传统儒教文化的"忠""义"精神包涵在苗栗义民庙的栋对中，以教化台湾苗栗当地百姓。

从圆柱再进去更接近义民爷主神位之处，又有一对红色石柱，上面也同样有对面朝庙的中轴线，左右侧彼此互望的栋对楹联如下：

义勇秉丹心气节依然昭梓里

民团流碧血威灵长此显祠堂

这幅"红柱栋对"中，义勇即指当年苗栗客家义民军，他们秉持了一片丹心气节，这种忠义之行依然昭昭于乡里苗栗，这些民团当年挥洒鲜血保家卫国，虽已往生为"忠魂"，威灵仍常存于苗栗义民祠中，这些句子也寓涵了"忠烈"与"义节"的氛围。

又再往主神位更近一些，还有另一对黄色石柱，上面也同样有对面朝庙的中轴线，左右侧彼此互望的栋对楹联，如下：

义士骨留芳半壁江山豪气在

民军魂不泯万年香火赤心存

这里须说明一点，苗栗义民庙同新竹枋寮义民庙般，是有当年抵御林爽文事变时壮烈牺牲的"义民冢"坟，以埋葬阵亡义民军的骨骸。这幅栋对，前段说的"义士骨"即指此。这幅栋对说的是苗栗义民军骨骸留芳于东南半壁江山①，其豪情壮志之气今日仍在，其义民军魂永不消失，苗栗客家人的万年香火与义民军魂的赤胆忠心永远长存。

又再往内更往主神位处，已是主神位前面的神桌，神桌两侧也有一对石柱，上面的栋对是面向大门处以示众人，其栋对楹联如下：

朝野同钦义起田家除逆贼

山河虽改名留史册显忠魂

这段栋对意思指苗栗义民军的忠义精神朝野同钦，且义民军都是属于民团性质的"农民军"，他们大多数是出身田家，却仗义为国为乡除去逆贼林爽文势力。下联是指今日国号虽已经改名"中华"而不再是"大清"，但苗栗义民军忠义报国卫土行为足为历史典范流传后世，也足可彰显了苗栗义民军的忠魂。

再往主神位方向已到主神位所在神龛，神龛两侧还有红色较小型的一对石柱，其上的栋对楹联也是面向庙前大门，如下：

褒忠降前朝名垂竹帛

忠心甘一死气壮山河

此意是指乾隆皇帝御赐的褒忠匾，虽是在前个朝代清廷所颁发，但苗栗义民军的忠义精神仍旧足以名垂史籍永远传世，下联则是指义民军的忠心耿耿，为国为乡甘心一死的忠义精神，诚是气壮山河。

再下来则是主神位神龛两旁上有这幅楹联，也是面向大门方面以示人：

褒旨常昭民日月

忠魂永护汉山河

这对"神龛楹联"首字是以"褒""忠"相对，这正是台湾客家义民爷信仰很重要的精神所在：乾隆皇帝御赐的"褒忠"匾，当初福康安曾经棱模复刻颁

---

① 请注意这里"半壁江山"并没有指区区台湾一岛之意味，仍是指海峡两岸加起来的我国东南半壁江山，可见当时纂作者的宏观视野。

布台湾各个较大的客家人街庄中，在北台湾客家庄中的苗栗与新竹枋寮供奉御赐褒忠匾的褒忠"亭"，再逐渐演变为褒忠"祠"，又再演变成民间宗教信仰。这对楹联的意思是：褒忠的圣旨如日月般常昭苗栗客家人与苗栗客家义民军，义民军的忠魂永远保护着大汉山河。这里仍用"汉山河"三字，仍是台湾苗栗客家人崇尚中原华夏精神的重要表征。

　　因为义民庙信仰是由义民亭演变而来，所以在北台湾的两间义民"主庙"（非"分香庙"），亦即苗栗义民庙宇新竹枋寮义民庙，后面都有义民亭建筑，苗栗义民庙后面亦有之，其也有栋对楹联如下：

　　义士做先锋一片忠心惟护土

　　民魂随后世千秋香火显威灵

　　这栋对楹联意思是当年义民军的义士们冲锋陷阵做先锋是对国家一片忠心，精神所在即是于保国卫土，义民军的忠魂也将随后世传千秋之香火而显示意民爷的灵威。

四、结论

　　台湾的庙宇其实都常见有寓涵儒教文化的对楹联乃至匾额横幅，这些庙宇栋对楹联其实都有"寓教于庙"的社会功用，在台湾客家汉人地区也不例外，甚而因为客家人传统上重视文教精神而更重视之，使台湾客家人能从小在这环境下耳濡目染儒教精神，这些庙宇也正是儒家文化寓于民间"小传统"中的重要表征。本章以台湾客家县份苗栗县城的苗栗义民庙为例，探讨了其中栋对楹联所寓涵的儒家核心精神中的"忠"与"义"两点，论证如上。

第十八章　台湾日据时期苗栗"天香吟社"的历史意义：以该社核心人物为中心

　　台湾苗栗县是台湾少数的"客家县"，客家人是汉人的一支民系族群，客家人以"崇尚中原儒教传统""重视文教精神"闻名于海内外。又台湾苗栗的诗社"栗社"，是台湾日据时期到台湾光复后苗栗县以儒教为核心的诗社，其正式创立于台湾日据时代的 1927 年，并命名为"栗社"。"栗社"前身则为日据时期（1912—1926 年间）创立的"天香吟社"，当时由苗栗地方儒教仕绅创建"天香吟社"，乃至扩大社员改制正式改名为"栗社"的核心人物，以及与会吟诗人士，大多是成长于清末到日据时期初期的苗栗地方仕绅，也延续清代儒教之风。尤其创建"天香吟社"时期的核心人物，多数是或具有清代秀才身份，或具有传统儒家文化家学渊源，承袭清代儒风，在日据时期仍不忘故国的地方仕绅。天香吟社乃至日后的栗社长设之地址，皆选在清代台湾苗栗县地方官学"英才书院"内，即今日台湾苗栗县城苗栗市的南苗文昌祠，无论在地理空间或历史象征，更别具"尊崇故国"的意义。

　　目前关于台湾苗栗县"栗社"之研究成果，概有台湾苗栗县学者陈运栋《栗社诗集存稿》即是将栗社成立后的诗集做一整理与撰述，且亦为较重视记述我国传统忠孝节义精神方面之论著，但本书对"栗社"前身"天香吟社"尚未有论述。又有王幼华《"日治时期"苗栗县传统诗社研究：以栗社为中心》《冰心丽藻入梦来："日治时期"苗栗县的诗社》等论著，但其核心精神多着重在"台湾本土"精神论述，较忽略了清代以来传统儒教精神在台湾乃至苗栗的人文影响，又曾绚煜《栗社研究》似乎较与前引王氏的史观有所不同[①]。而关于"栗社"尚未正式成立之前的前身"天香吟社"似少有专文论述，目前已有陈运栋《天香吟社诗稿集存》一书，就该"天香吟社"时代诗稿做完善之编录[②]，为本章提供了良好研究材料，以探寻台湾日据时期传统儒教在台湾乃至苗栗县之香火延续精神。故本章借台湾苗栗地方儒教仕绅在筹创"天香吟社"时，就其倡议成立与筹建的核心人物与相关资料，探究其在日据时期的历史背景下，所呈现的历史意义，是为本章考论之目的。首先论我国传统儒教忠义精神的大传统，寓于台湾客家地区小传统方面之现象。

一、台湾文化中的华夏儒家文化忠孝节义精神

两千多年来中国文化崇尚儒家思想，尤其汉武时采田蚡、董仲舒[③]等人之见倡"尊儒"思想以来，儒家忠孝仁爱信义精神，更是中华传统文化思想根本。其中特别重视慎终追远、忠孝仁义，与晴耕雨读等传家精神的汉族客家族群更特别重视儒家思想。

儒家思想倡忠孝精神。子曰："君使臣以礼，臣事君以忠。"（《论语·八佾》)，又曰："其为人也孝弟，而好犯上者，鲜矣。"（《论语·学而》)，显示孔子认为忠孝合一的本质道德。儒家也特别重视仁义精神，子曰："弟子入则孝，出则弟，谨而信，泛爱众，而亲仁。行有余力，则以学文。"（《论语·学而》)；亦曰："志士仁人，无求生以害仁，有杀身以成仁。"（《论语·灵公》)；又曰："君子义以为上。"（《论语·阳货》)、"君子喻于义，小人喻于利。"（《论语·里仁》)。

继而孟子曰："壮者以暇日修其孝悌忠信，入以事其父兄，出以事其长上。"

---

① 王幼华，《"日治时期"苗栗县传统诗社研究：以栗社为中心》，台中：台湾中兴大学中国文学系硕士在职专班学位论文，2000年。王幼华，《冰心丽藻入梦来："日治时期"苗栗县的诗社》，苗栗县文化局，2001年。陈运栋，《栗社诗集存稿》，陈运栋文教基金会，2011年版。曾绚煜，《栗社研究》，嘉义：台湾南华大学文学研究所，硕士学位论文，2001年等。

② 陈运栋：《天香吟社诗稿集存》，苗栗县文化局，2006年。

③ 汉武帝一朝，为何一改以往崇尚黄老之道而以儒家思想治国，至少有二说：一是认为汉武帝采纳了丞相田蚡之见，此可见（西汉）司马迁，《史记》，北京：中华书局，1959年版，卷一·二一《儒林列传》，第3118页之《太史公曰》："(汉武帝初年）及窦太后崩，武安侯田蚡为丞相，绌黄老、刑名、百家之言，延文学儒者数百人。而公孙弘以春秋白衣为天子三公，封以平津侯，天下之学士靡然乡风矣。"；二是认为汉武帝采纳了董仲舒之见，此可见（东汉）班固，《汉书》，北京：中华书局，1962年版，卷五六《董仲舒列传》，第2525页之《班固赞》："自武帝初立，魏其、武安侯为相而隆儒矣。及仲舒对册，推明孔氏，抑黜百家。立学校之官，州郡举茂材孝廉，皆自仲舒发之。"兹二说并存。

（《孟子·梁惠王》）；或"仕则慕君，不得于君则热中；大孝，终身慕父母。"（《孟子·万章》），表明孔孟儒家思想认为君子仁人者，在家若能以孝道事其父兄，则在职事上亦会忠于上级的忠孝合一观。在行之仁义方面，孟子又曰："仁义忠信，乐善不倦。"（《孟子·告子》）；"士…尚志…仁义而已矣。"（《孟子·尽心》）。故自汉武以降两千多年以来，儒家忠孝仁义思想，实为华人基本道德观之一。这种以儒家文化思想为人处事，与修身齐家报国之道德观，在汉武帝以后两千多年来，已内化于中华文化中。无论在中华文化乃至传承华夏中原文化的客家文化中之"大传统"与"小传统"两方面，皆俱备之[①]。

在台湾客家儒教文化小传统方面，台湾客家地区庙宇，常见有许多"教忠、教孝、教义"之栋对匾额，不时教育客家子弟当"思忠、思孝、思义"，即是常例。如台湾客家的"义民爷"信仰中，常见"忠""义"等民间信仰思想符号即是。又如苗栗县城苗栗市的北苗义民庙中栋对，有书"义胆忠肝血洒山河匡社稷，民强国富魂安庙宇佑嘉邦""朝野同亲义起田家除逆贼，山河虽改名留史册显忠魂"等语[②]，也有专书显示，该书作者曾在苗栗县大湖乡南湖义民庙主事耆老彭阿喜带领下，找到该庙于日据时期1921年所制"忠义成钦"旧匾额[③]；或台湾新竹枋寮义民庙的栋对中，也有"摩义渐仁以凿井耕田为事，捐躯殉国报食毛践土之恩""义从血性流来丹心报国，民舍生躯归去青史留名"等语。客家人也有"一等人忠臣孝子，两件事耕田读书"等俗谚，这些即是劝勉客家子弟为人当忠孝两全，处事勤奋耕读为业，也都是儒家文化精神寓于台湾客家文化中"小传统"之例。

二、台湾客家儒风的"道统型儒士"

自汉武以降两千多年，历代政治思想虽以儒家为宗，在现实的历代政坛，亦不免出现世俗性堕落异化而成为帝王家奴才与帮闲性质的"佞幸型儒士"；

---

① 潘朝阳，《台湾儒学的传统与现代》，台北：台湾大学出版中心，2008年版。

② 刘焕云，《台湾客家义民爷崇祀之文化义涵研究：以苗栗县为例》，收入林本炫编，《台湾义民爷信仰与文化观光》苗栗：台湾联合大学，2013年版，第39—72页。刘氏此文对台湾苗栗县境内各间客家义民庙栋对详实搜录。

③ 张正田，《被遗忘的大清"忠魂"：清代苗栗堡客家义民信仰研究（上）、（下）》，台北：花木兰出版社，2013年版，下，第335页。

与坚贞执守儒家仁义思想至死无悔的"道统型儒士"[①]，前者多趋炎附势之小人儒；后者则为"疾风知劲草"之君子毅儒，凡国危政倾之际，这些"道统型"毅儒常言人所不敢言，为人所不敢为，正德正言正行以流芳后世。如南宋危亡到元初蒙古统治中国之际的文天祥、郑思肖，或明末清初不愿出仕清廷的顾炎武、黄宗羲、王夫之，乃至流亡海外的朱舜水皆是[②]。

这种敢言敢行又坚守忠义儒风的"道统型儒士"，也同样存在于台湾客家文化中。譬如在1895年台湾被迫割日全岛板荡之际，即有台湾客家籍坚守忠义精神与道统儒士，如丘逢甲与其弟子吴汤兴等，率领台湾客家、福佬等各籍义军坚决抗日不惜一战，即台湾史上的"台湾乙未抗日战争"。这些台湾客家先人虽不能力抗日军入侵最后仍败，但在此战争中着实表现出台湾客家先人犹有坚守儒道忠义之风[③]。而在此年战败后到台湾日据的"日据明治天皇时期"（1895—1912）与"大正天皇时期"（1912—1926），台湾客家人仍持续抗日。不过整体而言，包含台湾客家籍等各种台湾汉人势力，在"日据大正年间"已逐渐知晓，光以台湾汉人民间武力抗日，是不可能战赢日本的庞大军警势力，于是台湾汉人改为以"议会运动"，争取台民权力的"文化抗日"为主。此后台湾岛上直到1930年由台湾少数民族莫那鲁道率领族人的"雾社抗日事件"以前，以武力抗日的则改以台湾少数民族为主。不过到"日据昭和天皇时期"（1926—1945），日本昭和政府却一改大正时期的作风，开始逐步在台推行"皇民化"政策，言论尺度大为紧缩，遑说台湾平地的各籍汉人地区，连山地少数民族地区也几乎不能例外。

---

① 牟宗三，《心体与性体》，《牟宗三先生全集》，台北：台湾联经出版，第5—7册，2003年版。潘朝阳，《从儒家的双元对峙性论清代台湾儒家的性质》，《台湾东亚文明研究学刊》（台北），2006年6月，第97—133页。

② 潘朝阳，《朱舜水的民族志节及其海上漂泊》，《台湾东亚文明研究学刊》，2012年6月，第79—136页；又收入潘朝阳，《家园情深与空间离散：儒家的身心体证》，台北：台湾师大出版中心，2013年版，第173—242页。同书又有潘朝阳，《古学取向的朱舜水儒学》，收入《同书》，第243—297页，诠释朱舜水心灵对于孔孟古义之慎始成终。

③ 关于"台湾乙未抗日"与相关人物之研究成果极多，但各家各种观点有所不同。各类成果如黄丽生，《近代台湾客家儒绅海洋意识的转变：从吴子光到丘逢甲》，《海洋文化学刊》（台湾），2006年12月，第123—173页；张民光、刘焕云，《丘逢甲之客家文化意识与爱台思想研究》，《联大学报》，2005年12月，第288—302页；梁华璜，《明治时期的天皇体制与乙未侵台》，《思与言》（台湾），1995年6月，第97—129页；黄荣洛，《日军的大谎言：探讨乙未战争日军战死人数》，《台北文献》，1986年3月，第313—318页；陈有福、张正田，《从经济开垦到台湾抗日：以新竹"金广福"事迹为例》，《龙岩学院学报》，2015年12月，第7—11页、第72页等。

三、苗栗"天香吟社"的成立及其历史背景

在"日据大正年间"前后，台湾各籍汉人大致放弃武装抗日 [①]，加上"日据大正年间"日人政治管控度不如前任天皇明治天皇政府般强硬，也不如其后的昭和天皇政府那么紧张，在日本史上亦自称为"大正民主时期"，此时日本国内也开始兴起政党运动鼓吹日本应走向更民主化。在这历史背景下的台湾各籍人民，如台中雾峰林家的林献堂等人，受到梁启超之当面鼓励，遂改以文化性或社会运动性质的文化抗日。其中台中雾峰林家的林俊堂（林献堂之堂兄）成立"栎社"诗社，主张以吟汉诗结社传承华夏儒风文化抗日，后来全台各籍汉人文人，也在全台各地大量成立诗社 [②]，为当时台湾成立诗社以"文化抗日"的高峰期。

在"日据大正年间"台湾苗栗一带客家儒士，则在原清代苗栗县县学"英才书院"位置，先后成立"天香吟社"与"栗社"，即位于今苗栗县县城苗栗市的南苗文昌祠内。当时苗栗儒士借此诗社以吟咏汉诗的行动，继续在台湾苗栗传承华夏儒风并文化抗日。

至于苗栗"天香吟社"的成立时间，学界似乎有不同议论，有认为是在"日据大正六年"（1917）[③]，也有认为是成立于民国十四至十六年间亦即1925—1927年间 [④]。无论何者，"天香吟社"成立时代的历史背景，正逢日本近代史上"大正民主"之际，但又即将面临昭和天皇政府准备施行"皇民化"政策与大举侵略我国大陆之前夕。"天香吟社"并于民国十六年（1927）旧历10月，正式称为"栗社" [⑤]。

四、"天香吟社"内核心人物史迹

当台湾苗栗儒文之士成立"天香吟社"乃至方改名为"栗社"之初，诗社

---

① 此际前期的1915年尚发生台湾汉人最后一次大规模的武装抗日，由台南余清芳等人领导的"噍吧哖事件"或称"西来庵事件"。

② 但这其中也有若干诗社却与日本殖民统治当局保持良好关系，系受日本支持而成立咏赞美化日人在台殖民的，如当时台北人洪以南成立的"瀛社"即是，此看法见王幼华，《"日治时期"苗栗县传统诗社研究：以栗社为中心》，第二章，《诗社概说》，第19页。洪以南是清代台湾末期秀才，亦是儒士出身，然若按前引潘朝阳对儒学的"双元对峙性"说法来看，洪氏似可归入台湾的"佞幸型儒士"。

③ 王幼华，《"日治时期"苗栗县传统诗社研究：以栗社为中心》，第二章，《诗社概说》，第24页。

④ 陈运栋，《天香吟社诗稿集存》，第75—78页；或第84页。

⑤ 陈运栋，《天香吟社诗稿集存》，第76页。

主要核心人员皆为苗栗一带客家文儒。如首倡成立者彭昶兴、诗社"专任词宗"李祥甫、或黄仲明和黄南球的诸子黄运和、运元、运宝等兄弟，以及吴颂贤等塾师文士[①]。以下概略述这些苗栗客家文儒之背景。

（一）彭昶兴：字苑香，清代台湾苗栗县苗栗堡嘉志阁庄人，嘉志阁庄又名嘉盛庄，故彭昶兴又为苗栗县城嘉盛庄人，祖籍广东省陆丰县之客家人。彭昶兴生于清咸丰十年（1860），逝世年不详，有学者认为可能在1931年前后[②]。彭昶兴自幼读书崇信孔孟之道，台湾日据时代时亦热心苗栗地方教育，但也因此不得不与日本人虚以委蛇接受"日本士绅奖章"并担任苗栗嘉盛庄"保正"一职[③]。因彭昶兴热心地方教育公益，整理过苗栗的"台湾客家义民爷信仰"之"苗栗义民祀"，与象征苗栗传统儒教文化的"苗栗文昌祀"之两祀祀产，并协办"苗栗中学园"（今苗栗建台中学前身），颇得苗栗地方人士民心。及至彭昶兴逝世时，也是苗栗栗社核心人物的李祥甫秀才，曾挽以长联："知名越四十年，我自鹭江反稻，倍笃神交……经世历卅余载，君惟骏烈者苗，克孚众望，外尽公忠，内修孝友，值今日告苍天，埋黄土，踪沉渺渺共伤心[④]。"

（二）李祥甫：苗栗铜锣湾人（今苗栗县铜锣乡），本名均郎，字祥甫，别字钟萼，民国后又改字宗萼，生于清同治元年（1862），祖父为李腾清又名李朝勋，居苗栗铜锣湾庄涧窝，生平积极设学田奖教育。又据清光绪《苗栗县志·人瑞》载李祥甫祖父李朝勋事迹为：

李朝勋，铜锣湾涧窝庄人，庠生钟萼祖，年八十七岁，五代同堂，子五、孙二十有一、曾孙四十有四、元孙二（本光绪十三年举报事实册）。光绪十五年，御准旌表[⑤]。

又《同县志·先正列传》载：

李朝勋，字建初；纬烈子。性孝友，父母兄弟无间言；继母詹氏，养葬尽礼，称声载道。处世善善、恶恶，急公向义；为乡里排难解纷，抑强扶弱。咸丰四年（1854），募义民随军剿匪，擒获张必达；台湾镇邵奏给八品顶戴，举为义首。自是地方有事，率乡勇保卫，不吝赀财。生平好读书，尤精医术。晚

---

① 陈运栋，《天香吟社诗稿集存》，第75页。

② 陈运栋，《重修苗栗县志·人物志（上）》，苗栗县政府，2006年，第307页。

③ 连雅堂，《人文荟萃》，台湾远藤写真馆，1921年，第180页。

④ 以上依据陈运栋：《重修苗栗县志·人物志（上）》，第307页处所改写。

⑤ （清）沈茂荫，《苗栗县志》，卷八，《祥异考·人瑞》，台北：台湾银行经济研究室·台湾文献丛刊第159种，1962年版，第131页。

筑家塾，设学田，延师训子孙；岁冬，命考家课，别优劣，赏赉有差。卒年八十七；亲见五代同堂及孙钟萼进泮。光绪十五年，总督下宝第奏准旌表。其四子逢新，亦崇师尚义；盖继绳其未艾也①。

又台湾日据时代初期蔡振丰所编《苑里志》也载：

李朝勋……习岐黄业，有请视病者，即刻起行，无稍缓，不较谢金，贫人多嘉赖焉。耕读传家，驭下有法。亲见五代同堂，男女七十余人。孙钟萼，入泮。年八十七而终②。

由上引诸史料可见李祥甫之祖父李腾清（李朝勋），文、武、医道皆全，"耕读传家，驭下有法"，设家塾与学田，书礼传家，并亲见孙子李祥甫为秀才生员。而李祥甫父亲李秀智亦曾两建书斋，督促自家李屋子弟儒学教育以不忘儒家文教。及李祥甫，既已身为光绪十一年乙酉科台北府生员③，在清代光绪年间（1875—1908）沈茂荫任苗栗县知县时，欲修《苗栗县志》，特揽李祥甫为该县志的八位采访之一④。可见李祥甫累三代儒礼传家之风，家学渊源深厚。

此外李祥甫亦与同乡丘逢甲同师。当1895年乙未割台，李祥甫骤招家国割让之痛，乃奉父李秀智之命与丘逢甲同渡厦门，仍常常不忘倡言光复台湾。至1903年，李祥甫回台丁忧母丧，并以"忠臣不事二主"为原则，终身拒入日本籍，为日本殖民者刁没财产，一度生活贫苦，甚至也一度被关入日本监牢亦不改志。后李祥甫改经商，亦因家学渊源善中医之术行善乡里。李祥甫常倡言孔教圣学以维系传统文化于不废为职志，遂和彭昶兴倡议在苗栗组诗社，为"天香吟社"与后身"栗社"的核心文人儒士，并为"专任词宗"，藉此培养苗栗地区儒学吟诗之风气，于1943年6月20日逝世⑤。以上可见李祥甫之儒风与不忘故国情怀事。

（三）黄仲明：本名文哲，字仲明，苗栗县城苗栗街人，生于清咸丰九年，壮年入泮为生员，以儒文闻名苗栗，在清代光绪年间苗栗县知县沈茂荫欲修

<hr>

① （清）沈茂荫，《苗栗县志》，卷十四，《先正列传·李朝勋列传》，第202—203页。

② （清）蔡振丰，《苑里志》，下卷，《志余·纪人》台湾银行经济研究室·台湾文献丛刊第48种，1959年版，第116—117页。

③ （清）蔡振丰，《苑里志》下卷《选举表》，第71页。

④ （清）沈茂荫，《苗栗县志》，第3页；或见张正田，《由清代〈苗栗县志〉看清末"苗栗堡"人的族群感与空间感》，第三届海峡两岸客家高峰论坛论文集，2009年3月21日，第321—336页。

⑤ 以上李祥甫部分多依据陈运栋：《重修苗栗县志·人物志（上）》，第307页处所改写。

《苗栗县志》时，也特揽黄仲明为该县志的八位采访之一[①]。又清代苗栗乡贤黄南球，也曾揽黄仲明为黄南球家西席，教育其子黄运宝、运和、运元等。又当黄南球过世时，讣闻上载黄仲明列为"亲族"[②]。1895 年日本侵台乙未战争时亦曾参加苗栗抗日义军，毕生不忘故国，故不喜与日本人为友，此外也长于书法，苗栗人多喜爱收藏，以上可见黄仲明之儒风与不忘故国情事。黄仲明于 1926 年过世，享年 68 岁[③]，过世之时，其学生黄运和为诗祭敬挽曰："风雨楼头夜漏三，光芒星斗坠天南；祇今世路多荆棘，赢得黄粱一梦酣[④]！"其中"祇今世路多荆棘"一语可显示出黄仲明、黄运和等"天香吟社"到"栗社"之苗栗儒士们不忘故国，又同时须面对日本殖民统治的悲难心态与困苦时局。

（四）黄运宝、运和、运元等兄弟：黄氏三昆仲为苗栗先贤"广泰成垦号"老板"黄厝头家"黄南球之诸子。黄南球为诸子教育，延揽族亲黄仲明以传统儒道教育黄运宝等诸子，黄运宝等三位兄弟师承黄仲明，亦为清末日据之际苗栗新一代儒士，深具故国情怀。又从苗栗儒士成立"天香吟社"到改制为"栗社"，黄氏兄弟皆出钱出力甚多，维持社务不坠，其中黄运宝更是继彭昶兴之后，任"栗社"第二任社长长达约十年[⑤]。黄运宝（1891—1940）为黄南球先生三子，字文作，号懒虫；黄运和（1893—1965）则为四子，字文畅，号念萱，曾任栗社第四任社长，光复后 1947 年担任苗栗建台中学校长；黄运元（1895—1943）则为五子，字文恺，号首明，又号哭鹿，少从黄仲明习儒风之道，深具故国民族意识，日据大正年间林献堂倡立"台湾文化协会"持续文化抗日，黄运元曾任该协会理事，后来"台湾文协"内部闹意见分裂后，黄运元选择加入新成立的"台湾民众党"，任该党中央常务委员兼宣传部副主任[⑥]，持续鼓吹民族精神，常于苗栗等地公发表反日殖民统治演讲。但到日据昭和年间"皇民化"雷厉风行使台湾言论尺度大为紧缩，又正值八年抗战的 1943 年时，黄运元选择

---

① （清）沈茂荫，《苗栗县志》，第 3 页；或见张正田，《由清代〈苗栗县志〉看清末"苗栗堡"人的族群感与空间感》，第 321—336 页。

② 黄卓权，《跨时代的台湾货殖家：黄南球先生年谱（1840—1919）》，台湾"中央"图书馆台湾分馆，第 323 页。

③ 以上黄仲明部分，多依据陈运栋，《重修苗栗县志·人物志（上）》，第 287 页处所改写。

④ 台湾银行经济研究室编，《台湾诗钞》。卷二十一，《黄运和·挽黄仲明先生》，台北：台湾银行经济研究室·台湾文献丛刊第 280 种，1970 年版，第 407 页。

⑤ 黄卓权，《跨时代的台湾货殖家：黄南球先生年谱（1840-1919）》，第 214 页；陈运栋，《天香吟社诗稿集存》，第 107—110 页。

⑥ 黄卓权，《跨时代的台湾货殖家：黄南球先生年谱（1840-1919）》，第 27 页。

内渡祖国大陆，却不幸于一场意外船难丧生台湾海峡，死因甚为疑窦，得年才49岁。

（五）吴颂贤（1885—1950）：与彭昶兴同为苗栗县城嘉志阁人，曾祖父吴振钦为清代登仕郎；祖父吴恢先为清咸丰二年（1852）捐监生、光绪十年（1844）恩贡生，与苗栗宿儒吴子光交友甚笃；父吴绍箕为清代苗栗县学英才书院聘为教席，所以吴颂贤也是儒风世家子弟。台湾日据时代初期，吴颂贤曾追随台湾著名抗日先贤罗福星武装革命，参与革命期间曾回祖国大陆，返台时行李尽失，只带回一把随身黑伞，遂把黑伞交给发妻谢盛妹为信物，要她"见伞如见人"。后因罗福星革命为日人所破，吴颂贤也身陷监牢六年，在狱中曾有《追悼黄兴烈士》诗以明志：

甘年奔走佐中山，革命奇勋播世间，方为屠龙清宇内，何其驾鹤返仙班。失机汗水长遗恨，血战羊城付等闲。千古英雄千古事，三湘回首泪涓涓。

由诗可见吴颂贤不忘故国思怀与革命救国意识。吴颂贤六年坐牢期间，夫人谢盛妹就将这把伞，当成支撑她生命的力量以维系支撑一家老小。

吴颂贤出狱后若干年，在彭昶兴倡议成立"天香吟社"之际，为彭昶兴延揽担任诗社书记多年，吴颂贤身为诗社书记，也为诗社尽心尽力，偶当诗社经费不足时，还得自掏腰包。但吴颂贤因长期反日，家道其实已中落，经济并不宽裕，有时还得到其妻娘家借贷才能维持诗社运作，由此也可见吴颂贤对"天香吟社"乃至"栗社"贡献之功。但到了日据昭和时代，日本殖民政府言论尺度紧缩并推行"皇民化运动"，日警大肆搜捕反日人士与资料，也对吴颂贤监视频繁。吴颂贤担心诗社的诗抄资料为日警销毁，遂将"天香吟社"乃至"栗社"时期大部分诗抄用防火油纸层层包打，沉入苗栗的后龙溪深潭中埋藏，以免被日人查获销毁。直到台湾光复，吴颂贤才雇人打捞出这些苗栗地方文史珍宝。此后吴颂贤与次子吴文虎，也展开数十年的晒书岁月。

吴颂贤一生崇尚孔子，总以传圣人儒道为职志，要子孙读圣贤书，怀圣贤志。次子吴文虎曾赴日求学并经商，在其婚后一个月欲带新媳赴日，行前先拜别父亲，此时吴颂贤也已替孙辈先取好姓名排序如下："东洋明珠亮，故土保秋荣"。因当时尚是台湾日据时代，后语"故土保秋荣"，典故出晋代王淑之《兰确铭》诗："兰既春敷，菊又秋荣，芳熏百草，色艳群英，孰是芳质？在幽愈馨"，系指吴颂贤期待故土中国，能在时事如秋霜之际，仍能如菊花般保持荣发之意，所以对应到前句的"东洋明珠亮"，意指虽然此际东洋日本的"明珠"正

"亮"当中，但还不知最后系"孰是芳质"，未来可能还是"在幽"的故土中原才会"愈馨"也就是越加芬芳茁壮吧！所以"东洋明珠亮，故土保秋荣"十字，仍有吴颂贤暗喻对中国故土的思怀与期待，并以此为孙子辈命名。

吴颂贤虽于 1950 年过世，次子吴文虎仍坚持父志，并持续晒"天香吟社"乃至"栗社"诗抄文史资料数十余年，所以这些宝贵史料才能存至今日[①]。

五、结语：天香吟社与其核心人物的历史意义

天香吟社，是清末到台湾日据时代大正年间，台湾苗栗地区的儒人雅士成立的诗社，日据 1927 年前后又改制为"栗社"，但此时日本政府已大改"大正民主"之风，渐对"帝国"内各地的言论尺度紧缩，所以台湾日据昭和时代（1926—1945）后期的栗社，也将面对时局之飘摇。

由大正年间"天香吟社"之成立到改制为"栗社"的核心人际网络来看，除彭昶兴首倡之功外，前清两位苗栗传统儒士秀才李祥甫、黄仲明，亦居功甚伟。而黄仲明教育出之子弟黄运宝等三兄弟出钱出力，更是影响甚深。此外，他们都是深具传统华夏儒风思想的苗栗客家儒士，使传统故国儒学风气，借由诗社在苗栗客家地区继承不坠。又，诗社核心人物之一的吴颂贤，更曾追随台湾抗日先贤罗福星一起武装抗日，深具不忘故国的民族意识。这些都是台湾苗栗客家的儒道仕绅，延续清代儒风，在台湾日据时代"不忘故国、儒风犹存"，或可称为台湾苗栗客家地区的"道统型儒士"。

天香吟社乃至到栗社早期，正值言论自由相对宽松之时，其反映出的诗吟史料，或许比台湾日据昭和时期后期的"皇民化时代"来临后，更接近台湾苗栗地方儒风舆论之真实面[②]。

---

① 以上吴颂贤部分多依吴保荣，《革命志士吴颂贤其人其事》，收入陈运栋，《天香吟社诗稿集存》，第 90—106 页所改写。

② "天香吟社"时期，共有五回的诗社吟诗集会，五回主题分别是"月桂""武侯""鸿门宴""韩信""岁暮感怀"，就目前陈运栋所编纂《天香吟社诗集存稿》一书来看，其中以第二回"武侯"保存诗数量最全，共 378 首之多，且还保有李祥甫对每首诗之批语，这些都是宝贵的台湾苗栗县地方史料。有学者认为第一回的"月桂"课题，是反映成立诗社取名天香吟社之意，此可见陈运栋，《天香吟社诗稿集存》，第 77—78 页之说明，则第二回的课题命名，倒可视为诗社真正的第一回"心声"，其取名为"武侯"，或可视为天香吟社时期的诗社核心人物们，想藉由历史上诸葛武侯历次北伐中原、匡复汉室正统之事，暗喻对当时日本殖民统治之不满与不忘故国之心。

第四篇　苗栗之外的台湾客家史
与未来发展

第十九章　从经济开垦到台湾抗日：
以新竹"金广福"姜家事迹

"金广福"公馆，是今台湾新竹县北埔乡著名的客家历史文化观光景点，每逢例假日时，定有非常多来自各地观光客蜂拥涌入该乡，想一睹这个"金广福"公馆历史古迹。但在清朝时期台湾，"金广福"也曾是辉煌一时的"开垦公司"（清朝时称为"垦号"），也是台湾客家人历史上著名的开垦公司。且"金广福垦号"还是清代台湾开垦事业中极少数是由闽、客两族群共同合作的特例企业之一，并且是由官方出面主导下，才可能"闽客共同合作"开这间开垦公司的有名案例。而位于今台湾新竹县北埔乡的"金广福"公馆，就是当时这间"开垦公司"总部。

在清代台湾历史上，移民到台湾的闽籍与客家籍两族群汉人，彼此关系其实非常紧张，常不断械斗[①]。而"金广福"这个"官方＋闽＋客"三者能成功合作之历史案例，20 世纪 80 年代渐有学者群注意到这个历史特例与首创研究[②]，后来陆续研究成果也非常多[③]。这间由官方主导又由闽、客两族群共同合作才成立开垦公司的历史案例，颇符合今日国家正在倡导和谐与和平的概念。

---

① 张正田，《被遗忘的大清"忠魂"：清代苗栗堡客家义民信仰研究（下册）》，台北：花木兰出版社，2013，第 240—250 页。

② 庄英章，陈运栋，《金广福史料的发掘与应用》，《史联杂志》，1984.06。丘秀芷，《先民的脚印：金广福与天水堂》，《台湾月刊》，1985.06。吴学明，《金广福垦隘与新竹东南山区的开发（1834—1895）》，台北：台湾师范大学历史研究所专刊 14，1986。

③ 吴学明，《清代一个务实拓垦家族的研究：以新竹姜朝凤家族为例》《台湾史研究》（台湾），1995.12。吴学明，《闽粤关系与新竹地区的土地开垦》，《客家文化研究通讯》（台湾），1999.06。吴学明，《金广福垦隘研究（上册）》，台湾新竹县：新竹县文化局，2000。吴学明，《金广福垦隘研究（下册）》，台湾新竹县：新竹县文化局，2000。庄英章，连瑞枝，《从账簿资料看日据北台湾乡绅家族的社会经济生活：以北埔姜家为例》，《汉学研究》（台湾），1998.12。梁宇元，《风水观念对台湾北埔地区客家聚落构成之影响》，《建筑与文化》，2006.04。刘拯华，《清代台湾北埔的望族与当地社会的开发与治理：以姜、彭两家为例》，《河南财政税务高等专科学校学报》，2015.01。

唯"金广福"在日后逐渐以台湾新竹客家人的北埔姜氏家族为最大股东后，当1895年中国甲午战败之际，台湾正面临被迫割让于日本的国难情况时，不少台湾人基于爱国与保家卫土精神勇敢抗日，先后牺牲，史称"1895乙未抗日战争"或"乙未战争"。当时金广福"董事长"（时称"垦户首""头家"）姜绍祖，与桃、竹、苗一带客家人，如徐骧、吴汤兴等客家抗日先贤、与台中雾峰林家（闽南人的漳州人系统），以及自中国大陆两广一带的"黑旗军"刘永福将军，还有源自湖南湘军系统的"新楚军"等，两岸人民含各籍台湾人，一齐抗日。而单就姜绍祖个人积极抗日壮烈成仁来看，可从姜家世代，在传统中国重儒崇教文化氛围下逐渐转型，更加强化忠国卫土之精神，尤其在"金广福"第五代"董事长"姜绍祖个人方面，与当时抗日先贤们誓不从倭积极抗日，亦可见中国儒家文化熏陶下防夷狄之信念。

一、新竹姜家与"金广福"关系概述

"金广福"垦号成立过程，与当时台湾汉人与山地少数民族（"生番"）间紧张关系有关，起因是清道光六年（公元1826年），因山地少数民族"生番"侵扰当时淡水厅治所"竹堑城"（今台湾新竹市区）的杀人血案，震惊当时淡水厅同知李嗣业。据史载：

> 金广福者，乃（竹）堑城内闽粤合伙开店之号。昔因"生番"出至（竹堑）城外巡司埔杀人，淡防厅丞未如之何，乃给示谕责成粤人姜秀銮、闽人周邦正倡首邀股，即将金广福闽粤字号充为垦户，题奏请铸铁印，銮、正二人料理，以示开疆重大之权。[①]

可知当时多半是发生在台湾"边区"的"汉番冲突"，这次会直接闹到淡水厅城竹堑城附近，事体严重。而今新竹市东南侧不远处的今新竹县北埔、宝山、峨嵋等三乡境（今俗称新竹县"大隘三乡"），当时尚属于山地少数民族活动范围的"番地"，离厅城也确实近，山地少数民族随时可能袭击厅城。所以当时官方决定号召当地闽、客两籍汉人民间仕绅共同合资，招募隘勇隘丁，以"武力驱番"方式开垦这些"番地"，并将之转变成为汉人居住地与田园地。于是淡水厅同知李嗣业出面邀请今新竹市一带当时闽南人（新竹闽南人多为泉州人系统）仕绅林德修、周邦正等人（其间林德修去世，周邦正继续接手募集闽籍资股，

---

① （清）林百川，《树杞林志》，台湾南投：台湾省文献委员会，1993，第127页。

主责"金广福"未来在城内与衙门联系与会计事务）[1]，与今新竹县客家人姜秀銮等人共同倡议，由闽、客众人各自号召两籍仕绅与地主、再共同合资开"金广福"开垦公司[2]，往今新竹市的东南侧山区，进行武力开垦，若能开垦成功，所得到的土地又能拓大汉人种植面积，既能"防番"又能制造"利多"。

之后"金广福"开垦公司的历史，由前引吴学明之相关研究已有详细研究论述。概言之，"金广福"开垦公司终于成功开出今新竹县"大隘三乡"之地，亦成为今日台湾众多客家乡镇之一，居民多是客家人为主。又据姜家后人姜阆仁研究，由于"金广福"是当时台湾新竹地区闽客合资的开垦公司，今新竹市地区的闽籍股份家族也分得不少土地利益，不过其所分得土地似多是较靠近今新竹市区的"近山"土地，且以出租于他人佃耕为主；或闽籍股份家族因金广福开发土地而分得樟脑开采利益，但闽籍人士仍将"脑栈"设于今新竹市内[3]。由此可见闽籍股分家族对开发出的新土地之经营积极度不如客籍家族。

故日后"金广福"开垦公司的股份权数演变，逐渐转成支持姜秀銮家族的客籍股份占大多数，因此姜家便逐渐掌控金广福的经营权。这主因在于今新竹市区一带闽南籍仕绅股份大多为竹堑城内的"不在地地主"，而今新竹县东、南两侧"防番""侵番"的汉人开发事务，实际上仍以姜家为主的各个客籍势力在运作，所以"金广福"闽籍股份便日渐淡出减少，客籍股份持续增加并仍支持姜家，所以金广福"董事长"遂演变成一直是姜家变相"世袭"。历任"董事长"依序是姜秀銮、姜殿邦（姜秀銮之子）、姜荣华（姜秀銮之孙）、姜绍基（姜秀銮之曾孙），待姜绍基过世后，此时金广福大多早已成为以客籍股份为主，这些客籍股东仍推举由姜绍基之弟，年轻的姜绍祖接任金广福第五代"董事长"[4]。

故连横《台湾通史》曾称赞金广福与姜秀銮说："锄耰并进，数年之间，启田数千甲"、"凹工既竣，且拓且耕，至者数千人，分建村落，岁入谷数万石，以配股主"[5]。清代"金广福"开垦出新竹县大隘地区之后，汉人街庄陆续形成，

---

① 吴学明，《金广福垦隘研究（上册）》，第40—50页。

② （清）连横，《台湾通史》，台湾南投：台湾省文献委员会，1992，卷十三，《军备志》，第370—371页。吴学明，《金广福垦隘研究（上册）》，第40—50页。

③ 姜阆仁，《清代沿山地区家族之发展：以北埔新姜家为例（1895—1945）》，台中：逢甲大学历史与文物研究所硕士学位论文，2010.01，第43—44页。

④ 吴学明，《金广福垦隘研究（上册）》，第112—198页。

⑤ （清）连横，《台湾通史》，卷31，《林、胡、张、郭列传》，第858—859页。

其中，北埔街又俨然成为新竹县大隘地区最热闹的街市，因为"金广福"开垦公司的公馆即设于北埔街①。而拥有"金广福"开垦公司最多股份的姜秀銮家族，也成为新竹县有地方名望的客家仕绅家族之一。姜氏家族也将投资开垦土地后所得财富，再转而投资商业活动，其商业往来对象不仅于客家人内部，并与今新竹市境内闽南商业家族，譬如与新竹"郑吉利号"等闽南家族企业公司同样继续有商业往来交易，使姜家积累更多财富②。同时，淡水厅治所在地竹堑城也转危为安，不再有"番害之危"，故清代台湾客家举人吴子光曾赞许"金广福"姜家这方面功绩说："今'生番'远徙，尽变硗确为沃壤，姜氏之力为多焉。"③

在当时历史环境中，台湾闽、客之间族群关系紧张，实不太可能有相互合作之机，但因当时官方发现"生番逼近厅城杀人"的"危机"，并智慧地"将危机化为商机"，出面调和新竹当地其实比邻而居的闽、客两籍地方仕绅有力人士，共同出资开"金广福"开垦公司，创造商机与利多，日后的金广福与姜家遂大开利市，姜家也藉此持续保持与新竹闽籍商业公司的商业来往，使姜家财富持续增加。

而"金广福"取名由来，"广"字代表移民自广东省居多数的台湾客家人；"福"字则代表移民自福建省闽南地区的台湾闽南人④，象征和谐与和平之希望，也符合国家今日常提倡和谐与和平之精神，所以金广福实为具有多面向意义的古今相映历史案例。

二、新竹姜家世代逐渐转型

又早在第一代"董事长"姜秀銮是以武力拓垦并常协助官方，因军功获官品顶戴，最终获得七品顶戴；到姜殿邦时终获五品顶戴⑤。第三代姜荣华则有"例授州同五品"衔；第四代姜绍基有"例授五品县丞"官衔，也大多因军功或捐纳所得⑥，即令第五代"董事长"姜绍祖本人因积极抗日英年早逝，其仍在青

---

① 吴学明，《金广福垦隘研究（上册）》，第210—218页。

② 吴学明，《金广福垦隘研究（下册）》，第45—50页。

③ （清）吴子光，《台湾纪事》，台湾南投：台湾省文献委员会，1996，卷二，《游大隘诸山记》，第46页。

④ （清）吴子光，《台湾纪事》，卷二，《游大隘诸山记》，第47页。

⑤ 吴学明，《清代一个务实拓垦家族的研究：以新竹姜朝凤家族为例》，《台湾史研究》（台湾），1995.12．第38—40页。

⑥ 吴学明，《清代一个务实拓垦家族的研究：以新竹姜朝凤家族为例》，《台湾史研究》（台湾），1995.12．第38—40页。

少年时曾循父祖家例因捐纳获武秀才身分。姜绍祖生于清光绪二年（1876），卒于光绪二十一年（1895）。所以到姜绍祖率领金广福民团抗日时，概约 20 岁。

然依去"乙未抗日战争"未久的《瀛海偕亡记》则载：

（吴）汤兴乃作义勇衣……置亲兵……其与敌冲锋出陈，则皆徐骧、姜绍祖二人。……徐、姜成队即行……佩百子弹丸袋，游奕往来，以杀敌致果为事，人不知其为书生也。[1]

此引文认为姜绍祖已具书生之貌。又连横《台湾诗乘》亦载：

新竹姜绍祖……少年豪爽，亦颇能文。曾建茶亭于鹿寮坑，以息行人，自撰楹联镌于柱石曰："虽非广厦遮寒士；亦效环滁筑醉翁"；又曰："此外程途多未历；个中甘苦贵亲尝"，亦可想见其人矣。[2]

又经后人整理得姜绍祖生前遗诗二首，其一是《出师赠同学》诗："书帏别出换戎衣，誓逐胡尘建义旗；士子何辜奔国难，匹夫有责安乡畿。"；其二是《自挽》诗乃姜绍祖为日军捉囚自尽报国前所写："边戍孤军自一枝，九回肠断事可知；男儿应为国家计，岂敢偷生降敌夷。"由姜绍祖所遗石柱楹联与这两首诗，可见姜绍祖已具传统中国儒家文化忠义精神不肯轻降夷狄之思，也自认本是"书帏士子"，但面临"国难"当前，不得不"换戎衣"以"安乡畿"并积极报国抗日卫土，不肯轻降夷狄而身亡成仁。

三、姜绍祖乙未战争抗日壮烈牺牲过程

当 1895 乙未年台湾正逢政权交替局势板荡时，台湾仕绅百姓惊恐，由客家儒绅丘逢甲带头奔走请求清廷莫将台湾割日，并透过当时"台湾省长"（台湾巡抚）唐景崧上奏朝廷电报有二十余次之多[3]。但当"马关条约"签订后时局已定，台湾人民也只能自救。在日本方面，当时日本明治天皇政府派出自己亲卫"御林军"的精锐部队"近卫帅团"来"接收"台湾。而日军亦早有情报而有所警觉，登陆台湾时也刻意避开防备严密的基隆港，选择基隆港东南方兵力较薄弱的澳底（位于今新北市贡寮区）登陆开始占领台湾。

一开始日军占领大台北地区过程出乎意外顺利，这是因为原台湾省巡抚唐景崧，本就是被台湾客家仕绅丘逢甲联合台湾各地闽、客籍仕绅百姓，强留他

---

[1] （清）洪弃生，《瀛海偕亡记》，台湾南投：台湾省文献委员会，1993，卷上，第 5—6 页。

[2] （清）连横，《台湾诗乘》，台湾南投：台湾省文献委员会，1993，卷六，第 260 页。

[3] （清）思痌子，《台海思痌录》，台湾南投：台湾省文献委员会，1997，第 6—7 页。

在台湾"间接"代表清廷官员身份来领导台湾人民抗日。但唐景崧本身无心恋栈台湾"残局"，麾下士兵亦军纪腐败，当台北城内外风闻到基隆一带已被日军攻克后，此时日军尚在基隆未到台北城，唐景崧所部士兵却已开始内乱，不但未战而馈，还到处抢劫台北城内外百姓。唐景崧眼见无法控制状况，索性也渡船回大陆，留下大台北地区的烂摊子，也迫使当时辜显荣（彰化县鹿港人，泉州系统闽南人）等台北仕、商为求自保，与顾及城内外正被原唐景崧麾下却已成乱兵到处抢劫之局，反而主动打开台北城门请日军进入台北城"平乱"。这种结果似乎连日军也意想不到。

但从大台北地区南下就是桃竹苗客家地区，客家人具儒教思想忠义保乡卫土传统精神，使各客家街庄自组民团共同抗日，姜绍祖领导的"金广福"隘勇民团自不例外。日军南下到桃竹苗地区，便受到包含"金广福"姜绍祖在内的桃竹苗客家人坚毅抵抗。严格而言"1895乙未抗日战争"，是到了桃竹苗客家地区才展开真正血战。

在日军方面，自日军轻松取得台北城内外后，误认为占领台湾全岛亦将易如反掌，于是仅派出近卫师团一半兵力南下桃竹苗地区，不料由苗栗客家仕绅吴汤兴（丘逢甲学生）统领的桃竹苗客家抗日义军民团，并联合三角涌（今新北市三峡区）当地义军民团，在三角涌一带与日军展开血战。此战使日军大出意外，但抗日义军也受创甚深。日军在三角涌战役后又想持续南进桃竹苗地区，但沿途不断遇到包含吴汤兴、姜绍祖等客家义军民团，以及闽籍漳系台中雾峰林家"栋军"等抗日义军民团联合抵抗，反迫使日本政府又再增派一个师团军力镇压台湾。

可惜这些台湾抗日义军民团，仍敌不过装备精锐的日军两个陆军师团，尤其中一个还是日本明治天皇的"御林军"："近卫师团"，日本海军也沿台湾海峡不断对台湾岛内进行强大火力炮击。日军对台侵略，桃竹苗客家与闽籍漳系台中雾峰林家等义军民团加上湘军系统的新楚军等两岸抗日联军，在桃竹苗地区血战三个月，大小战役数十次，最后转进台湾中部彰化八卦山与日军决战。最终结局是约一万余名的北台湾客、闽、新楚军等抗日联军，在八卦山战役中几乎完全被日军歼灭，"1895年乙未抗日战争"前半段之北台湾"桃竹苗—八卦山战事"乃告一段落，之后是台湾中部与南部的各场抗日战役。但这中间，日军为报复，竟在桃竹苗一带残忍展开"无差别扫荡"，对桃竹苗这一带无辜台湾百姓，都进行大规模残忍"种族屠杀"。

　　至于姜绍祖抗日成仁过程大致如下：当"台湾割日"消息传到台湾岛内，迫使台湾仕绅民间决定抗日时，姜绍祖就将自己"金广福"隘勇与新募兵组成"敢字营"部队，积极投入抗日战争。当唐景崧尚未逃亡内地前，姜绍祖曾率"敢字营"自新竹县往北到今新北市淡水区协防①，当时淡水区又称为"沪尾"，是北台湾重要对外港口之一。但姜绍祖听闻唐景崧内渡大陆，省城台北一带大乱后，只好又率军南下回桃竹苗地区与义军统领吴汤兴继续抗日。

　　该年 5 月，姜绍祖与吴汤兴等抗日义军，与日军在大湖口（今新竹县湖口乡）血战，吴、姜等抗日义军，还曾一度逼使日军往后撤退至今中坜、桃园一带。但第二天日军即增援反击，以强大火力迫使吴、姜等抗日义军撤退今新竹市附近，日军随即占领大湖口。此时吴、姜等抗日义军粮草弹药皆已不继，只好向今新竹市闽籍（以泉州人为主）仕绅大户征粮。然概因为清代台湾两百多年来闽、客之间族群隔膜仍在，依史籍载，此时新竹县城竟出现"新竹巨室复观望不供应""新竹人大哗""新竹人或使无赖数辈至大湖口（向日军）输情"②之事情。吴、姜等抗日义军此时发现：若再继续留守新竹县城竹堑城附近，反会有"内在危险"，于是只好出城继续与日军进行野战。所以日军又顺利占领竹堑城。而粮草不济问题，也使抗日义军战力颇受损。

　　后来在台湾知府黎景嵩支持下，吴、姜等抗日义军粮草弹药才得以继续，黎景嵩又再拨新楚军杨载云等抗日部队增援，于是吴、姜、杨等数支抗日义军受命展开反攻竹堑城之战。史载此战役过程为：

　　我军三路进，傅德星自东门，陈澄波自西门，吴汤兴自南门，杨载云继后策应，徐骧、姜绍祖各从间道先进……日军先据城东二、三里之十八尖山，则下山邀截……凭山发枪。我军先后奋进争上夺其山，自山上发抬枪，弹丸及城中。日军发大炮，我军伏避，十八尖山复为日军据，我军或从山后东径击其腰，日军后退山下。一上一下，如是者数次。新竹人从屋上观，错愕叹两军壮烈……而西门胜敌之，日军复至，徐骧、姜绍祖之军为日军截断，我军乃引还。

　　姜绍祖之进也，从山中道越十八尖山至新竹东门。将夺城，城上兵吹号发枪，城下军骤至，绍祖所部二百余人冲为两段，一段奔溃，一部从姜绍祖入枕

---

　　① （清）洪弃生，《瀛海偕亡记》，卷上，第 6 页。

　　② （清）洪弃生，《瀛海偕亡记》，第 6 页。《瀛海偕亡记》作者洪弃生自己，也是清末时期的台湾泉州系统闽南人（彰化县鹿港镇，鹿港向为泉人大镇），该深知当时台湾闽南人内部的漳州、泉州两系统也极不合，双方在拓垦台湾数百年间，亦常械斗不断，俗称"漳泉械斗"。但洪弃生自己身为泉州裔，却对同样是新竹泉州裔同胞不积极抗日事件，仍秉笔直书，可见有其真实性。

头山竹林中，黄谷如空厦。日军追逐前段军，未遑蹑绍祖。枕头山者，十八尖山下平坡也，距东门一里。绍祖望见十八尖山之战，则从屋上发枪击山半敌军。敌始弃所追，集兵来围之。绍祖欲出战，而义民中有胆怯者，阻之。相距至夕，枪弹尽，敌军齐入，绍祖与七十人皆被擒，敌军不知谁为首，杀二十人，余囚之，而绍祖自绝死。或谓赎出者，讹也。……是役也，敌不敢追，两军互有死伤，我军损失无多，退仍屯守旧地，惟丧姜绍祖为亏，军为短气。①

以上是洪弃生《瀛海偕亡记》对于反攻竹堑城之战与姜绍祖战死之记载。至于洪弃生文中所谓姜绍祖"或谓赎出者，讹也"一句，概是指约同时期另本《让台记》之记载，其载如下：

苗（栗）人姜绍祖，年十八，率佃丁百余人赴战，被日军掳获十余人，姜亦与焉。日军遍询姜名，姜家人慨然承认，逐见杀，而姜幸免，卒为新竹人保出，再招勇迎战。后姜死于乱镜之中，苗（栗）人悯之。②

这段记述连姜绍祖的籍贯都写错，姜家为新竹县人，并非苗栗县人，由此可见洪弃生《瀛海偕亡记》记载可能较接近历史真实。

四、结论

综上可知，国家力量出面倡导，有时能替许多民间企业带来更多"利多"。"金广福"是清代台湾时期由官方出面倡导新竹当地闽、客共同创立之"开垦公司"，在当时闽、客关系并不融洽的时代，"金广福"的创设与成功，别具和谐与和平之历史意义。

又从"金广福"第一代到第五代"董事长"姜绍祖积极投入"1895 乙未抗日战争"历史过程，可见原本属军功型武绅出身的姜家，在传统中国重儒教的大文化氛围下逐渐世代转型，而客家人向重儒教，这种氛围在客家社会也更浓厚。故至姜绍祖时已可见其有一定程度文采，心怀防夷狄之忠义意识，忠肝义胆保乡卫土，故积极抗日壮烈牺牲，亦符合客家人向来忠义传家精神。

---

① （清）洪弃生，《瀛海偕亡记》，第9—10页。
② （清）吴德功，《让台纪》，收于台湾银行经济研究室编，《割台三纪》，台北：台湾银行经济研究室，1959，第46页。

第二十章　林爽文事变时台中神冈北庄客家"义民首"李安善事迹

一、前言

清乾隆五十一年（1786）冬，台湾彰化县大里杙，即今台中市大里、雾峰一带，有漳州籍林爽文藉"天地会"率众起事，并泛及全台湾，史称"林爽文事变"。而大里杙所在的大台中盆地区，更直接处事变风暴中。

当时大台中盆地区中已有不少客家人、与泉、漳两籍闽南人入垦，又在林爽文事变前数十年，本地区早有广东籍客家汉人张达京与福建籍客家汉人廖朝孔等人与当地"熟番"岸里社等合作率先开发，故林爽文事变前，本盆地区内客家街庄当不少，不似今日皆为台湾闽南人优势区。

台湾林爽文起事时，因其众大多为漳州籍闽南人，又主要攻击泉州籍闽南人、客家人[①]，本盆地区内客家人、泉州人乃至当地岸里等数个"熟番"社人人自危，遂公推当地"北庄"（位于今台中市神冈区，当时尚属清代彰化县管）粤籍客家人李安善（字乔基）为义民军首领（"义民首"），组织当地"汉、番"各民族义民军自保。此处以现有公开文献，探讨李安善举"北庄义民军"（以下统用此称）保乡卫土，最后力战血死之相关事迹，与日后对李安善与北庄义民军记载逐渐"记述神话化"或误载过程及其原因。

二、李安善家族移居北庄之历史初探

台湾北庄李安善，字乔基，其父在清康熙年间移民来台，为原籍清代广东嘉应州之客家人。目前就李安善之专论甚少，且多是在谈"林爽文事变"时间

[①]　当时客家一词，尚未完全成为客家人之自称，在当时台湾客家人多自称为是"粤籍人""粤人"，但本章为阅读方便，故用今称。以下皆同。

接提到。

李安善家族移居北庄缘由，若以距林爽文事变未远的《福建通志台湾府·人物·国朝侨寓传·台湾府》所载：

> 李安善，字乔基，广东嘉应州监生。父文焕^①，于康熙间平朱一贵有功，受职。^②

而同书《外纪·乾隆七年～五十一年》则载：

> （李）安善，广东嘉应州监生。父文焕，于康熙末平朱一贵有功，授职，居北庄。^③

由上两引文知，李安善是因父亲李文焕在康熙朝曾帮助朝廷平定过台湾朱一贵事变有功而获受职，并居于北庄。

不过在清代《彰化县志》，则漏记李安善父文焕之名，变成：

> 李安善，字乔基，祖籍嘉应州人，监生，其祖于康熙间尝募乡勇，从征朱一贵之乱，以军功授职，因在彰（化）开垦草地，遂家北庄。^④

上引文可知李安善一家移居在清代台湾北庄一带之缘由，但清代《彰化县志》却漏记其父李文焕之名，而记成其"祖"。且"祖"字有"祖先"或"祖父"两意，似表示修清代《彰化县志》者对李安善先祖资料并不太清楚。然前引《福建通志台湾府》与清代《彰化县志》皆修于清代道光朝，距乾隆朝尚未远，但前者对李安善之父祖辈姓名却比后者清楚。

而后到台湾日据时期（1895—1945）连横《台湾通史》，对李安善之父祖记载仍以李安善"祖某来台"一笔带过如下：

> （李）安善，字乔基，广东嘉应州人。祖某来台，曾募乡勇从征朱一贵，以功授职，因家彰化之北庄，垦田致富。^⑤

综观以上史料，可见李安善能在乾隆朝林爽文事变时的清代彰化县北庄一带，成为当地各族群所推举之"义民首"，应与其父李文焕在康熙朝时曾助清廷

---

① 文中以粗体底线标示的为较重要史料文字，故标示以便阅读，原史料并无此标。以下皆同。

② （清）陈寿祺，《福建通志台湾府》，卷247，《人物．国朝侨寓传．台湾府》，台北：台湾银行经济研究室台湾文献丛刊第84种，1958年，第860页。

③ （清）陈寿祺，《福建通志台湾府》，《杂录》，录自《重纂福建通志》，卷267～268．《外纪．乾隆七年～五十一年》，第1007页。

④ （清）周玺，《彰化县志》，台北：台湾银行经济研究室．台湾文献丛刊第156种，1962，卷8，"人物志．行谊志"，第247—248页。

⑤ 连横，《台湾通史》，南投：台湾省文献委员会，1996，卷31，《李安善列传》，第837页。

平定过朱一贵事变，有了朝廷功名也移居到北庄一带拓垦致富，成为地方军功型家族有关。

三、李安善率北庄义民军抵抗林爽文势力事迹初考

当林爽文事变之际，其党羽多为台湾漳州籍闽南人，其兵势除了攻击台湾各官府所在地外，大多借机公然"漳泉大械斗"，彼此相杀。所以在林爽文起事后，就开始屠杀泉州籍闽南街庄。故史书载："漳民、泉民构衅……仇隙未解。至是林爽文破城戕官，所过漳人响应，泉人心不自安。"[1] 又说漳州人林爽文军势所过，"凡泉人庄舍，亦尽焚之。泉人皆携老幼至（鹿）港避难。难民几万人，无所归。"[2] 又说"爽文本漳籍，故泉人不从乱"[3]；"林爽文之反也，相国福康安由鹿（港）登岸，泉人为之接济舟师"[4]，不绝于书。

故林爽文事变表面口号是"反清复明"，实际上做的，却仍是延续四年前（乾隆四十七年，1782）该次台湾漳泉大械斗事件中，所谓"兴漳灭泉"[5] 的台湾漳、泉两类闽南人彼此族群屠杀事情。

故当林爽文事变发生时，台湾泉州人该如何自处？客家人夹于漳、泉两籍闽南人中又该如何措手足？似视台湾各区情况有所不同。如今日台湾新竹市竹堑城一带泉州闽南人，就选择跟城郊的今台湾新竹、苗栗二县客家人合作，一起响应官方代表人物淡水厅师爷寿同春号召，对抗实际上大多是漳州人为主的林爽文势力。[6]

至于林爽文大本营，系位于大台中盆地区的东南侧；而李安善所在的北庄

---

　　① 台湾银行经济研究室编，《平台纪事本末》，台北：台湾银行经济研究室. 台湾文献丛刊第16种，1947，第14页。

　　② 台湾银行经济研究室编，《平台纪事本末》，第21页。

　　③ （清）丁曰健：《治台必告录》，台北：台湾银行经济研究室. 台湾文献丛刊第17种，1959），卷1，《圣武纪略. 乾隆三定台湾记》，第87页。

　　④ （清）吴德功，《戴施两案纪略》，台北：台湾银行经济研究室. 台湾文献丛刊第47种，1959），《戴案纪略》，卷上，第15页。

　　⑤ 此典故见（清）林师圣，《闽粤分类》，录于（清）陈国瑛，《台湾采访册》，台北：台湾银行经济研究室. 台湾文献丛刊第55种，1959，第35—36页："漳泉分类，起自乾隆四十七年秋冬之际，彰化刺桐脚庄民林阿铿，因赌争较铜钱数文起隙，斗殴致命……于是，村民有插居者，漳人及漳籍者移于漳庄，泉亦如之，各党其众，以神佛大旗为号。泉，大书'泉兴'二字；漳，大书'兴漳灭泉'四字。伐木为棍，斩竿为枪，菜刀、农具，持相斗杀。"

　　⑥ 张正田：《被遗忘的大清与苗栗"英雄"：程峻、寿同春、钟瑞生与苗栗义民军》，《思与言》，2013年9月，第1—34页。

附近一带，恰位于本盆地区西北侧，且大多为客家籍汉人与泉州籍汉人以及当地"熟番"（如岸里社）的聚居地。此时，他们也人人自危，深恐邻近的漳州林爽文势力入侵，遂公推在本区北庄成长的广东籍客家人李安善组织当地义民军一起自卫。

同样以去林爽文事变未久之相关史载如下：

其一，《福建通志台湾府·人物·国朝侨寓传·台湾府》载：

李安善，字乔基……及林爽文攻诸罗（乾隆五十二年改名嘉义）城，安善在彰化，捐资招募民、番，纠合义勇，伺贼攻郡城，与知彰化县张贞生、把总陈邦光克复彰化城，获贼伪官杨振国、高文麟、陈高杨槛送内地伏诛。后彰化城复为贼所据，安善赴鹿港军营领铅药，回至牛骂头（按：今台中市清水区），为贼所执，挟至大里杙，不屈死。①

其二，《福建通志台湾府·外纪·乾隆七年～五十一年》则载：

及林爽文攻诸罗日，（李）安善在彰化岸里社捐赀招募民、番，乘贼攻府，遂与（原彰化知县张）贞生、（把总陈）邦光克复彰化城，获贼伪官杨振国、高文麟等，槛送内地，伏诛。时各路义民中有不肖之徒，焚庄抢掠，胁从者无所归，以故空城，仍为贼据。北庄在贼巢后，贼畏其逼，并力攻之。（李）安善赴鹿港军营领铅药回，中途为贼所执，挟至大里杙，不屈，贼支解之。②

其三，清代《彰化县志》则载：

（李）安善为人公正，众所推服。乾隆丙午冬，林爽文煽乱，旬日连陷彰化、淡水、诸罗。十二月初，（李）安善伺林逆率众攻郡治，彰邑空虚，遂纠集庄众、社番数千人，同原任彰化县张贞生、把总陈邦光克复县城，生擒伪官杨振国、杨轩、高文麟、陈高等，槛送省城正法。时（彰化）县治已复，义民藉搜贼党，焚庄肆掠，致胁从者罔所归附，以故义民去后，城复失守。贼以安善所居近大里杙，恐安善破其巢，遂并力攻北庄附近，乡勇无有出援者。安善虑北庄难守，潜赴鹿港请领铅药以备守庄之用，回至寓鳌头（按：即牛骂头，今台中市清水区），为奸细所获，挟至大里杙，贼目婉劝其降。安善骂贼不屈，贼支解之。事闻，赐祭予恤，赏知县衔，荫一子以知县用。今附祀（清代彰化县）

---

① （清）陈寿祺，《福建通志台湾府》，卷247，《人物·国朝侨寓传·台湾府》，第860—861页。

② （清）陈寿祺，《福建通志台湾府》，《杂录》，录自《重纂福建通志》，卷267～268，《外纪.乾隆七年～五十一年》，第1007页。

忠烈祠。[①]

其四，《钦定平定台湾纪略》则载：

广东嘉应州监生李乔基，当林爽文倡乱之初，即在彰化县岸里社地方，首先倡义捐资招募民、番，分设"七堆"；并分拨义勇协守鹿仔港海口接候官兵。与贼打仗数十次，杀贼甚多。五十二年正月内，亲督义民进攻大里杙，直逼贼巢西门，焚毁竹围，被贼大炮轰击，未能攻克。二月十二日，在牛骂庄打仗，被贼擒去，迫降不屈，惨遭磔死……李乔基为义倡始，迭著劳绩，被贼擒获，诱降仗义不屈……志节均属可嘉，而死难尤为惨烈，实堪怜悯！恩饬部赠恤、旌表，以示彰劝。至义民等殁于行阵，亦应照阵亡兵丁议恤。[②]

综合以上都是距林爽文事变未久史料大致可知：当林爽文势力自本盆地区东侧的大里杙起事后，台湾本岛中北部三个县级政区单位之县厅城，即彰化县城、淡水厅城（竹堑城）、诸罗县城，几乎都被林爽文势力攻陷。至12月初，林爽文势力南下夺取台湾府城即今台南市区，彰化县城内林爽文势力一时空虚，位于今日台中市神冈区北庄附近义民军首领李安善，迅速号召附近各籍人士组织义民军保乡卫土，并夺回彰化县城。

李安善这支义民军成分，以北庄附近客、泉两籍汉人为主，再含附近的"岸里社"等"熟番"在内，并仿效当时台湾南部"六堆客家"与台湾北部苗栗

---

① （清）周玺，《彰化县志》，卷8，《人物志．行谊志》，第247—248页。

② （清）乾隆皇帝敕编，《钦定平定台湾纪略》，台北：台湾银行经济研究室．台湾文献丛刊第102种，1961，卷62，《（乾隆五十三年）六月初三日至初六日条》，第998—999页。

等地义民军，也将北庄义民军分设七个"堆"，"堆"即"队"之意①。李安善的北庄义民军也连同"官方代表"——前彰化知县与武官把总等，使自己出师具正当性。此时北庄义民军不但收复了彰化县城，也保护了以泉州人为主的大镇鹿港免为林爽文势力所害。

但在当时清代台湾漳、泉、客间族群隔阂的环境，谁占了上风，就可能"公报私仇"再度"族群报复"，这在清代台湾史上不绝于书。李安善的北庄义民军也不例外，这些杂糅了泉、客、熟番等各路义民军[前引第（二）条史料中即有"各路义民"四字]占了上风后，也开始劫掠，对象很可能即是当时彰化县境各个漳州人街庄，这可能连李安善都不一定控制得住。于是局势复乱，故当北庄义民军离开彰化县城后，县城又被林爽文势力夺回。此外李安善也曾在乾隆五十二年正月左右，率北庄义民军攻打林爽文的大本营大里杙，但未能攻克林爽文势力。

也因为北庄一带距大里杙很近，林爽文势力感到芒刺在背，所以"恐安善破其巢，遂并力攻北庄附近"。李安善所处北庄一带面对林爽文势力大规模反扑，其他附近街庄又不敢再助李安善北庄义民军，于是北庄义民军孤军奋战，但面临弹尽援绝，李安善又亲身前往官军所在的彰化县鹿港寻求补给，却在回程路途上，在今日台中市清水区一带，被林爽文势力捕获，也被林爽文势力"支解、磔死"。

待林爽文事件平定后，朝廷论功封赏，追赏已牺牲的李安善为知县衔，并

---

① 今六堆客家人的"六堆"，为清代民防军事用途的组织，是从康熙年间朱一贵事变的"队"，演变到乾隆时期林爽文事变的发音相近的"堆"，可见以下史料：

其一，见（清）陈寿祺，《福建通志台湾府》，《杂录》，录自《重纂福建通志》，《外纪·乾隆七年（1742）～五十一年》，第 1009 页："凤山（县）所属山猪毛，系东港上游粤民一百余庄……康熙间平朱一贵之乱……俸满教授罗前荫等赴庄招集义民……选壮丁八千余人，分为六队。"到约 65 年后乾隆五十一年（1786）则改为音近的"六堆"，见台湾银行经济研究室编，《台案汇录.庚集》，台北：台湾银行经济研究室.台湾文献丛刊第 200 种，1964），卷 1，"兵部'为内阁抄出将军福康安等奏'移会"，第 100 页："（六堆客家人）于（乾隆五十一年）十二月十九日齐集忠义亭……挑选丁壮八千余名，分为中、左、右、前、后及前敌六堆……每堆每庄各设总理事、副理事分管义民，剿杀贼匪。"

其二，林爽文事变当时苗栗（当时尚称为猫狸，以下为阅读便，改用今名苗栗）义民军首领钟瑞生组织苗栗义民军时也设"堆"。见（清）郑用锡，《淡水厅志稿》，南投：台湾省文献委员会，1998 卷 1，《军功列传.钟瑞生列传》，第 70 页："钟瑞生，后垄七十分庄人，籍镇平，与刘维纪、谢尚杞里居相近。乾隆五十一年，林逆倡乱，瑞生会同维纪、尚杞，招集后垄一十八庄，鸠货招集义民二千五百人，在地设堆起义。"又可见前章张正田《被遗忘的大清与苗栗"英雄"：程峻、寿同春、钟瑞生与苗栗义民军》。

庇其子为知县，又将李安善牌位附祀在彰化县忠烈祠。以上是据林爽文事变未久之诸史料，对李安善与北庄义民军之史实做初步考证。

但随着时间演进，到清中后期^①至民国初年，若干关于李安善之史料，对李安善北庄义民军之相关记载与"传说"，也渐"层累造成"越来越"神话化"，甚至有"修错"处。然于此先探究李安善为何能让当地客、泉等各籍汉人与熟番公推为义民首？可能与李安善能具客、闽双语能力有关。

四、李安善具客、闽双语能力之史料推论

李安善之父早在清康熙朱一贵事变时即来台，到乾隆末林爽文事变时已距60余年，所以李安善理应是在台湾北庄生长之人。然按当时籍贯规定，台湾府属福建省管辖，所以从广东省移民来台湾的便属"隔省流寓"，很难取得福建省籍，故李安善籍贯仍属广东。这也是为何史籍中会将这位土生土长于台湾北庄的李安善，仍归类为"粤人"或"流寓""侨寓"之因。但他既是生长于台湾北庄，而当时北庄附近有各籍汉人开垦，这些汉人不一定都是客家人，至少在大台中盆地也混杂了泉、漳街庄，所以李安善在此环境成长，很可能是位正逐渐"福佬客"化，或是位能同时灵活口操客、闽双语之人。可见以下史料：

其一，《乾隆五十年11月立杜退田厝契人魏德馨等契》：

立杜退田厝契人魏德馨、江九河，于四拾陆年间与王宜生合伙承垦得葫芦、崎仔脚两社"番"阿打歪司阜等埔园壹拾陆分，坐址墩街观音亭后（按：葫芦墩即今台中丰原，距神冈区北庄很近），东至阴沟，西至大圳，南至马牛栏社（按：应是乌牛栏社之误，亦在今台中丰原）后竹围，北至南坑车路，四址载明番招垦约内，彼时均作四股出资，造盖茅厝，置买水分，合垦成田。经立股分合约叁纸，宜生浮田厝贰股，馨得田厝壹股，魏辉升得田厝壹股之业。既自退归宜生管耕，馨壹股有招江九河为伙，伊得叁分之壹。今二人相商，欲行出退，托中送与宜生承衬归一管耕，馨、河共壹股之业，情愿收回原本银伍佰伍拾员。其银即日凭中交收足讫，其田厝、水分随付与宜生归一管耕，永远为业，日后自己及子孙不敢异言生端取增等情。至上年所抽分耕佃粟石并费用等项，俱一算明分讫。其大小"番租"、水租及小圳费用、各佃碛地银员，俱是宜生经手，有无不清，不干馨、河之事。一退千休，两无异议，今欲有凭，立杜退田厝契

---

① 此处以1786年林爽文事变后至咸丰末1860年英法联军使全中国被迫"开港"为清中期，1860年以后为清后期。

壹纸，并合约壹纸，共弍纸，付执为照。

批明：实收到契内银伍百伍拾员正足讫，再照。

知见人：蔡景扬

为中代笔人：李乔基

乾隆伍拾年拾壹月 日立杜退田厝契人魏德馨、江九河 ①

由上引文可知这是乾隆五十年由李乔基代笔之古文书契，依内文记载之地如葫芦墩、乌牛栏等地，确实是今日神冈、丰原附近，所以这古文契所写"李乔基"当是李安善（李乔基）本人，且这还是由他当中介代笔人所亲写的田契。但这份由他所亲写的田契文中，却出现大量的闽南语惯用词汇"厝""伊"，而非客家词汇的"屋""其"，可见他闽南语能力很好，甚至连书写契约时也改用了闽南语词汇。

其二，《乾隆四十一年李乔基等同立永杜卖断根田厝契》：

同立永杜卖断根田厝契人李乔基，同胞侄穆魁、秀华等公，置万宝庄（按：即员保庄，在今台中市潭子区，万宝、员保之闽南语音近，客家话音不相近）吴连登四十张犁内埔地二张，又承买饶弥昭埔地一张，又承买刘朝仕埔地一张，总恳成田。继又买赖提兄水田一段，上下相连，土名石头埔，共丈原田二十一甲五分，每甲全年纳大租粟八石正。

至乾隆三十二年，韩县主奉宪经丈溢田四甲四分六厘零，原溢共田二十五甲九分六厘零，全年共纳原溢租粟二百七石七斗二升。今因乏银别创，自情愿将此田厝上下两截对分，抽出下截田厝并鱼池杜卖，东至小水圳，西、南俱至阴沟，北至石埒，四至界址明白。原溢田共计经丈一十三甲，全年共纳原溢租粟一百四石，带妈助圳水灌耕，托中引就向与洪员国、洪萍祖官出首同买，三面议定时值价银四千大元正。其银即日凭中交收足讫；其下截田厝、鱼池，随即踏明界址，付与银主掌管，永为己业，不敢异言阻挡生端。保此田厝、鱼池，系基与胞侄公置物业，亦无重张典挂他人及来历交加不明等情。如有不明等情，基等一力抵挡，不干银主之事。其田厝、鱼池从兹杜卖，永断葛藤，日后不敢异言找赎等情。此系二比甘愿，各无反悔，今欲有凭，同立永杜卖田厝、鱼池契一纸，并上手官给印批二纸，共三纸，送执为照。

① 《乾隆五十年11月立杜退田厝契人魏德馨等契》，撷取自："THDL 台湾历史数位地图网站"，文件名：cca100100-od-002591884-001-n.txt，撷取网址：http://thdl.ntu.edu.tw/THDL/RetrieveDocs.php，撷取时间，2013/10/1。

即日同中实收过杜卖田厝、鱼池契内银四千大元正，再照。

乾隆四十一年十月　日

批明：乾隆四十三年八月，北投社"番"业主会同公议，愿将此十三甲"番大租"粟全年一百四石正，招与洪员国、洪萍祖承买，时值价佛银四百十六大元，其番大租一切付银主执掌，永不得异言生端，批照。

"番业主"通事　郎斗六

知见　堂兄弟　乔喜　乔学　乔陨　侄相举　恭超　侄孙名淑

立杜卖田厝契人　李乔基　同胞侄华秀　穆魁①

由此引文可见李安善于乾隆四十一年在今台中市丰原南邻的潭子区一带也有买卖土地，而留下此古文书，这文件无代笔人，故很可能即由"立杜卖田厝契人"李乔基亲自书写。又上引二件文书都用闽南语字，表示交易双方中有闽人，也可见李安善买卖经商对象不限族群之别，乃至包含"熟番业主"。所以李安善理应是位能流利操客、闽两语之人，甚或他闽南语能力很可能优于客家话，才会将"员宝庄"写成"万宝庄"，因为客家话中这两词之音并不相近，但闽南语相近。又在本引文史料中也是将客家话惯用字"屋"写成闽南语"厝"亦可证。或因李安善同时拥有客、闽双语能力，使他能在林爽文事件一开始时，即能得到北庄一带各方言群汉人乃至"熟番"少数民族公推成为义民军首领。

五、清中后期若干史料对李安善晓"少林拳传说"记载与《清史稿》相关误载

乡里传说与历史记忆、论述，往往随时代演进渐失真或过于溢美乃至"神话化"，史家顾颉刚曾称之为"层累造成说"。清中后期至民初亦有若干史料对李安善与北庄义民军记载有类似情形。以下仅举三个此际相关的偏误、溢美之记载。

其一，吴兰修《李乔基传碑》对李安善与北庄义民军功过于溢美

吴兰修为广东省嘉应州松口镇客家人，所纂《李乔基传碑》（以下简称《吴碑》）之记载中，李安善开始变成是一位懂"少林拳法"之功夫师傅，详下载：

李乔基，名安善，以字行，嘉应州人。善搏击，尽得少林法。客台湾，见

---

① 《乾隆四十一年李乔基等同立永杜卖断根田厝契》，"THDL 台湾历史数位地图网站"，文件名：ntul-od-bk_isbn9789570000005_015017_2.txt，撷取网址：http://thdl.ntu.edu.tw/THDL/RetrieveDocs.php，撷取时间：2013/10/1。

土豪啸聚，白昼相雠杀，叹曰："变将作矣"！乃简北庄数百人团练之（广东嘉应、平远、镇平侨寓者谓之客人，南、北路各百余庄）。其法：先炼气，次筋骨，又次搏击。久之，肤坚如铁；则大喜曰："真健儿"！

乾隆五十一年十一月丁酉，林爽文反北路，旬日间彰化、淡水、诸罗俱陷，郡城大震；乔基召诸健儿曰："贼众十余万，负山据险；一哄而出，遂破三城。所不即取郡者，惧吾越人蹑其后耳。吾出兵以牵制之，贼至则守、去则击；相持久，则援师且至，而贼不足平矣"。皆曰："善"。乃合北庄得万余人，以诸健儿领之。庄为栅、里为台，计亩以为粮；台者击、栅者守，一庄有贼，诸台应之。贼数至，皆败走。十二月辛亥，乔基率三千人从前令张贞生复彰化，禽伪官杨振国、高文麟等。既而食尽，士卒多散去，城复陷。明年正月壬辰，从总兵柴大纪复诸罗，获伪军师侯元。乔基自起义兵，与贼二十余战，皆帕首、着短后衣，持长杆陷陈冲坚，无不一以当百，前后斩馘以万计。贼衔之，以万金购乔基首。二月，乔基与从子举柏率健儿数十人赴鹿港请火药，为贼所侦。庚戌，还至青埔，伏发；众御之，杀贼数百人。贼大至，矢石交下；突围而出，失举柏。乔基三入贼中，伤左股，遂被获。诸健儿皆战死。乔基骂贼，贼诱之，骂益厉，贼怒，断其舌，缚而射之，犹不屈，乃磔焉。乔基轻财任侠，与众同肝胆，至是，白衣冠而哭者万余人，皆曰："誓不与爽贼俱生也！"是年十月癸亥，嘉勇侯福康安渡海，义兵从之，尽复北路；明年正月丁卯，获林爽文；又一月，复南路，台湾平。是役也，死事之烈，以乔基为最。事闻，恤赠知县衔。子端柏，后六月战死；次子枝三，荫授浦城县丞，世袭云骑尉。

先是，康熙六十年朱一贵反台湾，其族兄纪率义民从军，以功授都司；寻改侍卫，出为常州参将。雍正十年（1732），从兄瑞先以征土番功，授千总。至今北庄称"忠毅"者，必曰李氏云[①]。

吴兰修纂写《吴碑》时间，若按《碑传选集》所述，理应在乾嘉之际[②]，亦是去林爽文事变未远的清中期史料，也补充了一些前引诸史料所未纂之事。如李安善家族有"雍正十年，从兄瑞先以征土番功，授千总"等事，都未见前引

---

① 台湾银行经济研究室编，《碑传选集》，台北：台湾银行经济研究室. 台湾文献丛刊第220种，1966，《碑传选集4. 李乔基传》，第555—557页。
② 台湾银行经济研究室编，《碑传选集·弁言》，第1页载："这本《碑传选集》系自清道光间嘉兴钱仪吉（衎石）汇纂的《碑传集》选录而成的。钱氏尝就清初（始于天命纪元）讫嘉庆朝止二百年间'采集诸先正碑版状记之文，旁及地志杂传，依杜氏大珪、焦氏竑之例'（引钱氏《自序》语），辑为一集。"

诸史料记载。但概因吴兰修也是嘉应州客家人，对李安善事迹似有“同乡、同族群”情怀，故纂《吴碑》时对李安善之历史论述似过于溢美。如李安善“善搏击，尽得少林法”之类。自吴兰修之《吴碑》后，日后关于李安善的史籍，始有传抄“李安善通晓少林拳”之历史传说。

且《吴碑》对李安善与北庄义民军民事迹说法亦有以下几点值得疑虑：1.《吴碑》说北庄义民军人数竟“有万余人”，这跟前引诸史料只说“数千人”不符，似有浮夸之嫌；2.《吴碑》说由懂得少林拳法的北庄李安善直接训练出来“数百名”的“北庄健儿”，个个皆懂得“肤坚如铁”武术，即传说中“少林铁布衫、刀枪不入水火不侵”功夫，并再用他们统领人数达“万余”的北庄义民军，则这数百名“肤坚如铁北庄健儿”俨然同今日“军官”一般，叙述皆似浮夸，难以相信其真实度；3. 又记载了李安善与这批义民军“从总兵柴大纪复诸罗”，然当林爽文事变时之诸罗（今之嘉义），离李安善所在之北庄甚远，当时全台兵荒马乱，处处皆有林爽文势力游兵，北庄义民军实不太可能长途跋涉，沿途还不会遇到林爽文部队袭击，远到嘉义跟从柴大纪收复该县城；且柴大纪是乾隆五十二年正月壬辰日收复诸罗县城，但前引《钦定平定台湾纪略》载：“五十二年正月内，（李安善）亲督义民进攻大里杙，直逼贼巢西门”，可见该年正月期间李安善尚在台中盆地与林爽文势力拉锯战中，实不可能分身南下诸罗。又前引诸清中期史料也未见李安善北庄义民军曾南征到嘉义之事，只记载这批义民军“西南到鹿港，东南到大里杙”一带，地域范围皆离大台中盆地区内外不远，才较符合当时实际战况合理性；4. 关于“（林爽文）所不即取郡者，惧吾‘越人’（即粤人）[①] 蹑其后耳”一句再加上其前、后文读起来，可感觉吴兰修对“同乡、我族”的李安善记述过于溢美之嫌，因为此句前后文读起来仿佛令人感觉是李安善对义民军说：“（林爽文）所不即取郡者，惧吾‘越人’蹑其后耳”，即林爽文势力不敢马上攻取台湾府城也就是今台南市区，系因“北庄义民军”距林爽文大本营大里杙一带很近，怕我等“粤人”切断林爽文后路，所以林爽文势力才不敢攻取台湾府城。但当时林爽文势力在台湾南路方面是受到“粤人”牵制没错，然而是受到南台湾六堆客家人的义民军牵制，与中台湾北庄义民军并无关系，吴兰修之笔法，似有意混淆；5. 又记载这批“万余人”北庄义民军，在李安善死后“誓不与爽贼俱生也”，于是“尽复北路”，亦即收复了整个北台

---

①　“粤人”在清代中晚期台湾，为台湾客家人的称谓。

湾，这也不符史实①；6. 又说北庄义民军"又一月，复南路，台湾平"，但史实上南台湾能收复，主要还是靠当时南台湾各籍义民军尤其今南台湾六堆客家义民军响应朝廷号召才得成功，与中台湾北庄义民军并无关系。7.《吴碑》中"庄为栅，里为台、一庄有贼，诸台应之"的"台"字，对比前引《钦定平定台湾纪略》记载北庄义民军分设七个"堆"，则《吴碑》此处说法很可能是"堆"字之误。吴兰修为距林爽文事变未远之人，连这用字都有误，则《吴碑》可信度又再令人怀疑。8.《吴碑》中"康熙六十年朱一贵反台湾，其族兄纪率义民从军，以功授都司；寻改侍卫，出为常州参将"一句，也与同时期史料《福建通志台湾府》是记载康熙朱一贵事变时，李安善父亲李文焕助平变有功有所出入。若《吴碑》可信度高，这句将是难得史料。然前已说《吴碑》有上述几点疑窦，反令人怀疑这第八点中《吴碑》所谓李安善有位从兄李纪也曾帮助平定朱一贵事变的可信度。故乃至《吴碑》中"雍正十年，从兄瑞先以征土番功，授千总"一句，虽雍正十年当时北庄附近确实曾发生过"大甲西社番事变"，但以前述《吴碑》中诸点疑窦，反使人存疑这段记述真实性。同样《吴碑》中"前后斩馘以万计"等数字记载似也有浮夸处。

至于《吴碑》中也写了李安善本人"是役也，死事之烈，以乔基为最"，也是过于溢美笔法。实际上当时为台湾林爽文事变保乡卫国过的，如安徽人程峻、浙江人寿同春等，无一不是壮烈牺牲，不独李安善一人最为惨烈。

其二，连横《台湾通史》过于强调客、闽族群关系嫌隙

连横《台湾通史》从1908年写到1918年并于1920年付梓，皆在台湾日据时代（1895—1945），亦相当于清后期到民初。然此时已距清乾隆朝百余年，连横在记述李安善与北庄义民军相关事迹时难免也有与史实略差异之虞。兹引该书《李安善列传》如下：

李安善，字乔基，广东嘉应州人。祖某来台，曾募乡勇从征朱一贵，以功授职，因家彰化之北庄，垦田致富。安善少读书，纳粟入监。里党有事，知无不为，故众倚为重。乾隆五十一年冬，林爽文起事，陷彰化，攻诸罗，以杨振国、高文麟守（彰化）城。粤庄因械斗之怨，故不从。安善窥其虚，集子弟而告之曰："城可取也"。粤人闻之，愿效命，得数千人。分四队，与前任知县张

贞生、把总陈邦光，以十二月十二日分攻县治，克之，获振国、文麟等，解省受戮。①

连横是清代到日据时期的台湾闽籍人，且又是台湾南部的闽籍人，在清代台湾历史上，南台湾相对于中、北台湾有个不同处，即清代南台湾是"闽客械斗"较多而闽人内部的"漳泉械斗"较少，故连横在论述台湾客、闽关系时，难免受限于自己的"台湾内部区域文化差异"之主观处。实则前引诸清中期史料（《吴碑》除外）所载可见李安善北庄义民军成分，是"汉、番"皆有，且这"汉人"成分中不太可能都是北庄客家人，还包含北庄附近的泉州等其他籍汉人。但连横论述时，是用"林爽文起事、粤庄因械斗之怨，故不从"形容之，似乎隐含南台湾出身的连横心中所认知之客、闽敏感族群关系。且又再说"粤人闻之，愿效命，得数千人"，完全不提北庄义民军至少含有很多"岸里社"等"熟番"之史实，更忽略掉北庄义民军也可能有泉州等其他籍汉人加入的可能性，只将李安善与北庄义民军，简化成百年前台湾社会上尚紧张的客、闽关系角度来论述。

又连横说北庄义民军"分四队"，也与《钦定平定台湾纪略》记载的北庄义民军事实上是编组了七个"堆"之史实不合。对李安善之先祖，也只用"祖某"带过，似乎未采信《福建通志台湾府》中李安善其父李文焕之记载。

又可再比较《吴碑》，亦可发现《台湾通史》对李安善的论述，有一点与《吴碑》内容几乎完全相反：即《吴碑》中对李安善与北庄义民军中核心干部"健儿"几乎都是描写为"少林武术高手"且又是懂得"刀枪不入"之"少林铁布衫"功夫；但在《台湾通史》里的李安善却被记述成"捐贡生"出身的"好读书"文人，而北庄义民军成员也被《台湾通史》描述成是李安善同族群（客家）"子弟"。然连横当时纂《台湾通史》时究竟有没有读过《吴碑》，或他读过却有意不用而完全改写，则暂不知。

其三，《清史稿》多抄录《吴碑》并将"北庄"误记为"南、北庄"

《清史稿》是民初北洋政府时所编，其有关李安善之事迹则有列传如下：

又广东嘉应州人李乔基者，名安善，以字行，善少林拳术。客台湾，见土豪啸聚相雠杀，叹曰："乱将作矣"！乃简侨寓南、北庄人团练之。

（林爽文事变）乱作，郡城大震。（李安善）召诸健儿曰："贼众一哄而出，

---

① 连横：《台湾通史》，卷31，《李安善列传》，第837—838页。

遂破彰化、淡水、诸罗三城。所不即取郡城者，惧粤人蹑其后耳。吾出兵牵制之，贼至则守、去则击；相持久，则援师且至，贼不足平矣"。集万余人，庄为栅，里为台，计亩以为粮；一庄有贼，诸台应之。贼数至，皆不得逞。十二月，率三千人从知县张贞生复彰化。已而粮尽，士卒多散去，城复陷。

明年正月，复从总兵柴大纪复诸罗。自起义兵，与贼二十余战，斩馘万计。贼衔之，以万金购乔基首。二月，乔基与从子举柏率健儿数百人赴鹿港请火药，为贼所侦，还至青埔，伏发；御之，杀数百人。贼大至，矢石交下，突围出，失举柏。乔基三入贼中，伤左股，被获，诸健儿皆战死。贼诱乔基降，骂贼；贼断其舌，缚而射之，犹不屈，乃磔焉。至是，白衣冠哭者万余人，皆誓不与爽贼俱生也。

是役也，死事之烈，以乔基为最。[①]

由上引文中"善少林拳术""惧粤人蹑其后耳""一庄有贼，诸台应之""复从总兵柴大纪复诸罗""是役也，死事之烈，以乔基为最"等语，明显可见《清史稿·本传》是将前引《吴碑》内容加以删修而成，所以连李安善"通晓少林拳传说"都记录了。而前已论证《吴碑》有过于溢美之处，纂《清史稿》者未加考证而径予引纂，且将内文连续抄错。譬如将地名"北庄"误为"北方之庄"之义，当时纂《清史稿》者可能心想"有了北庄（北方之庄）；就应有南庄（南方之庄）"，所以又擅加改为"侨寓南、北庄人"，此已是谬误，若读史者径读《清史稿·本传》，不能了解今台中神冈有个地名叫北庄，或误以为当地真有另个地名叫南庄。此外，《清史稿·本传》又将《吴碑》中所载地名"青埔"误作为"青塃"，又是一误。

六、清晚期《嘉应州志》对李安善事迹纪载较谨慎

较之前引清中后期到民初对李安善与北庄义民军纪载三种史料，清晚期光绪二十四年（1898）《嘉应州志》则载如下：

李乔基，名安善，以字行。嘉应人，少骁勇，慷慨负侠，随父文焕客居台湾。会乾隆五十一年林爽文反，势张甚月余，彰花（按：彰化之误）、诸罗、凤山皆陷。乔基倡北路粤民从官军御贼，前后四十余战，斩馘无算，贼衔之，以万金购乔基首。明年二月，乔基率健儿数十人及其侄举柏诣鹿仔港请火药，为

---

① 赵尔巽，《清史稿》，台北：台湾商务印书馆，1999，卷489，《忠义列传3.李安善列传》，第13502页。

贼所侦，十二日，行至青埔，伏发。乔基御之，自日中至晡，杀贼数百，寻飞炮伤左足，犹负创格杀十余人。创据被获，大呼举柏曰："有死耳！毋屈！"

举柏力战死，诸健儿皆死。乔基骂贼，贼诱之，骂益厉。怒断其舌，缚而射之，复不屈，乃磔焉。事闻，恤赠知县衔。子端柏，于是年十月亦战死；次子枝三，荫授福建浦城县丞，世袭云骑尉。[①]

光绪《嘉应州志》总纂温仲和与《吴碑》纂者吴兰修都是嘉应州松口镇客家人，照温仲和《嘉应州志·本传》（以下简称《温传》）内文来看，应参考过距温仲和数十年前的《吴碑》，如李安善次子李枝三事迹，并不见前引清中期诸史料记载仅独见于《吴碑》，故《温传》也难免误以为李安善北庄义民军都是"北路粤民"——实际上也应是"中路"而非"北路"，而漏载林爽文事变当时北庄附近岸里社熟番也加入北庄义民军之史实。

但《温传》较《吴碑》则笔法较谨慎。如《吴碑》说李安善北庄义民军"前后斩馘以万计"，但《温传》仅载"斩馘无算"不明言数字；又《吴碑》说李安善北庄义民军都会"少林铁布衫"这种过于神奇笔法，《温传》则谨慎皆不写，仅书李安善"少骁勇，慷慨负侠"，但也因此忽略了前引诸清中期史料李安善毕竟有"监生"身份而未书。又《温传》对李安善家族会居台湾，亦采《福建通志》说法改写成"随父文焕客居台湾"，不采《吴碑》中有族兄李纪、从兄瑞先之说。

七、今台中神冈一带今人历史记忆与台湾客闽族群关系

前述李安善具客、闽双语能力故较能号召当地客闽与"熟番"共组北庄义民军之推论，在某种角度也颇呼应今日神冈一带人对李安善的历史记忆，今当地有新建的"红圳头义民祠"，就是祭拜李安善与客、闽等籍义民军之小祠。今当地人认为：

"红圳头义民祠"位于神冈区北庄村潭雅神自行车道5.2km旁，是乡民纪念二百多年前因保乡卫土而死亡的先民所建。乾隆五十一年（1786年），林爽文之役，北庄客家人以监生李乔基组成乡勇保护乡里，而邻近"红圳头"福佬人聚落抵抗不住被毁，死伤不计其数，遂葬于此，迄今220年（2006年6月记）。

---

① （清）温仲和总纂，《（光绪）嘉应州志》，台北：成文出版社，1968影印本，卷23，《李乔基列传》，第417页。

（数据源：红圳头义民祠）。[①]

此外又有以下报道：

红圳头即现在的庄前村，文史工作者陈炎正表示，红圳头曾是早期神冈街市所在，二百二十年前林爽文事件，神冈北庄客家人以李乔基为首，组成乡勇保护乡里，但附近福佬人聚落抵挡不了乱民，死伤不计其数，尸骨据传就埋在义民祠下方的土堆。

在庄前村长纪经堂等热心奔走下，不断重建这段历史，并集资兴建义民祠。纪经堂说，从小就听过红圳头的灵异故事，夜晚有千军万马的声音，后来传说渐少，只有红圳头隆起的土堆诉说着沧桑史，希望藉由义民祠让后人记起这段历史，也让两百多年无人祭拜的义民有个栖身之地。[②]

而该祠旁立有〈红圳头历史简介〉一牌文，也可反映出今日当地人对李安善与北庄义民军的历史记忆如下文与照片：

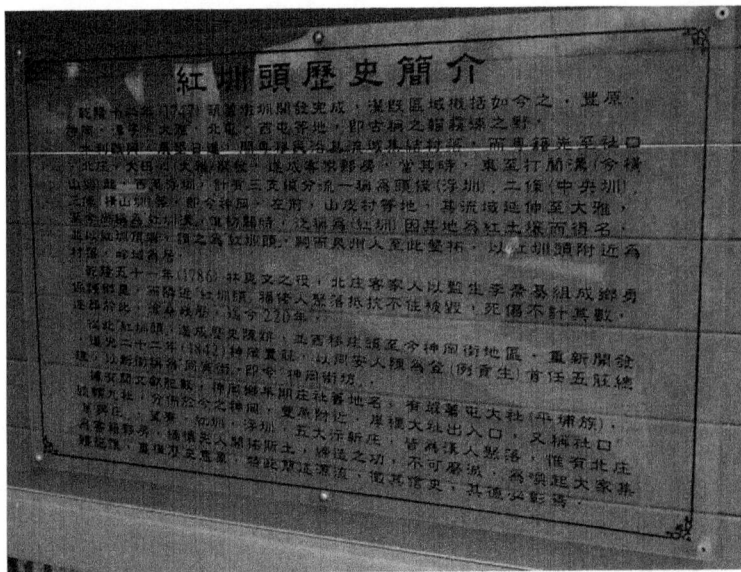

图 20-1 红圳头历史简介（图片来源：张正田摄）

---

① 赖永福：《红圳头义民祠》，撷取自："台中市政府教育局数位学习网"，撷取网址：http://etoe.tc.edu.tw/index/vrs/did/15013，撷取时间，2013/10/1。

② 《红圳头义民祠开香，千人祭拜，抚慰两百多年前义民》，《自由电子报》网站，2007 年 1 月 8 日报导，撷取网址：

http://www.libertytimes.com.tw/2007/new/jan/8/today-center5.htm，撷取时间：2013/10/1。

乾隆十二年（1747）葫芦墩圳开发完成，灌溉区域概括如今之，丰原、神冈、潭子、大雅、北屯、西屯等地，即古称之猫雾涑之野。

水利既兴，农垦日进，闽粤移民沿其流域集结村落，而粤籍先至社口、北庄、大田心（大雅）开发，遂成客家伙房，当其时，东至打兰沟（今横山圳）起，西至浮圳，计有三支线分流一称为头条（浮圳），二条（中央圳），三条（横山圳）等，即今神冈、左前、山皮村等地，其流域延伸至大雅，至今尚称为"红圳沟"，惟初辟时，泛称为（红圳）因其地为红土壤而得名，并以红圳头端，谓之为"红圳头"，嗣而泉州人至此垦拓，以红圳头附近为村落，畛域为居。

乾隆五十一年（1786）林爽文之役，北庄客人以监生李乔基组成乡勇保护乡里，而邻近"红圳头"福佬人聚落抵抗不住被毁，死伤不计其数，遂葬于此，沧桑几历，迄今220年。

从此"红圳头"，遂成历史陈迹，并西移庄头至今神冈街地区，重新开发，道光二十二年（1842）神冈置庄，以同安人陈为登（例贡生）首任五庄总理，以新街称为"同寅街"，即今"神冈街坊"。

据有关文献记载，神冈乡早期庄社旧地名，有麻薯屯大社（平埔族），统辖九社，分布于今之神冈、丰原附近，岸里大社出入口，又称社口"万兴庄"，望寮、红圳、浮圳、五大汴新庄，皆为汉人聚落，惟有北庄为客籍伙房，缅怀先人开拓斯土，缔造之功，不可磨灭，为唤起大家集体记忆，重构历史意象，特此简述源流征其信史，其德必彰焉。

以上所录当地今人相关历史记忆，不见得都符合史籍记载，但大致都反映出今日当地人对乾隆朝时李安善与北庄附近客、闽、"熟番"等各籍族群义民军之记忆，也与古文书中呈现李安善通晓客、闽双语能力有若干程度之对应。

然林爽文事变约220年后，今台中市神冈、丰原、潭子等区皆已演化成为台湾闽南人优势区。而学者曾谓闽台两地客、闽族群关系有个大差别，即在大陆是呈现一定程度地相对和谐；但在台湾的客、闽关系，从清代彼此械斗与其历史记忆延续到今日客、闽关系仍相对不和谐。这在台湾内部舆论常被提之。故在台湾有少数的台湾闽南人内部，仍偶有"闽南人才是汉人、客家非汉人"；或"台湾闽南人才是本省人、客家人也是外省人"等耳语。在上引《红圳头历史简介》文中，书写此文之当地文史工作者群中，仍似不经意写出"社口万兴庄……五大汴新庄，皆为汉人聚落，惟有北庄为客籍伙房"之语，即隐含台湾闽南人内部中的少数人"客家人非汉人"概念。然回到清代康雍乾时期，大台中盆地区系广东籍客家汉人张达京与福建籍客家汉人廖朝孔等人与当地熟番合作率先开发，当时本盆地区内客家人与客庄当不少，绝不只《红圳头历史简介》中所谓"惟有北庄为客籍伙房"，此语甚误，亦缺乏台湾史知识。

八、结论

综合以上可得以下各点：

其一，清代台湾彰化县北庄位于今台湾中部台中市神冈区，当230年前林爽文事变，因号称"反称复明"的林爽文势力成员多是台湾漳州闽南人，其兵势之处却处处杀台湾泉州闽南人，台湾客家人也有被侵略之虞。于是当时北庄一带客、泉等籍汉人与当地"熟番"，公推李安善领导当地"非漳州"各系人民合组成"北庄义民军"抵抗漳人入侵。李安善虽生长于台湾，然当时籍贯规定上，因台湾尚属福建省辖，李安善籍贯仍从父李文焕属广东省籍。但他所率北庄义民军成分理应客、泉、"熟番"都有，共组"汉、番"义民军，人数概数千人，并曾一度往西南向收复彰化县城，并继续往西南向进军，保卫了以泉州人为主的鹿港。

其二，北庄义民军成分很杂，客、泉、"熟番"皆有，所以《福建通志台湾府·外纪·乾隆七年～五十一年》称之为"各路义民"可证。加上当时台湾社会尚充满泉、漳、客三籍汉人彼此敌视随时可能发生械斗的氛围，故当北庄义民军收复彰化县城占了上风后，亦对附近的漳州人街庄进行劫掠报复，局势可能连李安善也不一定能控制住，这也引发彰化县境其他漳州人不满，所以彰化县城又被漳州籍林爽文势力趁机收回，李安善北庄义民军势力只能再退回北庄。

其三、北庄距林爽文势力的大本营大里杙很近，前者在大台中盆地区偏西北侧；后者则偏东南侧，不但林爽文势力会感芒刺在背，同样李安善北庄义民军也会对林爽文大本营势力感到不安，于是双方互相攻防。最后林爽文势力消灭人数仅数千人的北庄义民军，李安善也惨死。而李安善死前，还亲身往西南方向且隔着大肚山系外的鹿港请求弹药补给，可见当时北庄义民军早已弹尽援绝，使李安善不得不冒险出庄求援，却被林爽文势力于中途拦击致死。

其四，李安善家族早在康熙朝朱一贵事变前后即已移民来台，所以李安善理当是位土生土长的台湾客家人。由现存有关李安善的台湾民间古文书来看，李安善应是位能同时口操客、闽两方言人士。因此李安善更方便统合北庄附近客、泉籍汉人与"熟番"共组北庄义民联军，也被当地人民共推为义民首，抵御台湾漳州人林爽文势力。

其五、离乾隆朝林爽文事件后越久，若干史籍对李安善相关记载也渐失真。前举清中期《吴碑》已可见对李安善与北庄义民军描述过于溢美，这可能是因为该文作者吴兰修也是嘉应州客家人，故对同乡同族群的李安善论述难免过于溢美，写出李安善本人"通晓少林拳"与北庄"健儿"皆能"刀枪不入水火不侵"的"少林铁布衫"神奇武功"传说"。至于20世纪之初连横的《台湾通史》，则对李安善与北庄义民军描述则偏向当时台湾社会上尚存的闽、客族群矛盾情结，亦忽略林爽文事变时其实多是漳州闽南人向泉州闽南人的"兴漳灭泉"族群屠杀之史实。又同时代所修纂《清史稿》对李安善相关记载，则延续了《吴碑》过溢美之文又再删改而成，不仅未考察其他史料而失真，而且还出现两处地名抄错或误解情形。但前引清晚期《温志》则书史笔法较谨慎，算是清晚期相关史籍中较佳者。

第二十一章　平镇褒忠祠"分香"自枋寮义民庙"传说"的再思考

客家义民信仰是北台湾客家文化重要象征符号之一，而位于今桃园市平镇区①的平镇褒忠祠，也为北台湾客家各个重要义民信仰庙祠之一。

平镇褒忠祠，在历史上名称有时不一，最早称为广兴庄褒忠亭，所以该祠最早传世文献咸丰十年《重修广兴庄褒忠亭碑》，便是使用这自称。尔后，该祠有时也称为宋屋义民庙，或中坜褒忠亭、中坜褒忠祠等名称②。今本章中，除不同时期各史料上的论述需要而会用到当时原称外，其余多统用今称平镇褒忠祠。

一、当代平镇褒忠祠的"分香传说"与观点

在今日平镇褒忠祠信众的历史记忆中，该祠是早在乾隆五十六年（1791），自北台湾客家庄规模最大之义民庙——新竹县新埔镇枋寮义民庙（以下简称枋寮义民庙）"分香"而建。这可见平镇褒忠祠前，在2006年时由今桃园市政府前身桃园县政府所立的《〈平镇〉褒忠祠〉说明牌》，即是如此注明。该牌曰：

（平镇）褒忠祠亦称义民庙，创建于乾隆五十六年〈公元1791年〉。由宋廷龙创建于平镇广兴庄宋屋之源，<u>由新竹县新埔镇枋寮褒忠亭分香奉祀</u>③。本祠祭典辖区有中坜市、平镇市、杨梅镇等十三大庄之信众。……

桃园县政府制

2006.8④

---

① 今桃园市，2014年底以前由桃园县升格，此前桃园市平镇区为桃园县平镇市。

② 陈雪娟，《中坜十三庄轮祀网络之研究（1826-1945）》，桃园：台湾"中央"大学历史研究所硕士学位论文，2008，第83页。

③ 本句粗体与下底线字为笔者所加，以表示此句之重要性，而非原碑之标点。以下皆同。

④ 《〈平镇〉褒忠祠说明牌》，位于平镇褒忠祠前，桃园县政府于2006年8月制。本引文所有标点符号，一切皆从该原件，未加更动。

由上述"说明牌",可清楚反映出当地人现今对平镇褒忠祠的历史记忆,就是该祠是乾隆五十六年"分香"①自新竹枋寮义民庙而来。此外,今日该祠祠方人士,也大多如此认为。

非仅如此,目前在学术界,对该庙的研究成果,也同样多认为是如此②。其中有出版于近年内的《义民信仰的传播与形成——以台湾平镇褒忠祠为例》一文,也认为"在所有(由新竹枋寮义民庙)分香义民庙中,历史最悠久、也最特殊的就是平镇义民祠。"③且前引诸论文也多认为,平镇褒忠祠"分香"自枋寮义民庙的最早历史文献,多是征引目前平镇褒忠祠最早的传世文献——咸丰十年(1860)《重修广兴庄褒忠亭碑》。尤其前引《义民信仰的传播与形成——以台湾平镇褒忠祠为例》一文,便以此历史文献,认为:"从本碑文中,我们得知平镇褒忠祠系由广兴庄总理宋廷龙于乾隆五十六年(1791)从枋寮褒忠亭分火所创建"④。以上诸文是采用庙方说法者。

问题是,咸丰十年《重修广兴庄褒忠亭碑》记载的历史意涵,真有清楚说明该庙是"分香"或"分火"于新竹枋寮义民庙?又,后者同样也是草创于乾隆五十五年,恰为平镇褒忠祠建祠的前一年,那是否有可能在一切尚在草创初期的第二年,就由枋寮"分香"或"分火"到平镇,建立平镇褒忠祠?颇值怀疑。而这都得回到原始文献的咸丰十年《重修广兴庄褒忠亭碑》,并参考当时的其他历史文献,作历史学的逐字解读,才可能尽量还原历史真相,回答上述的各问题。

随着学术研究的成果积累,近几年来,已有若干学术界文章,对平镇褒忠

---

① 在学术界有所谓"分香"与"分灵"以及"分身"等等的说法,如黄美英,《台湾妈祖的香火与仪式》,台北:自立晚报,1994。等书,都有详介。大致而言,这类说法主要"研究目标物"是在于妈祖信仰,而"分灵"又概可分为"分身"与"分香"两形式。不过此乃人类学界较为精细的研究,笔者为历史学者当以谨守史学本分为原则,无意涉入人类学界众多精彩讨论。且妈祖的分香、分灵之说,是否适用在台湾客家义民信仰,尚须人类学者做更进一步地高深研究,本章限于篇幅,尚无力解决。兹以此注说明。

② 罗烈师,《台湾客家之形成——以竹堑地区为核心的观察》,新竹:台湾清华大学人类学研究所博士学位论文,2005,第300—301页;陈雪娟,《中坜十三庄轮祀网络之研究(1826—1945)》,第73—74页;罗烈师,《义民信仰的传播与形成——以台湾平镇褒忠祠为例》,收入赖泽涵.傅宝玉主编,《义民信仰与客家社会》,台北:南天书局,2005,第177—197页。

③ 罗烈师,《义民信仰的传播与形成——以台湾平镇褒忠祠为例》,第179页。

④ 罗烈师,《义民信仰的传播与形成——以台湾平镇褒忠祠为例》,第186页。

祠是否分香自新竹枋寮义民庙提出质疑①。譬如前引李文良文中便说：

有一份立于乾隆五十六年的枋寮义民庙文献显示，原本规划有前、后殿以及厢房的义民庙，自乾隆五十三年起盖了两年多却"仅成后落正厅"，这表示乾隆五十六年时枋寮义民庙应该尚未竣工。在义民庙自身的祭祀架构尚未完整建立起来的情况下，平镇的褒忠祠要从义民庙分香大约是不太可能的事②。

这也显示相关学术研究积累到近时之际，已有人对平镇褒忠祠方面此"分香传说"提出质疑。以上诸文观点是怀疑庙方分香说法者。

二、咸丰十年《重修广兴庄褒忠亭碑》并未提及"分香"问题

采用庙方分香说法之诸文中，都提到平镇褒忠祠是早在乾隆五十六年，由现今平镇市区内，当时的广兴庄之宋廷龙，从当时的枋寮义民庙"分香"而来创建该祠。而枋寮义民庙，则是在前一年的乾隆五十五年建立。然而，就目前可见平镇褒忠祠最早史料，是该祠方面所存咸丰十年（1860）《重修广兴庄褒忠亭碑》，此碑已是晚于创建平镇褒忠祠的乾隆五十六年，有约整整70年，故也不能代表建庙之初的历史纪录，但却是代表该祠创建70年后，广兴庄当地人对该祠历史集体记忆的重要历史文献。兹引如下：

义民亭之名，胡为乎来哉？缘自乾隆伍拾六年间，我乡民急公向义，遵奉宪谕，星夜争先赴救府县。各竭忠勇，务除寇乱③，以安官全民而已。

果尔，马到功成。蒙上宪保奏　朝廷，亲自御笔"褒忠"，分别奖赏慰劳义民所有殁于王事者。时在凤南既立亭祀，而淡北缺焉，将何以崇圣典而妥义灵耶？

兹广兴庄前总理宋廷龙首倡义举，就地筑亭一座，酬民功以奉禋祀。奈年湮物散，规略模粗，非所以隆壮观而振雄风也。此咸丰柒年总理宋宝云复倡义重修，增其式廓后堂。原旧前堂更新，敞者葺之，略者详之。竹苞松茂，尽制度之得宜。然千金之裘非一狐所能，黄河之水非寸胶所能澄。但念独力难持，众擎易举。幸赖诸君子激发义心，或捐祖宗之余息、或出自己之充囊，乐助以

---

① 李文良，《清代南台湾的移垦与"客家"社会（1680-1790）》，台北：台大出版中心，2011.02，第273—289页。以及张正田，《咸丰10年〈重修广兴庄褒忠亭碑〉所显示当时宋屋人"历史记忆"》，在张正田，《被遗忘的大清"忠魂"：清代苗栗堡客家义民信仰研究（下）》，台北：花木兰出版社．第245—249页。

② 李文良，《清代南台湾的移垦与"客家"社会（1680-1790）》，第283页。

③ 指林爽文事变。

共襄厥事。在义灵阴庇，当必有以报之，受福无疆矣！爰为序。

心鉴罗铨衡拜撰

咸丰拾年岁次庚申仲秋月毂旦立 [1]

若仔细读这碑文内容，可知在咸丰十年时的当地乡民，对创建该祠已经晚了约70年后的历史记忆。其一开始所说的是："我们这个义民亭的名称，是怎么来的呢？"于是就说明是源自乾隆五十一至五十三（1786—1788）年间，台湾发生林爽文事变，在今日的中坜、平镇一带附近乡民，在约70年前的当年，也曾响应官方号召帮助平定事变。不过此碑文中反映出，咸丰十年时广兴庄当地人对约70年前的林爽文事变年代——乾隆五十一至五十三年，似乎已跟创建本祠之乾隆五十六年搞混，而含混用"乾隆伍拾陆年间"，将"林爽文事变"与"初建平镇褒忠祠"两件事情都一笔带过。

然则碑文中接着说的："我乡民急公向义，遵奉宪谕，星夜争先赴救府县。各竭忠勇，务除寇乱，以安官全民而已"一语，可知咸丰年间当时广兴庄一带人，对约70年前帮助朝廷平定林爽文事件，并受到乾隆皇帝"御笔褒忠"赐为义民身份，是种光荣的历史集体记忆，而这记忆的具体行为代表符号，就是重建当地的广兴庄褒忠亭。故碑文续曰："果尔，马到功成。蒙上宪保奏○朝廷，亲自御笔'褒忠'，分别奖赏慰劳义民所有殁于王事者。"按当时乾隆皇帝颁了四种奖励给当时台湾四种籍贯义民之匾额（详后），其中"褒忠"匾，就是专门颁给当时的台湾"粤人"也就是泛指当时台湾客家人的"代称"。但，当林爽文事变后，广兴庄"粤人"似乎没有实时等到乾隆皇帝的御赐"褒忠"圣匾，故碑文续载："时在凤南既立亭祀，而淡北缺焉，将何以崇圣典而妥义灵耶？"所以当时广兴庄总理宋廷龙首倡义举，在当地创建了一座义民亭，也就是今日平镇褒忠祠的前身，来祭拜这些战死的义民忠魂。以上是据林爽文事变约70年后，广兴庄当地人对草创该祠的历史记忆。

由上引碑文的内容可见，其记载平镇褒忠祠的草创历史中，其实并未提到乾隆五十六年时，倡议建祠之人宋廷龙，曾经去枋寮义民庙那边"分火"或"分香"之事。

又可再续问：咸丰十年《重修广兴庄褒忠亭碑》，已距草创该祠约70年，虽其实也"去古未远"，但也非第一手史料了，岂可仅以此推断平镇褒忠祠究竟

---

[1] 可见于平镇褒忠祠左侧墙面，又载于何培夫主编，《台湾地区现存碑碣图志——台北市.桃园县篇》，台北："中央"图书馆台湾分馆，1999，第241—242页。

有没有分香自枋寮义民庙呢？

这个问题可以分两大方向来推论：1. 一祠一庙是否是首创庙宇，或是分香于他庙，是重要的大事！在约 70 年间，又岂能令当地的后人已经遗忘这重要的建庙历史记忆呢？ 2. 假设宋廷龙当年真的曾去枋寮义民庙"分香"或"分火"，才创建广兴庄褒忠亭，而且约 70 年后的宋宝云、罗铨衡等重修该祠之人也都还记得此事的话，也是对宋宝云、罗铨衡等重建该祠之人是个可有可无且不甚重要的事情了，所以在该碑文中，就没有特别提起。但第二点的可能性较小些，原因还是在于"分香分火"对一庙一祠而言，是重要之事，不太可能在约 70 年后的重修碑文上不特别记载之。不过，为排除第二点的可能性，下文则继续以其他相关史料论证之。

三、台湾日据时期《寺庙调查书·桃园厅》亦无载"分香"传说

台湾日据时期日本殖民政府方面，曾对台湾各地庙宇进行过调查，其中《寺庙调查书·桃园厅》一史料，大概是对当时桃园厅辖下各寺庙做最早的调查资料之一[1]，相当具有参考价值。兹将其对当时的平镇褒忠祠[2]调查资料的"缘起沿革"引如下：

清代乾隆五十六年匪徒林爽文员林ヲ根据トシテ反逆ヲ企テ、各所ヲ蹂躏ス粤人ノ一党大二愤慨シ义兵ヲ举ケ之ヲ平定ス、庶民其功ヲ赏シ尔后各地ノ粤族祠ヲ建テ义民ノ仆レシ精灵ヲ奉祀シルニ至レリト

中译如下：

清代 56 年，有匪徒林爽文占据员林一带企图叛乱，进而起兵蹂躏台湾各地村庄，粤人族群大为愤慨，举义兵平定之。为了奖赏义民百姓之功劳，所以形成尔后各地的粤人建立祠庙，以祭祀义民前仆后继的战死英灵。

由这个日人寺庙调查对平镇褒忠祠的"缘起沿革"，可见当初日人调查时，也未从当时该祠祠方或信众口中，问出该祠历史上，曾有"分香"或"分火"自枋寮义民庙之典故。由此可见，到了日据时期，似也未见平镇褒忠祠方有特别强调自己的历史沿革，是源自枋寮义民庙"分香"或"分火"而来的说法。

不过这史料毕竟是外人调查而得，毕竟非该祠方自己的原始说法，所以本

---

① ［日］桃园厅编，《寺庙调查书·桃园厅》，桃园厅调查所得手稿本，1916，台湾"中央研究院"台湾史研究所馆藏。

② 当时该祠尚被日本殖民政府当局称为桃涧堡宋屋庄褒忠义民庙。

章下节将继续引用台湾光复后初期，由该祠方自己出版的史料，查看是否有"分香"或"分火"自枋寮义民庙之典故的说法。

四、台湾光复后1951年《褒忠祠记》仍无载"分香"传说

台湾光复后的 1951 年，平镇褒忠祠祠方①编了一本《褒忠祠记》②，内有台湾光复后初期重建平镇褒忠祠的所有细节，并记载了平镇褒忠祠的历史由来等文。详查该书内所有文章，也都没有特别记载平镇褒忠祠是分香是枋寮义民庙。1951 年《褒忠祠记》一书中，概以《重建广兴庄褒忠祠记》一文，最详载该祠历史由来，兹录原文于后：

……广兴庄褒忠祠之所以重建者，尤不可以不记也。<u>考自义民靖乱，御笔褒忠，士绅宋廷龙等：倡建义民亭于中坜广兴庄之原</u>。<u>迨咸丰七年，复由宋宝云总理重修之事。就其原址，增设前后两堂</u>，敝者葺之，略者详之，式廓鸿图，规模始具。同治年间，巡抚徐宗幹，刘铭传先后题赠"同心报国""赴义捐躯"两额。正名曰："褒忠祠"。迨今民国三十八年（1950），已阅百载星霜，祠宇腐敝，若非重新建筑，势将倾圮！于是十三庄，即现称三十里村人士，遂成立褒忠祠重建委员会，以竟其功！公推主席委员陈贵邦，总理一切；常务委员梁盛添、宋维双，兼理财政庶务；常务委员邱阿平、王景贤，兼理建筑设计；常务委员廖鼎辉、邹定北、廖习禄、王万笈等，均尽力协助。其里村长及地方贤达，则为委员，名著石碑，以重永久！自民国三十八年旧历八月十一日甲子时动工，至四十年旧历七月吉日落成，费时二稔。寄附谷额，计达五十万勐以上。现褒忠祠，设前后殿，列屋于左右。苟完苟美，远树规模。是以神灵有赫，长垂明月之光！天地无私，永享春秋之祀！盖不特然正气，足以振奋末俗之人心；而庄严绮丽之褒忠祠，亦为山川增色不少也！广东梅县温香野记③。

另外该书亦有《确定祠名》篇文章亦载相关事迹：

夷考本祠之名，于乾隆五十三年御笔褒忠时，早已确定为"褒忠祠"矣④。

---

① 当时该祠尚自称为中坜褒忠祠。这应当是延续台湾日据时期行政区划制度上，"平镇庄"是属于"中坜郡·平镇庄"而来的自称。

② 温香野. 中坜褒忠祠管理委员会编，《褒忠祠记》，桃园平镇：中坜褒忠祠管理委员会，1952，平镇褒忠祠藏。笔者于此特别感谢平镇褒忠祠提供。

③ 温香野，《重建广兴庄褒忠祠记》，温香野. 中坜褒忠祠管理委员会编，《褒忠祠记》，第3—4页。

④ 温香野，《确定祠名》，温香野. 中坜褒忠祠管理委员会编，《褒忠祠记》，第16—19页，页18语。

由上两段引文可知，最迟到 1950—1951 年倾，该祠祠方对该祠的历史记忆，仍是乾隆末年林爽文事变时，本地的客家人发起"义民靖乱"，加之历史上乾隆皇帝曾经对台湾粤籍客家人"御笔褒忠"并赐义民身份的殊荣，使当地宋屋人宋廷龙倡建当地的褒忠亭。由此可知，至光复后初期的 1950—1951 年倾此时为止，至少由该祠祠方之文献中可见到的，也是没有说到在乾隆五十五年草创新埔枋寮义民庙的第二年后，也就是乾隆五十六年，就"分火"或"分香"给平镇褒忠祠方面，才有平镇褒忠祠的创建之说。

所以由上引诸史料，推估今日平镇褒忠祠的"分香传说"，可能是光复后 70 余年来才新兴而起的。

五、天问——"分香传说"乃至"钩摹复刻"的历史可能性探讨

可是时至今日，平镇褒忠祠祠方相关人员，都已认为该祠确实是"分香"自枋寮义民庙，并且将乾隆五十六年当成是该祠的"分香之年"。这显示"分香"之历史记忆，很可能是在光复后这数代该祠或当地相关人士之间所"层累造成"的新制造"历史记忆"。如今，当相关于该祠方面的文献史料，竟与现今的口传历史记忆出现那么大的差异时，吾人可以问，为何近几十年来，会出现这种"分香"传说呢？

于此，本章再将焦点，放回到林爽文事变后，朝廷的"褒忠"御匾颁发，与该祠祠方客家义民信仰形成之间，尝试作一历史性的推估。

在平定完林爽文事变的乾隆五十二至五十三年前后，乾隆皇帝曾对台湾各籍贯族群中，帮助平定林爽文事变的各籍族群街庄，分别以御笔亲书"褒忠"，赏颁予粤人，概今之台湾广东籍客家人、"旌义"赏颁予在台泉州籍闽南人、"思义"赏颁予在台漳州籍闽南人、"效顺"赏颁予台湾"熟番"等"御赐匾额"或"名号"，并责令大将军福康安转颁，以及责令台湾府内各祖籍之庄民，按自己的族籍别，分别将御赐匾悬挂自己的街庄中，以嘉勉这些不同籍贯义民的忠义护国之举[①]。

---

① 台湾银行经济研究室编，《钦定平定台湾纪略》，台北：台湾银行经济研究室. 台湾文献丛刊第 102 种，1961，卷五十六，《乾隆五十三年三月初一日至十七日》，第 887—888 页：

上又谕内阁曰："此次台湾剿捕逆匪（林爽文），该处义民随同官军打仗杀贼，甚为出力。业经降旨将广东、泉州等庄，赏给'褒忠'、'旌义'里名，用示奖励。至漳州民人，虽与贼匪籍贯相同，但其中随同官兵打仗杀贼者，亦复不少……所有漳州民人各庄，着赏给'思义'村……以副朕一视同仁之意。"

以常理看,乾隆御笔一开始只能做少数几个"原始匾",若要做成其他大量赏颁给台湾各街庄的其他御匾,就需要"钩摹复刻"后才能"普加赏给悬设"①。至于对时当时台湾客家人的"褒忠"御匾之"原始匾",则是先赐给"山猪毛粤庄义民"(即今南台湾六堆客家庄)②。此可见于当时相关朝廷官方纪录史料,可见在朝廷眼中,帮助平乱的粤庄,概都是台湾南路"山猪毛"一带客家庄出兵最力,屡得朝廷倚重,其中"山猪毛粤人义民首"曾中立,屡被朝廷记载义助最有功劳③。

反之,在北台湾的淡水厅客家庄义民,在当时朝廷记载中就较少着墨,概见于淡水厅首府竹堑城失陷时,厅幕僚寿同春曾号召淡水厅境内各籍族群街庄组织义民军收复竹堑城④;与后来林爽文事败后往北逃亡到淡水厅附近时,厅内客家庄义民与泉州、漳州等籍义民,一起出兵搜捕林爽文,并在竹南一堡的老

① 台湾银行经济研究室编,《钦定平定台湾纪略》,卷四十二,《(乾隆五十二年)十一月初一日至初二日》,第661页:"但(台湾)该处庄居甚多,难以遍行颁赐,着福康安接到匾额后,即遵照钩摹,择其大庄郡居处所,普加赏给悬设。"

② 台湾银行经济研究室编,《平台纪事本末》,台北:台湾银行经济研究室. 台湾文献丛刊第16种,1947,第65页:"初,山猪毛义民团结乡众拒贼,上嘉其义勇,御赐'褒忠'扁额,乡民建亭奉之。将军福康安亲至亭下,招(山猪毛)义民首(曾中立)慰劳之。"

③ 台湾银行经济研究室编,《台案汇录. 庚集》,台北:台湾银行经济研究室. 台湾文献丛刊第200种,1964,卷一,《四七、礼部"为内阁抄出将军福康安等奏"移会》,第88页:"又有山猪毛义民首曾中立招集傀儡山生番一千名,听候调遣(朱批:此人实可嘉)。";又台湾银行经济研究室编,《台案汇录. 庚集》,卷一,《五六、兵部"为内阁抄出将军福康安等奏"移会》,第100页:"山猪毛粤庄,该处系东港上游,粤民一百余庄,分为港东、港西两里。因康熙年间平定朱一贵之乱,号为'怀忠里',于适中之地建盖'忠义亭'一所。前年逆匪林爽文、庄大田滋事不法………(山猪毛粤民)于十二月十九日齐集忠义亭,供奉万岁牌,同心堵御。挑选丁壮八千余名,分为中、左、右、前、后及前敌六堆,按照田亩公捐粮饷,举人曾中立总理其事,每堆每庄各设总理事、副理事分管义民,剿杀贼匪。";又台湾银行经济研究室编,《钦定平定台湾纪略》,卷四十二,《乾隆五十二年十一月初一日至初二日》,第672页:"并会商粤庄义民总理曾中立等仍晓谕各庄,将米谷由港运赴郡城粜卖。";又台湾银行经济研究室编,《钦定平定台湾纪略》,卷五十,《乾隆五十三年正月初四日至十一日》,第808页:"臣(福康安等人)到军营时,即行普加赏赉,并将义民首黄奠邦、林凑奏明赏戴蓝翎。其山猪毛义民首举人曾中立,最为奋勉出力,前已寄谕奖励,并令带领粤民相机堵剿,俟大军至南路时,再行从优奖赏。"

④ 台湾银行经济研究室编,《平台纪事本末》,第10—14页,其中淡水厅客家义民被记录出姓名者,只有今苗栗一带的粤义民首钟瑞生、谢尚纪等人。又台湾银行经济研究室编,《钦定平定台湾纪略》,卷六十二,《六月初三日至初六日》,第998页。又台湾银行经济研究室编,《台案汇录. 庚集》,卷二,《八三、吏部题本》,第194页皆大同小异。

衢崎(今苗栗县竹南镇崎顶里)捕获林爽文[1]等事。故在朝廷眼中帮助平定林爽文事变的台湾客家人中,该是南路的"山猪毛粤人义民"出力最多,淡水厅客家籍义民相对较少[2],所以乾隆皇帝命大将军福康安,须亲自带着"褒忠"御匾到"山猪毛"当地,慰劳嘉勉客家籍义民首曾中立与当地客家籍义民。

若按这些官方记载史料,则褒忠御匾的"原始匾"一开始该在乾隆五十二至五十三年前后,首悬于今日南台湾的六堆客家庄;至于朝廷眼中的也曾出兵帮助官方平定林爽文事变的其他"大(客家)庄",也由官方"择其处所",以原始匾再"钩摹复刻"后陆续颁赐,才能"普加悬设";而在北台湾客家庄方面,根据学者考证,当时只有枋寮与猫狸(今苗栗县城苗栗市南苗地区)这二处被朝廷选择到,可以设义民亭悬挂"褒忠"御匾[3];又按照当时朝廷的意旨,台湾其他各地客家庄,若再过几年后还没被官方"选择"到,概只能陆续"钩摹复刻"附近客家庄既有的"褒忠匾"后,才筹设义民亭以悬挂之。

然而,也不排除另种可能性,则是林爽文事变后的年代,若某些客家庄,只是为了单纯地要凸显自己族群身份与认同之时代需求,所以先盖了当地褒忠亭,却不一定需要真的去"钩摹复刻"乾隆皇帝的"褒忠"御牌匾以悬挂。要之,乾隆皇帝"御笔褒忠"并希望台湾粤庄能普加悬挂,是朝廷单方面的想法。但对当时台湾民间各客家庄人而言,其究竟有无人力、财力远赴其他客家庄求得褒忠匾"钩摹复刻",恐又是个大问题,所以是否在清代有些客家庄,基于朝廷曾经"御笔褒忠"的史实后,就只盖座当地专有的义民亭,以凸显自己的义

---

① 台湾银行经济研究室编,《钦定平定台湾纪略》,卷首,《御制诗(二)》,第33页:"抚降缉众日无暇,执讯招番并有条(兹得生擒林爽文捷音奏至。据另折奏称,该处民人投出者络绎不绝,皆妥为抚辑。又于所执贼目,追究逆首去路;及招出各社生番,严切晓谕,令其协同堵截擒献。又令巴图鲁二十员、屯练兵丁数百名,改装易服,扮作民人,同淡水义民及社丁通事等,分投搜缉。遂于正月初四日,在老衢崎地方,将林爽文并贼目何有志等一同擒获。现在搜查余孽不遗。所办俱井井有条,可谓弗孤简用者矣"。又台湾银行经济研究室编,《钦定平定台湾纪略》,卷五十四,《乾隆五十三年二月初五日至十一日》,第864—865页:"上命军机大臣传谕福康安、海兰察、鄂辉、李侍尧曰:"前据福康安奏,分派巴图鲁及(淡水厅)义民、屯练等改装易服,于老衢崎地方搜获林爽文。但究系何人首先擒获,未据奏及,想系军务匆遽,无暇详及……嘉义县及淡水(厅)等处义民,随同官兵打仗杀贼,并购线侦探、擒捕匪犯,实属奋勉。"

② 黄卓权,《义民庙早期历史的原貌、传说与记载——历史文本与历史叙事的探讨》,《台湾文献》,59:3(南投),2008.9,第89—128页一文,也曾提出类似的看法。

③ 据陈运栋看法,竹堑地区因此获颁"褒忠"里名匾额有二:一在堑北六张犁庄,后建褒忠亭于枋寮庄、一在堑南猫里庄,此即枋寮与苗栗两义民庙之滥觞。详见陈运栋,《苗栗义民爷之由来与简史》,苗栗义民庙管理委员会编印,《岁次丁丑年苗栗义民庙沿革史》,苗栗:苗栗义民庙管理委员会,1998,第8页。

民与客家人之身份，却未能真正做到"钩摹复刻"褒忠匾之可能①？

若有这种可能性，则可尝试问，平镇褒忠祠的前身也就是乾隆五十六年宋廷龙所草创的褒忠亭，是否也可能如此？可惜因为草创该亭约70年后，已经"年湮物敝，规略模粗，非所以隆壮观而振雄风也。"无法证明宋廷龙当年是否真的有去"钩摹复刻"所谓"褒忠"御匾过。但由宋廷龙与其兄弟等这一房之宋屋人，在草创后之某段时间，却移居今新竹县关西镇，如今其后裔也多居住在关西来看，学者认为，这一支宋屋人，在这约70年间，理应没有很刻意用心经营这座褒忠亭②。因此才在约70年后的咸丰年间，在当时当地某种社会需求下，由另一支宋屋人宋宝云等人倡议重修，并留下前引咸丰十年《重修广兴庄褒忠亭碑》之原始史料。

又，咸丰十年《重修广兴庄褒忠亭碑》中，当时以宋宝云为首之房支的宋屋人士，强调乾隆五十六年 <u>"时在凤南既立亭祀，而淡北缺焉"</u> 这个"淡北缺焉"对当时他们的历史记忆之重要性。碑文中的"凤南"，该是指当时"凤山县"之南③的"山猪毛粤庄"，也就是今天高雄、屏东一带的六堆客家庄，当时当地已有悬挂御赐褒忠匾的"亭"，而淡水厅北境的今中坜、平镇一带粤庄，就缺少了"褒忠匾"与义民"亭"。这可能是到乾隆五十六年时，当地客家庄等了数年，似乎还未被官方"选择"到获赐褒忠御匾，故当时广兴庄宋屋人士宋廷龙，才会倡议就地筑一座义民"亭"，希望能悬挂"褒忠匾"，此亭，即今平镇褒忠祠之滥觞。

而就咸丰十年《重修广兴庄褒忠亭碑》碑文来看，同样也没有记录宋廷龙年代时，是否曾到枋寮义民庙"钩摹复刻"褒忠匾或是"分香"。这似显示迟至

①　又，对台湾泉州人而言，乾隆皇帝对他们颁发"旌义"御匾，就并没有引发泉州人去"钩摹复刻"然后再"普加悬设"的风气。

②　罗烈师，《台湾客家之形成——以竹堑地区为核心的观察》，第306页。

③　清代"凤南"地名用法可见（清）王瑛曾编着，《重修凤山县志》，台北：台湾银行经济研究室. 台湾文献丛刊第146种，1962，卷一，《舆地志. 山川志. 海道附录》，第27页："按沙马矶山在凤南海口，高入宵汉，凡洋船往咬嚼吧（今雅加达）、吕宋，等俱由此山放洋，实外岛出入标准也。"又（清）丁曰健辑，《治台必告录》，台北：台湾银行经济研究室. 台湾文献丛刊第17种，1959，卷八，《修造台澎提学道署初记》，第593页："方将运筹帷幄，剪嘉北（清代嘉义县北）未除之小丑，安凤南欲逞之狡思。"

又李文良，《清代南台湾的移垦与"客家"社会（1680—1790）》，第283页，对"凤南"二字，做此新解。

但在此之前，学界相关研究，通常都将这"凤南"，解释为"平镇南侧的新竹县凤山溪流域"，也因为新竹枋寮义民庙在此流域中，所以藉此判断平镇褒忠祠是分香自新竹枋寮义民庙。

建祠以后约 70 年后的咸丰十年当地人所刻《重修广兴庄褒忠亭碑》文中，只强调当时广兴庄一带"凤南既立亭祀，而淡北缺焉"对当时宋屋人之重要性，至于对于该褒忠亭与褒忠匾，究竟是"分香"或"钩摹复刻"自何处，碑文中并无提之，甚至也根本没有提及该祠中究竟有无悬挂褒忠匾，所以史料写"（乾隆五十六年）广兴庄前总理宋廷龙首倡义举，<u>就地筑亭一座</u>，<u>酬民功以奉禋祀</u>"。又写到了约 70 年后的"咸丰柒年总理宋宝云<u>复倡义重修</u>，增其式廓后堂。原旧前堂更新，敝者葺之，略者详之"。这显示到咸丰十年的宋屋人眼中，该庄褒忠亭若真有悬挂褒忠匾，其"钩摹复刻"自哪里，对当时他们而言，重要性尚不大；若无褒忠匾，似乎在他们眼中也是可有可无之事，这可能是因为在当时，藉重修褒忠亭彰显自己客家籍义民的光荣记忆与身份，远比有没有悬设褒忠匾来得重要。所以这史料还无从证明到了咸丰十年，宋屋褒忠亭是否真的有无"钩摹复刻"褒忠匾，更遑论当时是否曾有"分香"之事。而这也可以呼应为何前引李文良文中强调：

> 我们现在要研究平镇褒忠祠，应该将重点放在十九世纪中期总理宋宝云"复倡义举重修"，去问平镇地方为何需在十九世纪中叶重建一座义民庙，宋家以及地方社会究竟面临了怎样的问题[①]？

前引文确实点出了未来研究平镇褒忠祠的大方向重点所在，但本章限于篇幅，尚未能就李氏之问做继续处理。

可惜的是，笔者以上种种推估，目前并无更进一步的直接史料可直证之，故本小节之名乃效屈原问苍天之举，姑名之曰"天问"。但本章也已对所谓的平镇褒忠祠的"分香传说"，和历史上台湾客家庄的褒忠御匾被"钩摹复刻"之历史事实，做以上历史可能性的分析。

另外可继续问，咸丰十年宋宝云重修本祠后到台湾日据时代期间，平镇义民祠方是否又曾去枋寮义民庙方面"分香"或"钩摹复刻"褒忠匾呢？若由前引 1951 年《褒忠祠记》，是确无载分香传说；至于是否有"钩摹复刻"褒忠匾方面，1951 年《褒忠祠记》也并未特别记载之，似可见到战后，这一点对平镇

---

① 李文良，《清代南台湾的移垦与"客家"社会（1680-1790）》，第 285 页。

褒忠祠方，也像是可有可无的记忆，不需要特书之①。而以上这些"天问"，似乎尚需更进一步的史料出土才能证明吧②！

以上诸点推论，本章尝试做以下分析表：21-1 以做为小结：

表：21-1

分香或钩摹 史料年代	是否去枋寮义民庙分香	是否去枋寮义民庙钩摹褒忠匾
乾隆五十六年（1791）	无可能	未记载有或无
咸丰十年（1860）	无记载	未记载有或无
光复后初 1951 年	无记载	未记载有或无

六、平镇褒忠祠空间分布的巧合

若依本章的合理推估，可知平镇褒忠祠并非枋寮义民庙的分香庙宇，而是某种程度的原创性庙宇③。而平镇褒忠祠也是跟苗栗社寮岗义民庙一样，都是做为一个原创性义民庙，再加上乾隆末期时约同时所创建的枋寮义民亭，这三间义民亭之空间分布，又恰好与今日桃竹苗客家庄地区在乾隆末期的之地域次分区——"淡北"粤庄、"竹堑城东郊"粤庄与"淡南"粤庄，形成了一个空间巧合。

在当时"淡北"粤庄，有宋屋人士筹创了宋屋褒忠亭，即今桃园市平镇褒忠祠之滥觞；"竹堑城东郊"客家庄，当地粤客家人筹建了枋寮义民亭，即今新竹县枋寮义民庙之滥觞；在"淡南"粤庄，则有社寮岗士绅谢凤藩等人筹创了

---

① 在1951年《褒忠祠记》中，有一段甚为吊诡的记述如下：

夷考本祠之名，于乾隆五十三年御笔褒忠时，早已确定为"褒忠祠"矣。惟其时，建筑简陋，仅立亭祀，故有称之为亭者，因祠内奉祀义民，故亦有称为义民庙者。至此次重建，于拆卸旧建筑时，拆下木牌一块，有楷书曰"褒忠祠"三字，黑地金字，赫然耀人眼日！由此而推，足征本祠之祠名，早已有确定矣！

此段记录见于温香野，《确定祠名》，温香野．中坜褒忠祠管理委员会编，《褒忠祠记》，第16—19页，第18—19页语。这里面说到台湾光复后初期重建平镇褒忠祠时，"于拆卸旧建筑时"，只有"拆下木牌一块，有楷书曰'褒忠祠'"，却没有说到该祠方当年究竟有没有拆下了褒忠匾，甚是令人疑窦，兹存疑于此。

② 本章所以花篇幅探讨"钩摹复刻"褒忠御匾的史迹与可能性，原始动机在于：如果平镇褒忠祠的褒忠匾，是历史上某时期"钩摹复刻"自枋寮义民庙，那这"钩摹复刻"的事迹是否又被后人历史记忆美化成"分香传说"？可惜就目前相关文献史料，仍看不出平镇褒忠祠的褒忠匾是制于何时，无从求证笔者原先的假设。

③ 此处所谓原创性庙宇，是指相对于并非分香或分灵自某一庙之从属或关系庙宇，而暂如此称之。

社寮岗义民亭 [①]，即今苗栗县苗栗义民庙之滥觞。

七、结语

近数十年来的台湾客家论述，往往有很大篇幅着重在北台湾的客家义民信仰，而这其中又常常将南桃园的平镇褒忠祠，认为是新竹县枋寮义民庙的分香庙。一直到近几年来，才有怀疑庙方分香说法等诸文，并对平镇褒忠祠最早传世文献——咸丰十年《广兴庄褒忠亭碑》，做出较新的历史解读，还原了历史真相，认为平镇褒忠祠该也同枋寮义民庙与苗栗义民庙般，是个原创性庙宇。本章承续近年来最新研究成果，分析了这种"分香传说"。

根据相关史料，尤其战后初期平镇褒忠祠方面自己出版的1951年《褒忠祠记》，仍无记载这种"分香"传说。故本章暂推估，今日平镇褒忠祠方面的"分香"传说，很可能是台湾光复后这70余年来才产生，至于到底是战后何时才产生此"传说"，倒非本章重点，或且待日后学界更进一步的研究发现。

如果平镇褒忠祠也是跟苗栗社寮岗义民庙一样，都是做为一个原创性义民庙，再加上约同时在乾隆末期时创建的枋寮义民亭，这三间义民亭之空间分布，又恰好与今日桃竹苗客家庄地区在乾隆末期的之地域次分区——"淡北"客家庄、"竹堑城东郊"客家庄、与"淡南"客家庄，形成了一个空间巧合。

---

① （清）沈茂荫，《台湾省苗栗县志》，台北：台湾银行经济研究室. 台湾文献丛刊第159种，1962，卷10，《典礼志. 祠庙志》，第161页："义民祀：在县治北门外半里社寮岗庄。乾隆五十年，谢凤藩等倡捐建造。"又《同书》，卷14，《先正列传. 谢凤华列传》，第204页："谢凤华，字采梧，监生，籍嘉应州。乾隆年间，偕其弟凤藩来台；居猫里，垦辟田园，家财颇厚。"

第二十二章　两岸客家面临城市化下观察客家未来：以深圳与桃园两市为例

　　深圳市位于广东；桃园（省级）直辖市位于台湾，两城市有不少相同处，即都是近几十年来现代城市化下的大城市，外来人口众多，冲击当地原有旧居民的文化结构。但两市在未城市化之前，原本皆有客家人。也同样占该市旧有本地人口约一半，另一半并不是客家。在深圳，另一半本地人是讲粤语的广府人，桃园则是台湾闽南人。

　　加之广东客家与台湾客家历史过程皆有相同处，即都曾在清代时面对同省区内另一、两强势汉人族群冲击下，形成"我群"客家意识，广东客家面对的是广府人与潮汕人；台湾客家面对的是台湾闽南人。族群间情感矛盾，又不太可能在民国以来百年间完全消除，使今日两省区内在推广客家文化时，不时受到来自同省区内另一、两族群之议论乃至负面刻板印象（Stereotype）式的批评，颇有阻力。以两市境内客家的古今雷同处，今桃园市近十几年来推行客家文化时遇到的现象，是否可能供深圳客家借镜之处，是为本章想抛砖引玉之目的。

　　本章以历史社会学角度客观的分析两市原有本地人的族群关系，难免谈及过往的族群关系历史，但绝无对任何方言族群不敬之意，也敬请多包容。

一、深圳旧有方言族群结构与面临城市化历程简介

　　广东两大城市一为省城广州，一为深圳。深圳为中国大陆最早的改革开放经济特区之一，今已成为常住人口已突破一千万人之大城，并与北京、上海、广州号称中国大陆境内"北上广深"四大"一线城市"。本市未改革开放之前，为广东省宝安县，1949 年 10 月时全县人口仅约 184，700 人，到 1982 年"三普"时，县人口数为 225，908，至数年后 87 年底常住人口为 269，128，但已

有外来暂住人口 274，735 人，外来人口已超过原有本地人口[①]。此后深圳城市化速度加速，号称移民新城市，人口与经济成长也号称"深圳速度"，但这些人口成长绝大部分都是来自我国各省乃至广东省内各地的"外来经济性移民"，深圳本地人成少数。

深圳本地人传统上大致又可分为讲广府白话的"广府民系"人，与讲客家话的客家人两大类，若据前引 20 世纪末所修《宝安县志》所述，前者的传统居住地大致在宝安县旧县城附近各乡镇与大鹏半岛偏南侧的旧大鹏与旧南澳两乡镇；至于当地客家人分布地在包含旧石岩至旧观澜两镇一线以东各乡镇，但不含前述大鹏半岛偏南侧[②]。在这两个汉人民系人口比例方面，若依前引方志所载，在 1985 年时本地客家人占全旧宝安县的 56%；本地广府人则占 44%[③]。在以往，旧宝安县不同地区的粤、客两个汉人民系，习惯各自口操自己的方言为主要沟通语。但今日深圳已成为人口破千万之移民大市，来自全国各汉人民系与各少数民族的外来移民进入深圳后，今日深圳市区通常以全国最大公约数的普通话为主要沟通语。又早在十余年前 2005 年出版的相关资料就已显示，"深圳现在真正的广府人和客家人只占总人口的 5%"[④]。这现象在全世界的经济成长迅速，又外地移民迅速增加且人口数量超远远超过本地人的新兴大城市中，似乎很少例外，最后都会演化成以该国该地的共通语，为新兴大城市内大家共同沟通语言，而该城市前身的小城镇方言，反而成为当地弱势语言。此外城市化也可能会影响当地旧住民的下一代倾向追求都市新流行新风貌，反而不太趋向认同自己父祖辈的旧有族群文化。

二、桃园市旧有方言族群结构与面临城市化历程简介

台湾的"大台北都会区"（含台北市、与新北市——即 2010 年底以前旧台北县）、与其西南邻的桃园市（即 2014 年底以前旧桃园县）[⑤]两市，也是蒋经国

[①] 宝安县地方志编纂委员会，《宝安县志》，广州：广东人民出版社，1997，《第一编第三章·人口姓氏》，第 122 页。

[②] 宝安县地方志编纂委员会，《宝安县志》，《第五编第三章·方言》，第 779 页。

[③] 宝安县地方志编纂委员会，《宝安县志》，《第五编第三章·方言》，第 779 页。

[④] 赵东华主编，《深圳的性格》（北京：中国经济出版社，2005），第 9 页。

[⑤] 2014 年底以前，今桃园市为旧桃园县，此际因全县人口满 200 万而升格为台湾的"（省级）直辖市"。又因台湾有乡镇级的"县辖市制度"，故未全县升格之前时的"桃园市"三字，是指旧桃园县城——桃园县桃园市。今日，旧县城改为桃园市桃园区。本章桃园市指由旧桃园县升格的今桃园市。

掌权开始"十大建设"到 70 年代后期逐渐可见台湾经济成长成果出现，到截至 20 世纪末以前之"台湾经济高速成长"期间的北台湾两大城市群。他们也有来自台湾各县市外来经济性移民迅速进入，使两大城市群人口快速成长。

今桃园市即旧桃园县，在原旧有人口结构方面，是呈现"北闽南、南客家"分布。依 1956 年"中华民国台闽地区第一次户口普查"，当时桃园县客、闽两族群人口平方秋色，各占本县人口约一边一半，北侧以闽南漳州系族群为主，主要核心城镇以旧县城桃园县桃园镇（当时尚未升格为桃园县桃园市）与大溪镇为主；南侧客家系则以桃园县中坜镇（当时尚未升格为桃园县中坜市；今为桃园市中坜区）与杨梅镇为核心城镇①。又建县以来到今桃园市"南客北闽"主要分布区，"南客"主要在中坜、平镇、龙潭、杨梅、新屋、观音等六区，一般在台湾习称为"南桃园"、或"南桃园客家区"；"北闽"主要分布在旧县城的桃园区，与其周围的大园、芦竹、龟山、八德、大溪等共五区，一般在台湾习称为"北桃园"；另有偏东侧深入中央山脉的复兴"山地原住民自治区"一区，则主要系台湾泰雅少数民族分布地。今桃园市原来客、闽分布地域各有别之情形，颇类似尚未快速城市化前的深圳市前身广东省宝安县，也是客、粤两族群分布区明显有别。

而 1945 年台湾光复，1950 年桃园设县时，桃园县人口为 343，153 人，尔后桃园县人口成长率也持续高于台湾地区人口成长率②。今日桃园全市设户籍总人口已达 2，128，594 人③，较 1950 年时成长约 6.2 倍，可见光复约 70 年来桃园城市化人口成长之巨。

不过本市（今桃园市）城市化过程可能与深圳的有一点差别在于，在台湾因为曾长期与大陆处于"美苏冷战"环节中，到即令后来冷战结束后至今日，两岸间还是不能自由移民入台，所以本市的外来移民仍以台湾地区移民居多数，也就是本市城市化后族群结构，仍可能不脱于台湾原有的客家、闽南、外省、少数民族四大族群范畴，在本市的城市化过程中，多半只能视为台湾四大族群在本市的"族群社区重组"，而不是像深圳一样，外来移民也有相当一大部分是来自全国各省区，替深圳融入不少丰富的各省多元文化，这在台湾乃至今桃园

---

① 赖泽涵总编纂、尚世昌编纂，《新修桃园县志·住民志》，桃园：桃园县政府，2010，第 129 页。

② 赖泽涵总编纂、尚世昌编纂，《新修桃园县志·住民志》，第 5 页。

③ 此为 2016 年 7 月在今桃园市总设籍人数，依"中华民国内政部户政司"网站公告，撷取网址：http://www.ris.gov.tw/zh_TW/346；撷取时间 2016/8/2。

市会较少见。

这一点大概是和深圳客家在面临现代城市化冲击时，略有小差异之处。

三、清代广东各方言族群矛盾历史与客家话相对弱势简述

两岸各自都有某些方言族群间的情感相互矛盾，这些方言族群间也相互有负面"刻板印象"（Stereotype），这往往与以往明清帝国控制力量较弱时发生族群械斗的历史矛盾有关。而在清代广东土客械斗历史方面，概有刘平《被遗忘的战争：咸丰同治年间广东土客大械斗研究》等许多相关学者丰硕研究成果[①]。大致而言广东境内分为广府、客家、潮汕三大方言族群，各有自己方言与文化，但皆曾在明清帝国控制力衰弱时，发生过相互械斗以争夺生存资源的历史过程。械斗的历史过程可能被遗忘，但却可能转化为彼此相互的负面刻板印象持续在社会底层流传，这点其实并不利于团结，但却存在于各自的族群社会。这问题也不仅于广东，台湾亦有之。

施坚雅（W. G. Skinner）也说过在我国东南地区各大方言群中，除客家方言群外，其他如吴方言群、赣方言群、湘方言群、闽方言群中的福州方言片群、闽南方言片群、潮州方言片群，乃至广府方言群，都有他们的巨大流域与核心地带[②]，这在以往农业生产社会是很重要的地理位置分布，因为区域核心大都市往往都是在巨大流域的大平原中，所以也有专书认为以上东南方言群，除了客家方言群外，都有其一到两个可作为自己族群认同的区域核心中心城市[③]。是故客家人分布地带，都在闽粤赣三省各自的巨大流域之中上游地区而非下游平原区，这就影响了客家人与客家话，分别在这三省都成了相对弱势族群与方言。

"相对弱势地位方言"加上"负面刻板印象"，就可能易使当地弱势方言群在该地内更趋弱势。负面刻板印象原是一省区中各个方言群内对"他族群"都

---

① 刘平，《被遗忘的战争：咸丰同治年间广东土客大械斗研究》，北京：商务印书馆，2003）。又关于广东土客械斗历史研究尚有李恭忠，《客家：社会身份、土客械斗与华南地方军事化：兼评刘平着〈被遗忘的战争〉》，《清史研究》，2006.01；赵立人，《就〈被遗忘的战争：咸丰同治年间广东土客大械斗研究〉一书中有关问题与刘平先生商榷》，《学术研究》，2005.11；吴昌稳，《郭嵩焘与晚清广东土客大械斗》，《神州民俗（学术版）》，2012.01 等。

② 施坚雅（W. G. Skinner），《导论》，收于梁肇庭著；蒂姆．赖特（Tim Wright）编；王东·孙业山译，《中国历史上的移民与族群性：客家、棚民及其邻居们》，台北：南天书局，2015，第3页。

③ 张正田，《绪论》，收于氏著，《被遗忘的大清"忠魂"：清代苗栗堡客家义民信仰研究（上）》，台北：花木兰出版社，2013.9，第22页。

有的负面"贴标签"现象，但因强势方言群较易掌握该政区的"话语权"，则其对"他族群"的负面刻板印象就较容易在该政区流传开甚至被宣传，使弱势族群的部分个体，常受这类负面舆论后蒙上某种心理阴影，便日渐不愿声张自己的弱势族群身分。特别是在社会阶级更弱势的人，则更不愿意声张自己的族群身份。当然，弱势方言群中若有社会阶级较高，且愿意替己族"伸张正义"者，因其社会地位优势，也较容易发声并获得影响力与己族的支持。其实，当年客家学前辈罗香林先生，有部分动机也是为驳正来自其他方言族群人士对客家负面刻板印象，加上自己身为民国时期大学教授的优势阶级地位，才有能力阐述客家历史以正学术。

但是在一个方言族群中，拥有较高政治社会经济地位者只占少部分，多数人其实都是芸芸众生的中下阶层，他们处于现代快速城市化过程中，至少会遇到两种情况：一是处于该省区原有"核心城市"本身在快速城市化，那无论是该省区弱势方言群族的或是外省人，移民入该原有"核心城市"，则几乎势必得接受原本该省级核心城市的强势方言；另一种则是处于像深圳本身以往是县级小城镇的新兴都市，其城市化几乎是"从一到万"般迅速成长为现代大都市，这移民过程通常以外省人居多，他们也是社经地位处于刚开始处于底层亟欲奋斗的年轻人居多，本地人无论广府人或客家人之人数又过少，那普通话就较可能成为这座新兴城市的最大公约数共通语。但无论何者，深圳原有的客家文化，就同时处于某种"国家级"与"省级"优势文化的夹缝中需想办法求生存求营销。

这情形一定程度而言颇似台湾的今桃园市客家面临之情况。以下且先从清代台湾以来历史看台湾客家的相对弱势。

四、清代台湾各方言族群矛盾历史与客家话相对弱势简述

清代台湾与东北、内蒙般属移民社会，当时移民台湾汉人为求生存资源，民间分类械斗亦不断，不仅于"客闽械斗"，台湾闽南人内部分漳州与泉州两系内斗"漳泉械斗"亦多，此处则聚焦于台湾客闽械斗，据统计，单单清代北台湾[①]较大规模客闽械斗至少就有 14 起，这还不包含当地零星小案，以及中台湾

---

① 清代北台湾行政区划为台湾府淡水厅，管辖今台中市大甲溪以北到今大台北地区。

与南、东台湾的其他客闽械斗大案 ①。所以相关清代台湾到日据时代，讲台湾客闽关系不睦的史料不少。如"客民与闽人不相和叶"②；"大甲溪以北，淡属闽、粤，亦皆分类焚杀"③；"治时闽欺粤，乱时粤侮闽，率以为常"④；日据时日人纂《桃园厅志》亦载"然而客、闽两族自古不亲和，各自为一团体，屡屡争斗。"⑤皆为例。

不过清代台湾的汀州籍与广东籍客家人，面对强势的台湾漳泉闽南人时则须常合作，史载如下：

> 查台湾凤山县属之南路淡水，历有漳、泉、汀、潮四府之人垦田居住。……潮属之镇平、平远、程乡三县则又有汀州之人自为守望，不与漳、泉之人同伙相杂 ⑥。

到了台湾光复后，台湾客闽族群关系仍曾敏感，台湾客家学者杨镜汀曾指出，光复初期 1952 年开始修纂的《新竹县志》论述权几乎完全由当时的县城新竹市闽南人把持，他们对县郊十余个客家乡镇几乎无视 ⑦；另一位台湾客家学者张世贤亦曾针对台湾客家面临"国语"与闽南语两优势语言下，曾著有《防止客语被挤出台湾》⑧ 等文以关注之。所以在台湾曾有过的客闽紧张族群关系下，台湾推广客家文化，社会阻力诚不小。

五、他山之石？以桃园市为例看推广客家时面临阻力

此处所谓推广客家文化指两方面：一是客家文化产品营销；一是两岸间为

---

① 张正田，《绪论》，收于氏著，《被遗忘的大清"忠魂"：清代苗栗堡客家义民信仰研究》，下，第 250—252 页。

② （清）刘良璧、钱洙、范昌治纂修，《重修福建台湾府志》，台北：台湾银行经济研究室·台湾文献丛刊第 74 种，1961，卷十九，《杂记·丛谈》，第 498—499 页。

③ （清）周玺，《彰化县志》，南投：台湾省文献会，1999，卷十一，《杂识志·兵燹》，第 383 页。

④ （清）林师圣，《闽粤分类》，录于（清）陈国瑛采集·台湾银行经济研究室编，《台湾采访册》，台北：台湾银行经济研究室·台湾文献丛刊第 55 种，1959，第 35 页。

⑤ ［日］桃园厅编纂，《桃园厅志》，桃园：桃园厅，1906，第 83 页。原文为日文，笔者自译。

⑥ （清）觉罗满保，《题义民效力议效疏》，《重修凤山县志》，台北：台湾银行经济研究室·台湾文献丛刊第 146 种，1962，卷十二上，《艺文志（上）·奏疏》，第 343 页。

⑦ 杨镜汀，《平议新竹县志兼论林豪〈淡水厅志订谬〉》，收入氏著《被扭曲的台湾史》，新竹县，作者自刊，1991，第 32—72 页。

⑧ 张世贤，《防止客语被挤出台湾》，台北："行政院客委会"第二届客家新闻奖得奖作品，2007，第 1—2 页。

台湾独有的也是近十余年间才出现的中小学客语教学制度。前者，若以台湾桐花祭、客家花布等文化产品为例，也是十余年前才为"台湾客委会"等单位所推广。但是台湾客家文化产品在推营销时，不但台湾客家外部的台湾闽南等其他族群有质疑之声，在客家内部亦有不同声音。此处若暂先集中看客家外部质疑之声，自十余年前以来，台湾网络上的"乡民舆论"便常有"桐花、花布等，凭什么是客家人独享有，其他闽南庄、原住民部落一样有桐花、也流行过花布"的质疑之声。也又常见台湾"网络乡民舆论"，除了"战统独""战南北""战本省外省籍"等"政治类""地域类"相互歧见论争常见话题"战梗"外，"战闽客"也是有名且常见的"乡民战梗"之一。在"战闽客"的舆论梗中，上述的"客家凭什么独有桐花与花布"便时常见"战梗"之一。

所以，近年来"台湾客委会"在推桐花季时，也逐渐把常见桐花的台湾其他非客家乡镇市区也纳入，譬如笔者常年寓居的新北市汐止区即是其一，此区本就是闽南庄而非客庄；而桃园市的"北桃园"与"复兴山地原住民自治区"等非客家区，也逐渐纳入了该市的桐花季营销范围，往好处想是不分族群大家一起共存共荣，然而台湾客家桐花季也不一定完全代表台湾客家了，但却是台湾"族群敏感议题"下，推行台湾客家文化势必得做的"族群平衡"政治措施之一。

在台湾的中小学客语教学方面，虽大陆无此制度，但似乎可考虑由大陆各个客家团体，自行对下一代推广客家母语教学，若真有意愿行之，则台湾已实施的中小学客语教学所面困难处似乎也值得参考。以台湾方面相关研究显示，不过十年前左右，即令在"南桃园"传统客家区，教学上面临的排名前四大困难处，竟是在"没有诱因让家长支持客语教学（占 62.02%）"、"社区没有说客家话的风气（占 45.99%）""客语学习环境不佳（占 45.22%）"、"缺乏客家民俗活动（占 43.93%）"①。这些都是传统客家村落社区在急速都市化后会面对的问题，因为在"南桃园"青壮年轻一代客家人几乎不是改讲"国语"就是改讲闽南语，也无热情在参与当地客家传统民俗活动，所以当地若干民俗活动出现断层而曾中断多年，又童年成长于当年台湾城市化过程的"南桃园"当地家长群，无论客家或非客家籍，自己都不想讲客家也不太愿意支持客语教学。所以即令"南桃园"原本是客家区，面对城市化冲击下在推行客语教学仍会面对上述这些现

---

① 管圣洲，《桃园县客家庄与福佬庄小学实施客语教学之研究》，台北：台湾台北师范学院教育政策与管理研究所硕士论文，2005，第244—245页。

实困难。

同样的选项，在"北桃园"福佬区调查所得数字更大，因为来自非客家族群的阻力也更大，"北桃园"的排名前三大阻力数字分别是"社区没有说客家话的风气（占 88.89%）"、"客语学习环境不佳（占 75.56%）"、"缺乏客家民俗活动（占 60.00%）"[①]。

以上这些营销客家文化产品与推展客语教学所出现的阻力现象，有来自客家内部也有的来自外族群，则，正在面临快速城市化的深圳，会不会有出现类似的情景？值得其他更专业的专家观察。

六、结论

以上详论了深圳与桃园两市在原旧有本地居民中，客家人口都大约占一半比例的类似结构，也论述了客家在广东与台湾两省区原本的弱势地位与其历史背景，这些"客家的"社会弱势现象在两市中一样有之，而两市原有居民另一半都恰好是该省的优势族群。但两市在现代城市化浪潮中，都处于外来移民居多数，两市包含客家在内的旧有居民文化受到一定的冲击，其中深圳的外来移民比例又大于桃园，这些都使深圳与桃园客家，同时到普通话与该省原有强势族群文化的双重冲击。如此，深圳在推广客家文化上，可能也会与桃园客家般遇到类似的阻力。本章略举了桃园推行客家文化上受到的社会阻力，希望可能对深圳推行客家文化提供参考。

---

① 管圣洲，《桃园县客家庄与福佬庄小学实施客语教学之研究》，第 244—245 页。

结语

　　这本《两岸客家史研究》是总汇了这几年学术心得所作的拙著。这十多年来，选择做客家历史研究，不但是弘扬自己身为客家人一分子的使命与责任，也是在台湾岛内特有的桎梏氛围下，我个人引以为"反台独"的最好方法。但也因此，便曾在岛内被学术界部分人士不断打压，想来一路历程，何其感慨，这年头处于台湾，爱国、报国，弘扬我国传统历史与文化，似乎何其难也。

　　是故，个人一直非常感谢我校我院：龙岩学院闽台客家研究院的团队同事们，当年肯聘用我，使我终有一个研究客家历史的平台，可安身立命，可好好做客家历史研究，持续使命，这是首先要诚心感谢各位领导与同事们当年的一份心意，本人终生难忘。

　　同时，也真的非常感谢与感念年迈家父与爱妻与家人们，没有他们的鼎力支持，我不可能就那么如愿跨海峡而来福建龙岩工作，想来，心中仍是对家人们抱着一份深深的歉意。特别是家父，他一直是我成长时从小耳濡目染的"人格者"，是典范了我一生言行举止的正人君子，也是我身中永远伟大的万里长城。记得二〇一五年当时，先慈尚在人世，但身体却早已不佳，我便跟父亲说："爸，您年纪那么大了，只要您一句话要我留在台湾陪伴你们照顾你们，我就不过去福建。"父亲仍本着二十余年前支持我从苗栗远赴台北念大学时之初衷说："男儿志在四方，这是你工作上的好机会，做父亲的当然支持你，你母亲我会照顾。"没有父亲的支持话语与实际行动，岂能放下家庭渡越海峡而来？再三感谢我的家人们。

　　客家历史其实可以做的工作还有很多。本人在二〇一六年曾发表过一篇拙文《"客家历史地理"：结合历史地理与千年客家移民史的可能性》（《嘉应学院学报》，2016 年 4 月，第 12—17 页），曾经提出过一个概念：

　　客家历史研究方面逐渐也将研究区域之范畴，从一江之流域再逐渐精细到县份、乡村，地域虽逐步缩小却更有扎实之趋势……开始逐步做更细致的客家地区内不同县市乡村之小区域历史研究，以待将来更能做客家地区不同县市乡村间之历史研究成果相互对话，再求之大同，盼终有可成之日。

引这篇拙文的目的，其实是想呼吁我等有志于研究客家历史的人，在区域上应该是可越来越"小题大作"，小到一客家乡镇村，只要有地方资料文献，就应该可以写篇不错的文章乃至专著。也因为客家文化是偏山区的区域文化，在以往会受到自然交通条件的限制，会使客家文化呈现多样面貌，无论方言或历史文化，应该是"县县有特色，乡乡有特点"。所以若能先从小区域的范畴"小题大作"，再求日后客家地区不同县市不同乡村间的学术对话，则客家历史研究理应有大同之日。

但一个人生也有涯，力也有限，不可能将全国两岸所有客家乡镇村庄都做完毕，这可能将是有志于客家地区历史研究的同好未来可一起努力的，而这本书，概是我个人这几年就两岸一些客家地区的区域史、城市史、乡镇史、庙宇史的一些成果，总成此书，也还望方家们不吝赐正教正。

2019.3.20 于福建龙岩